遺産相続事件処理
マニュアル

共編　仲　　隆　（弁護士）
　　　浦岡　由美子（弁護士）

新日本法規

は　し　が　き

　平成30年7月、相続法関係を改正する法律が成立した。改正点は多岐にわたるが、配偶者居住権、遺産分割関係、遺言制度、遺留分制度、相続の効力、特別の寄与の6つに分類することができる。また、新制度の創設もあれば、これまでの判例実務を明文化したものもあり、あるいは従前の判例実務や理論に変更をもたらしたものもある。

　さて、弁護士業務としての遺産相続事件は、当事者の経済的・感情的対立が激しい事件であり、同時にその感情が弁護士に向けられることも少なくない。弁護士からすると、法的根拠のない主張や不合理な主張を繰り返されることも多く、いきおい、解決を急ぎ、説得に力を入れる傾向がないでもない。この辺りに信頼関係の破綻が生じたりする。

　一方、相続法は、財産法に家族法が投影される結果、財産法に増して理論的に難解な争点が数多くあり、同時に、遺産相続事件の解決手段として、調停・審判手続と訴訟手続が交錯する。

　こうして遺産相続事件においては、当事者の経済的・感情的利害関係を把握しながら、法律専門家として事実分析と法的判断を駆使して適切な解決手段を選択しなければならない。

　そして、遺産相続事件は、大きく、「遺産分割」関連事件、「遺言」関連事件、「相続人不存在」事件に分けることができる。

　「遺産分割」関連事件は、「相談・受任」に始まり、「相続人と遺産の範囲」の確定を前提として、「遺産分割協議」「遺産分割調停」「遺産分割審判」による遺産分割を終着駅とする。

　「遺言」関連事件は、「相談・受任」から「遺言書の作成」「遺言の有効性と効力」「遺言の執行」「遺留分侵害額請求」などの各種業務によって相続財産の帰属を目的とするものである。

　「相続人不存在」事件は、依頼者の立場によって業務が大きく異なる。

　これらの事件に付随して、新制度である「配偶者保護制度と特別寄与制度」は「遺産分割」関連事件にも「遺言」関連事件にも影響を及ぼし、紛争の複雑化が予想されるところである。また、「税金処理」もこれらの事件解決に際して念頭に置く必要がある。

　本書は、以上の視点から、従来の概説書を離れ、学説の対立を捨象して、一

連の遺産相続事件をマニュアル化したものである。すなわち、「相談・受任」を基軸として、遺産相続事件を上記3事件に分類して、それぞれの弁護士業務の流れを視覚的に捉えやすいように工夫を試みた。この意味で、本書は実務マニュアル図書であり、若手弁護士を中心に広く実践に役立つものと考え、出版するに至った次第である。

　2019年11月

編集者一同

編集・執筆者一覧

《編 集 者》

仲　　　　隆　（弁護士）

浦　岡　由美子　（弁護士）

《執 筆 者》　（五十音順）

浦　岡　由美子　（弁護士）　　　遠　藤　幸　子　（弁護士・税理士）

佐々木　好　一　（弁護士）　　　菅　沼　　真　（弁護士）

鈴　木　　茂　（弁護士）　　　瀬　川　千　鶴　（弁護士）

仲　　　　隆　（弁護士）　　　藤　﨑　太　郎　（弁護士）

三ツ村　英　一　（弁護士）　　　村　松　聡一郎　（弁護士）

凡　例

＜本書の内容＞

　本書は、弁護士業務の中でも取扱いが最も多い分野の一つである「遺産相続事件」の処理方法をマニュアル化したものである。各項目の冒頭で当該手続の流れを図示した上で、手続実施上の留意事項をコンパクトにまとめ、さらに関係する書式を紹介することにより、一通りの事件処理ができるように編集している。

＜本書の体系＞

　本書は、次の６章により構成している。

第１章　相談・受任

第２章　遺産分割

第３章　遺　言

第４章　配偶者保護制度と特別寄与制度

第５章　相続人不存在

第６章　税金処理

＜本書で使用する書式＞

　遺産相続事件の申立書式としては裁判所が用意している「定型書式」があるが、本書では、筆者らが実際に使用している書式を掲載した。

　なお、参考書式中、「当事者の表示」および「被相続人の表示」等は、便宜上【参考書式２】にのみ記載例を示し、その他の書式では省略した。

＜表記の統一＞

１　法　令

　法令名を根拠として（　）囲みで示す場合は、次の要領で略記した。

【例】民法989条１項２号→（民989①二）

　なお、法令等の略語は次のとおりとした。

意	意匠法	会計	会計法
遺言保管	法務局における遺言書の保管等に関する法律	家審	家事審判法
		家事	家事事件手続法
一般社団財団	一般社団法人及び一般財団法人に関する法律	家事規	家事事件手続規則

戸	戸籍法	農地	農地法
公証	公証人法	破	破産法
国財	国有財産法	物品管理	物品管理法
債権管理	国の債権の管理等に関する法律	不登	不動産登記法
実	実用新案法	保険	保険法
借地借家	借地借家法	民	民法
商標	商標法	改正民	民法及び家事事件手続法の一部を改正する法律（平成30年法律第72号）による改正後の民法（令和2年4月1日施行分）
所税	所得税法		
信託	信託法		
税通	国税通則法	民執	民事執行法
相税	相続税法	民訴	民事訴訟法
相基通	相続税法基本通達	民訴費	民事訴訟費用等に関する法律
建物区分	建物の区分所有等に関する法律	民調	民事調停法
著作	著作権法	民保	民事保全法
特許	特許法		

2 　判　例

　判例を根拠として（　）囲みで示す場合は、次の要領で略記した。

　【例】最高裁判所平成29年4月6日判決、判例時報2337号34頁

　　　　→（最判平29・4・6判時2337・34）

　なお、出典の略語は次のとおりとした。

判時	判例時報	金判	金融・商事判例
判タ	判例タイムズ	金法	旬刊金融法務事情
裁判集民	最高裁判所裁判集民事	新聞	法律新聞
民集	最高裁判所（大審院）民事判例集	東高民時報	東京高等裁判所判決時報（民事）
家月	家庭裁判月報	民録	大審院民事判決録
下民	下級裁判所民事裁判例集		

目　次

第1章　相談・受任

第1　相談を受ける ……………………………………………… 3

　　＜フローチャート〜相談＞　*3*

　　1　相談予約　*4*

　　（1）相談内容を把握する　*4*

　　（2）緊急性の有無を確認する　*4*

　　（3）準備事項を指示する　*5*

　　（4）相談料を伝える　*5*

　　（5）相談日時、場所を設定する　*5*

　　2　事情聴取　*6*

　　（1）相続開始時期を確認する　*6*

　　（2）相続関係者と利害関係人を確認する　*6*

　　（3）遺産の概要を把握する　*6*

　　（4）紛争の要点を把握する　*7*

　　（5）相談者の希望を聴取する　*7*

　　（6）利益相反について説明する　*7*

第2　受任する ……………………………………………………… 8

　　＜フローチャート〜受任＞　*8*

　　1　解決方法の選択　*9*

　　（1）解決方法を説明する　*9*

　　（2）解決時期を説明する　*10*

　　2　委任契約の成立　*11*

　　（1）弁護士費用を決定する　*11*

　　（2）委任契約書を作成する　*11*

第2章　遺産分割

第1　前提問題を整理する ……………………………………… 15

　　1　相続人の確定　*15*

　　＜フローチャート〜相続人の確定＞　*15*

　　（1）調査事項を確認する　*16*

- (2) 戸籍謄本（戸籍全部事項証明書）等を取り寄せる　*17*
- (3) 相続人関係図を完成させる　*18*
- (4) 相続人の順位を確認する　*18*
- (5) 相続放棄の有無を確認する　*19*
- (6) 相続欠格・推定相続人廃除の有無を確認する　*20*

2 遺産分割手続の当事者の確定　*22*

＜フローチャート～遺産分割手続の当事者の確定＞　*22*

- (1) 相続人の現況等を確認する　*23*
- (2) 包括受遺者の有無を確認する　*23*
- (3) 相続分の移動を確認する　*23*
- (4) 失踪者・不在者に関する手続をする　*25*
- (5) 制限能力者に関する手続をする　*26*

3 遺産の確定　*28*

＜フローチャート～遺産の確定＞　*28*

- (1) 調査事項を確認する　*29*
- (2) 各種財産を調査する　*29*
- (3) 遺産の変動を確認する　*32*
- (4) 遺産に関する争いを解決する　*35*

4 遺産の管理　*37*

＜フローチャート～遺産の管理＞　*37*

- (1) 遺産の管理を開始する　*38*
- (2) 遺産の管理方法を確認する　*38*
- (3) 遺産管理人の選任の申立てなどを検討する　*39*
- (4) 遺産分割の禁止を検討する　*40*
- 【参考書式1】相続関係図　*42*
- 【参考書式2】相続放棄申述書　*43*
- 【参考書式3】相続放棄申述受理証明書　*45*
- 【参考書式4】訴　状（相続権不存在確認請求）　*46*
- 【参考書式5】推定相続人廃除審判申立書（相続開始前の場合）　*48*
- 【参考書式6】推定相続人廃除審判申立書（相続開始後の場合）　*49*
- 【参考書式7】相続分譲渡証書　*50*
- 【参考書式8】失踪宣告審判申立書　*51*

【参考書式9】不在者の財産管理人選任審判申立書 *52*

【参考書式10】特別代理人選任審判申立書 *53*

【参考書式11】遺産に関する紛争調整調停申立書 *54*

【参考書式12】訴 状（遺産確認請求）*55*

【参考書式13】遺産管理人選任審判申立書 *56*

【参考書式14】遺産分割禁止の遺言の取消・変更審判申立書 *57*

第2 遺産分割協議を行う ···················· *58*

＜フローチャート～遺産分割協議＞ *58*

[1] 分割協議の開始 *59*

(1) 分割協議の当事者と遺産を確認する *59*

(2) 分割協議を申し入れる *60*

[2] 分割協議の成立 *62*

(1) 一部分割を検討する *62*

(2) 分割協議を成立させる *62*

(3) 分割協議書を作成する *65*

【参考書式15】特別受益証明書 *68*

【参考書式16】遺産分割協議書 *69*

第3 遺産分割調停を行う ···················· *71*

＜フローチャート～遺産分割調停＞ *71*

[1] 調停の申立て *72*

(1) 調停を申し立てる *72*

(2) 申立書を準備する *73*

(3) 提出書類を準備する *74*

(4) 預貯金の一部払戻しを検討する *76*

[2] 調停手続の開始 *78*

(1) 調停手続の仕組みを確認する *78*

(2) 調停期日を調整する *78*

(3) 裁判所の調査等を受ける *79*

（4） 調停を開始する　*79*

③　調停手続の進行　*81*

（1）　調停手続の流れを確認する　*81*

（2）　遺産分割に関する主張と立証をする　*81*

④　遺産の評価　*84*

（1）　遺産評価の基準時を確認する　*84*

（2）　遺産評価の方法を確認する　*85*

（3）　相続開始後に処分した財産を評価する　*87*

⑤　具体的相続分の算定　*90*

（1）　法定相続分を確認する　*90*

（2）　相続分の変動を確認する　*91*

（3）　特別受益の算定をする　*91*

（4）　寄与分の算定をする　*100*

⑥　分割方法の決定　*112*

（1）　現物分割を検討する　*112*

（2）　代償分割を検討する　*113*

（3）　換価分割を検討する　*115*

（4）　共有分割を検討する　*116*

（5）　その他の分割方法を検討する　*117*

（6）　一部分割を検討する　*117*

⑦　調停手続の終了　*118*

（1）　調停を成立させる　*118*

（2）　調停調書を作成する　*119*

（3）　その他の終了事由を確認する　*120*

⑧　調停内容を実現する　*121*

【参考書式17】遺産分割調停申立書　*122*

第4　遺産分割審判を行う　*123*

＜フローチャート〜遺産分割審判＞　*123*

①　審判手続の開始　*124*

（1）　審判を申し立てる　*124*

（2）　申立書を作成する　*125*

(3)　添付書類を準備する　*126*

　2　審判手続の流れ　*126*

　　(1)　審理の方法を確認する　*126*

　　(2)　事実の調査と証拠調べを把握する　*127*

　　(3)　審理手続の終結を把握する　*127*

　3　審判前の保全処分　*129*

　　(1)　審判前の保全処分を申し立てる　*129*

　　(2)　申立書を作成する　*130*

　　(3)　審理手続の開始を把握する　*131*

　　(4)　保全処分審判の効力と執行を確認する　*132*

　　(5)　不服申立て（即時抗告）を行う　*133*

　4　不服申立て　*134*

　　(1)　不服申立てをする　*134*

　　(2)　不服申立書を作成する　*134*

　　(3)　抗告審の審理を把握する　*134*

　5　調停に代わる審判　*136*

　　(1)　調停に代わる審判の意義を確認する　*136*

　　(2)　調停に代わる審判の活用を検討する　*136*

　　(3)　調停に代わる審判の確定を確認する　*137*

　6　審判内容を実行する　*137*

　　【参考書式18】遺産分割審判申立書　*138*

　　【参考書式19】寄与分を定める処分審判申立書　*139*

　　【参考書式20】審判前の保全処分申立書（仮分割）　*140*

第5　遺産分割後の紛争を解決する……………………………………*142*

　　＜フローチャート～遺産分割後の紛争＞　*142*

　1　遺産分割協議の瑕疵　*143*

　　(1)　相続人が協議から除外されていた場合を検討する　*143*

　　(2)　相続人でない者が協議の当事者となっていた場合を検討する　*144*

　　(3)　遺産の範囲に瑕疵があった場合を検討する　*144*

　　(4)　意思表示の瑕疵があった場合を検討する　*145*

　　(5)　利益相反があった場合を検討する　*146*

6　目　次

> 2 遺産分割協議の不履行と解除　*146*
>> (1)　履行請求をする　*146*
>> (2)　遺産分割協議を解除する　*146*
> 3 遺産分割調停・審判の瑕疵　*147*
>> (1)　遺産分割調停や審判の前提問題に瑕疵がある場合を検討する　*147*
>> (2)　遺産分割調停や審判に重大な瑕疵がある場合を検討する　*148*
> 4 遺産の瑕疵と担保責任　*149*
>> (1)　遺産の瑕疵についての対応策を確認する　*149*
>> (2)　担保責任を追及する　*149*
> 5 遺産分割後の遺言書の発見　*151*
>> (1)　遺言書の発見の経緯を確認する　*151*
>> (2)　遺産分割の無効を主張する　*151*
>> 【参考書式21】遺産分割後の紛争調整調停申立書　*152*

第3章　遺　言

第1　遺言書を作成する ……………………………………… *155*

> ＜フローチャート～遺言書の作成＞　*155*
> 1 遺言の概要　*156*
>> (1)　遺言の意義と遺言事項を確認する　*156*
>> (2)　自筆証書遺言の方式を確認する　*157*
>> (3)　公正証書遺言の方式を確認する　*160*
>> (4)　秘密証書遺言の方式を確認する　*162*
> 2 遺言書の作成業務　*163*
>> (1)　弁護士の立場を確認する　*163*
>> (2)　遺言能力の有無を確認する　*163*
>> (3)　推定相続人と遺産の範囲を確認する　*164*
>> (4)　遺言内容を決定する　*165*

目　次　7

第2　遺言の有効性と効力を検討する ·················· 167

＜フローチャート〜遺言の有効性＞　167

1　遺言書の入手と検認手続　168

(1)　遺言書の存否を確認する　168

(2)　検認手続を経る　170

2　遺言の有効性　171

(1)　形式的要件の有効性を検討する　171

(2)　遺言書の真否（偽造）を検討する　172

(3)　遺言能力の有無を検討する　172

(4)　意思表示の瑕疵の有無を検討する　173

(5)　公序良俗違反の有無を検討する　173

(6)　遺言特有の無効取消事由の有無を検討する　174

3　遺言の効力　174

(1)　遺贈の効力を確認する　174

(2)　相続分の指定の効力を確認する　180

(3)　遺産分割方法の指定の効力を確認する　182

(4)　特定財産承継遺言（相続させる遺言）の効力を検討する　183

(5)　遺言の解釈をする　187

4　遺言無効確認請求訴訟　189

(1)　遺言無効確認の手続を確認する　189

(2)　訴えの内容を確認する　191

【参考書式22】遺言書検認申立書　193

【参考書式23】訴　状（遺言無効確認請求）　194

第3　遺言執行者を選任する ··································· 195

＜フローチャート〜遺言執行者＞　195

1　遺言執行者選任申立て　196

(1)　選任審判の申立てをする　196

(2)　申立手続を確認する　196

2　遺言執行者の業務　197

(1)　遺言執行者の地位を確認する　197

（2） 遺言執行者の権利義務を確認する　*197*

（3） 遺言の有効性を検討する　*198*

（4） 遺言執行者の業務を確認する　*199*

３　遺言の執行　*200*

（1） 相続人および利害関係人に対し通知する　*200*

（2） 相続財産を管理する　*200*

（3） 財産目録を作成する　*202*

（4） 遺言内容を執行する　*202*

４　遺言執行の終了　*206*

　　【参考書式24】遺言執行者選任審判申立書　*207*

第4　遺留分侵害額請求を検討する……………………………*208*

＜フローチャート～遺留分侵害＞　*208*

１　遺留分侵害額請求権の行使　*209*

（1） 遺言による遺留分の侵害　*209*

（2） 生前贈与による遺留分の侵害　*211*

（3） 遺留分侵害額請求の相手方　*212*

（4） 遺留分権利者と遺留分の割合　*214*

（5） 遺留分侵害額請求権の行使　*215*

２　遺留分侵害額の算定　*218*

（1） 遺留分算定の基礎となる財産の調査　*218*

（2） 遺留分算定の基礎となる財産の確定　*223*

（3） 遺留分算定の基礎となる財産の評価　*229*

（4） 遺留分侵害額の算定　*231*

３　消滅時効　*237*

（1） 時効期間を確認する　*237*

（2） 遺言無効確認請求との関係を検討する　*238*

４　紛争解決手続の選択　*239*

（1） 遺留分侵害額を協議する　*239*

（2） 調停を申し立てる　*240*

（3） 訴えを提起する　*240*

目　次　9

　　　　【参考書式25】遺留分侵害額請求権行使の通知書　*242*

　　　　【参考書式26】訴　状（遺留分侵害額請求）　*243*

第4章　配偶者保護制度と特別寄与制度

第1　配偶者保護制度を確認する ……………………………………*247*

　　＜フローチャート～配偶者保護制度を確認＞　*247*

　　1 配偶者保護制度　*248*

　　2 配偶者居住権（長期居住権）　*248*

　　(1)　制度趣旨を確認する　*248*

　　(2)　配偶者居住権の内容を確認する　*249*

　　(3)　遺産分割における配偶者居住権の価額を算定する　*250*

　　3 配偶者短期居住権　*254*

　　(1)　制度趣旨を確認する　*254*

　　(2)　配偶者短期居住権の内容を確認する　*254*

　　4 特別受益に関する持戻し免除の推定　*256*

　　(1)　制度趣旨を確認する　*256*

　　(2)　持戻し免除の推定規定の内容を確認する　*256*

第2　特別寄与制度を確認する ……………………………………*257*

　　＜フローチャート～特別寄与制度を確認＞　*257*

　　1 特別の寄与　*258*

　　(1)　制度趣旨を確認する　*258*

　　(2)　要件を確認する　*258*

　　2 請求手続　*260*

　　(1)　特別寄与料の請求手続を確認する　*260*

　　(2)　特別寄与料の保全処分の申立手続を確認する　*261*

　　(3)　不服申立手続（即時抗告）を確認する　*261*

第5章　相続人不存在

第1　相続財産管理人の選任申立てを行う……………………………265

＜フローチャート～相続財産管理人選任＞　*265*

　1　選任の要件　*266*

　（1）　相続財産管理の開始要件を確認する　*266*

　（2）　相続の開始を確認する　*266*

　（3）　「相続人のあることが明らかでないとき」を検討する　*267*

　（4）　相続財産を確認する　*270*

　（5）　利害関係人を確認する　*270*

　（6）　相続財産管理人の選任の必要性を検討する　*270*

　2　選任の手続　*271*

　（1）　申立権者を確認する　*271*

　（2）　申立書を作成する　*273*

　（3）　選任申立てを行う　*274*

　（4）　相続財産管理人への就任を承諾する　*275*

　　【参考書式27】相続財産管理人選任審判申立書　*277*

第2　相続財産管理人の業務を確認する　*278*

＜フローチャート～相続財産管理人の業務＞　*278*

　1　相続財産管理人の地位・権限・職務　*279*

　（1）　相続財産管理人の地位を確認する　*279*

　（2）　相続財産管理人の権限を確認する　*280*

　（3）　相続財産管理人の職務を確認する　*281*

　2　相続財産の管理　*284*

　（1）　管理の方針を検討する　*284*

　（2）　管理に着手する　*285*

　（3）　相続財産を管理する　*288*

　3　相続財産の清算・分与　*292*

　（1）　請求申出の公告・催告を行う　*292*

　（2）　権限外行為の許可を得る　*294*

　（3）　相続債権者・受遺者に弁済する　*299*

目　次　11

 (4)　相続人捜索の公告をする　*306*

 (5)　特別縁故者への財産分与を行う　*309*

①4②　相続財産管理人の報酬　*324*

 (1)　報酬付与の申立てを行う　*324*

 (2)　報酬付与の審判を受ける　*325*

①5②　相続財産管理の終了　*326*

 (1)　相続財産管理の終了手続を確認する　*326*

 (2)　共有者への帰属手続をする　*328*

 (3)　残余財産の国庫への帰属手続をする　*329*

 (4)　管理終了報告をする　*330*

 【参考書式28】特別縁故者に対する相続財産の分与審判申立書　*332*

第6章　税金処理

第1　相続税申告の準備をする ……………………………………… *335*

 ＜フローチャート～相続税の申告準備＞　*335*

①1②　申告の要否　*336*

 (1)　基本事項を確認する　*336*

 (2)　納税義務者を確認する　*338*

 (3)　課税物件などを確認する　*339*

 (4)　課税物件の評価額を確認する　*344*

①2②　相続税額の計算　*345*

 (1)　相続税額の計算方法を確認する　*345*

 (2)　相続税額の加算と控除を確認する　*346*

第2　相続税の申告と納付をする ……………………………………… *349*

 ＜フローチャート～相続税の申告と納付＞　*349*

①1②　相続税の申告手続　*350*

 (1)　申告義務を確認する　*350*

 (2)　申告書を提出する　*350*

(3) 期限後申告、修正申告、更正の請求を行う　*350*

2　税金の納付　*353*

(1) 税金を納付する　*353*

(2) 税金の納期限を延期する　*354*

(3) 税金を現物で納付する　*354*

第 1 章

相談・受任

2

第1 相談を受ける

<フローチャート～相談>

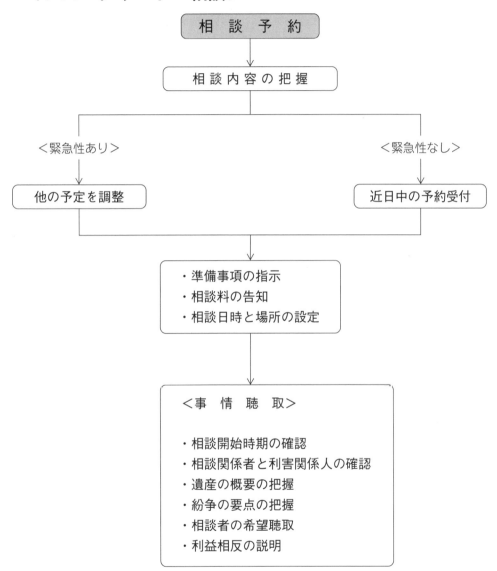

1 相談予約

(1) 相談内容を把握する

　まず、面談の前に電話や電子メールなどで相談の概要を把握します。相続事件の場合、遺言書がある場合とない場合では大きく処理が異なりますので、意識的に遺言書の有無を聞きます。相談内容を的確に把握しないと、迅速な処理を逸したり、必要な準備を欠いたりして、緊急の対応を余儀なくされたり、法律相談が不十分なまま終了せざるを得ないこともありますので注意が必要です。

> **アドバイス**
>
> ○遺言書の存否
> 　相談者が誤って自筆証書遺言を無効だと思い込んでしまい、弁護士に明かさないケースもあります。その結果、遺産分割調停手続などを進行させた後になって、遺言書の有効・無効が議論されかねない場合もあります。遺言書らしき書類がないかどうか慎重に確認します。

(2) 緊急性の有無を確認する

　次に、緊急で処理すべき事項があるかどうかを確認します。相続放棄や限定承認における熟慮期間、遺留分侵害額請求権の時効期間など、処理すべき事項が迫っている

第1　相談を受ける　5

場合も少なくありません。相談者から思わぬクレームを受けないよう慎重に緊急性に
配慮すべきです。

(3)　準備事項を指示する　■■■■■■■■■■■■■■■■■■■■■

　遺言書や遺産に関する資料など、事前に準備すべき事項を指示します。例えば、不
動産登記事項証明書や預金通帳などの遺産の概要を把握できる資料や金銭消費貸借契
約書などの負債を把握できる資料、相談者が保管する遺言書などを持参するよう指示
します。また、相談者が所持しているのであれば被相続人に関する戸（除）籍謄本（全
部事項証明書）も持参するよう指示します。

(4)　相談料を伝える　■■■■■■■■■■■■■■■■■■■■■■■■

　相談者が不安にならないよう相談料を知らせます。受任する場合の弁護士費用につ
いてもあらかじめ質問されることもありますが、原則として弁護士費用は面談をして
具体的な事件を把握してから受任する段階で決定すべきことを伝えます。

(5)　相談日時、場所を設定する　■■■■■■■■■■■■■■■■

　相談日時を決めます。場所については通常は弁護士事務所ですが、高齢者や障害者
の場合、相談者の自宅に赴くこともあります。

2 事情聴取

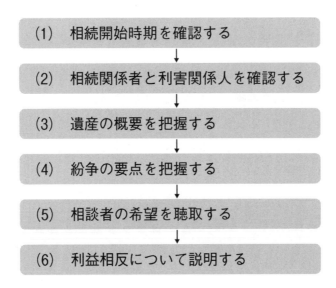

(1) 相続開始時期を確認する

相続開始日は、相続人の確定や遺産の範囲の確定などにおいて重要な権利関係の基準となりますので、間違いがないよう慎重に事情聴取します。特に、複数の被相続人が相次いで死亡している場合、相続放棄または限定承認をする場合、あるいは遺留分侵害額請求権を行使する場合など、相続開始日が重要な影響を及ぼすこともあります。また、相談者が相続開始時を誤解している場合もありますので被相続人の除籍謄本（除籍全部事項証明書）で確認すると安心です。

(2) 相続関係者と利害関係人を確認する

被相続人とその法定相続人、また相続人でなくとも影響力を持っている利害関係人なども含めて丁寧に聴取します。その際にできる範囲で相続人関係図（身分関係図）を作成して的確な事情聴取に努めます。

(3) 遺産の概要を把握する

相談者が持参した遺産に関する資料をもとに、遺産の概要を把握します。積極財産だけでなく消極財産についても把握に努めます。遺産分割事件においても遺言関連事

件においても解決方法や事件の見通しを図る意味で最も重要です。なお、弁護士費用を決定する上でも遺産の概要は大きく影響します。

(4) 紛争の要点を把握する ■■■■■■■■■■■■■■■■■■■■■

相続事件においては、感情的対立が激しい場合が多く、弁護士からみると意味のないようなことであっても、相談者としては自分の気持ちを理解して欲しいという点も含めて、不満を伝えたいという動機が強く働きますので、丁寧に紛争の経緯を聴取することが肝心です。また、相談者としては紛争の要点ではないと思っていたことが弁護士からみれば重要な点であったりすることもありますので、相談者の感情を受け止めながらも法律的観点からの事情聴取に心掛けなければなりません。

同時に、相談者にいたずらに期待させないことに注意が必要です。遺産分割事件における特別受益や寄与分、あるいは遺言無効事件や遺留分侵害額請求事件など、あくまで法律上の紛争であり、話合いで解決できない場合には証拠が決め手となることが多いことを相談者に理解してもらうことも重要です。

(5) 相談者の希望を聴取する ■■■■■■■■■■■■■■■■■■■■

紛争の要点を把握した後、相談者の希望を明確に把握します。遺産分割事件における特別受益や寄与分を踏まえた具体的相続分や分割方法についての希望などです。遺言無効事件や遺留分侵害額請求事件においては訴訟事項でもありますので勝敗がつきものですが、解決まで要する時間も踏まえて和解の希望なども聴取します。

なお、相続事件における相談者の希望は必ずしも単純なものではなく、他の相続人の対応や時間の経過などにより変化することは往々にしてありますので、弁護士としては粘り強く柔軟に対応しなければなりません。

(6) 利益相反について説明する ■■■■■■■■■■■■■■■■■■■

複数の共同相続人から相談を受け、受任に至ることも少なくありません。しかし、複数の共同相続人から依頼を受ける場合、形式的には依頼者間に利益相反が認められるだけでなく、受任時において具体的な事項について依頼者間に争いがある場合には一緒に依頼を受けるべきではないと思います。また、受任当初は足並みが揃っていても、事件の経過とともに依頼者間の希望や立場に変化が生じて利益相反が顕在化することも往々にしてありますので、相談時において利益相反という観点から意思確認をしておくとよいです。

第2　受任する

＜フローチャート〜受任＞

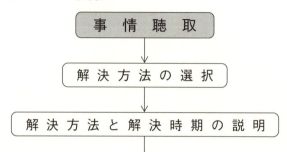

- 遺産分割事件
  ・遺産分割協議
  ・遺産分割調停、審判

- 遺言関連事件
  ・遺言無効（方式欠缺、遺言能力など）
  ・遺言執行（遺言書検認、遺言執行者選任など）
  ・遺留分侵害

- 相続人不存在事件

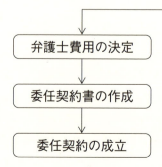

1 解決方法の選択

```
┌─────────────────────────────┐
│ (1)　解決方法を説明する        │
└─────────────────────────────┘
              ↓
┌─────────────────────────────┐
│ (2)　解決時期を説明する        │
└─────────────────────────────┘
```

(1)　解決方法を説明する ■■■■■■■■■■■■■■■■■■■■■■

◆遺産分割事件

　遺産分割手続には、遺産分割協議、遺産分割調停・審判があります。しかし、その前提として、相続人の範囲ないし遺産分割の当事者の確定や遺産の範囲の確定をする必要があり、これらに争いがある場合や不確定の場合には遺産分割とは別の手続として解決しなければなりません。相続人の範囲については婚姻・離婚・養子縁組・親子関係などについての無効確認請求や不存在確認請求などの人事訴訟により解決し、遺産分割の当事者の確定については、相続放棄申述受理申立事件や相続権不存在（欠格事由）確認請求事件や推定相続人廃除審判申立事件などの相続権の喪失に関する事件、不在者財産管理人選任申立事件や失踪宣告審判申立事件などにより解決し、遺産の範囲については遺産確認請求などの民事訴訟により解決します。このような前提問題があるかどうかを確認し、争いがない場合には通常は遺産分割協議の申入れから始まることを説明します。

◆遺言関連事件

　遺言関連事件としては、遺言書検認申立事件、遺言無効確認請求事件、遺留分侵害額請求事件、遺言執行者選任審判申立事件などがあります。遺言無効や遺留分侵害については調停によって解決できる場合もありますが、特に遺言無効については感情的対立も激しいことから民事訴訟で解決すべきことが多いのでその旨説明を要します。

◆相続人不存在事件

　被相続人の相続人が戸籍上いない場合、特別縁故者や債権者などの利害関係人から相談を受ける場合があります。相続財産管理人選任申立事件となります。

（2） 解決時期を説明する ■■■■■■■■■■■■■■■■■■■■

◆遺産分割事件

　相続事件は特に解決に要する期間を想定することが困難です。共同相続人が2人で遺産として不動産のみにすぎない事件であっても、特別受益や寄与分で争い、あるいは分割方法で争いますが、現物分割も代償分割も困難で換価分割について合意形成が図ることができない場合、解決まで何年も要することがあります。また、遺産分割の前の前提問題に争いが生じた場合には二重三重に紛争解決手続を経なければならないことも生じます。また、相談者の希望や気持ちによっても大きく影響されます。したがって、相談者に対しては想定される様々なパターンを説明し、解決に要する時間を想定することが難しいことを理解してもらうことが大事です。

◆遺言関連事件

　遺言無効確認請求事件の場合、判決が確定するまでの期間は通常訴訟と同様に想定すればよいですが、請求が認容されるか棄却されるかによりその後の解決手続が異なってきます。請求が認容された場合には、そのときから遺産分割事件となり、請求が棄却された場合には遺留分侵害額請求事件となります。

　遺留分侵害額請求事件の場合、平成30年民法改正により現物返還請求権がなくなり、金銭請求権のみとなりましたので、以前に比して短期間で解決されるものと思われます。訴訟上、特別受益の主張がない場合には遺産の評価が主たる争点となると思われます。ただし、遺留分侵害者に資力がない場合には複雑になりますので注意が必要です。

◆相続人不存在事件

　遺産や債務の多寡や特別縁故者の有無によって事件全体の解決までの期間は大きく異なります。まず、相続財産管理人選任申立てから選任公告まで2か月～3か月、選任公告から相続債権者や受遺者に対する弁済まで約4か月、この時点で残余財産がなければ事件は終了に向かい、残余財産がある場合には相続人捜索の公告手続を経て相続人が現れないときは約6か月後に相続人不存在が確定し、その後特別縁故者であると主張する者があるときは財産分与申立事件が開始し、通常の事案であれば1年程度で財産分与申立事件が終了すると想定されます。したがって、相談者が特別縁故者であると主張する場合には、相続財産管理人選任申立てから2年程度の期間を要する可能性があります。

第2　受任する　11

2 委任契約の成立

> (1)　弁護士費用を決定する
> ↓
> (2)　委任契約書を作成する

(1)　弁護士費用を決定する ■■■■■■■■■■■■■■■■■■■

　既に述べたとおり、相続事件は解決までの期間を想定することが困難な場合が多く、かつ、1つの事件から派生する事件もあります。したがって、弁護士費用の取決めは必然と複雑にならざるを得ません。しかし、依頼者とトラブルを起こさないよう、緻密な弁護士費用の取決めをするべきです。あるいは、タイムチャージ方式による取決めも検討に値します。

(2)　委任契約書を作成する ■■■■■■■■■■■■■■■■■■■

　委任契約書を作成することによって正式に委任契約が成立するものと考えるべきです。受任事件が複数にわたるときは事件ごとに委任契約書を作成しなければなりませんが、受任事件や弁護士費用を特定できるのであれば包括的に1つの委任契約書を作成する場合もあり得ます。

第 2 章

遺産分割

14

第1 前提問題を整理する

1 相続人の確定

<フローチャート〜相続人の確定>

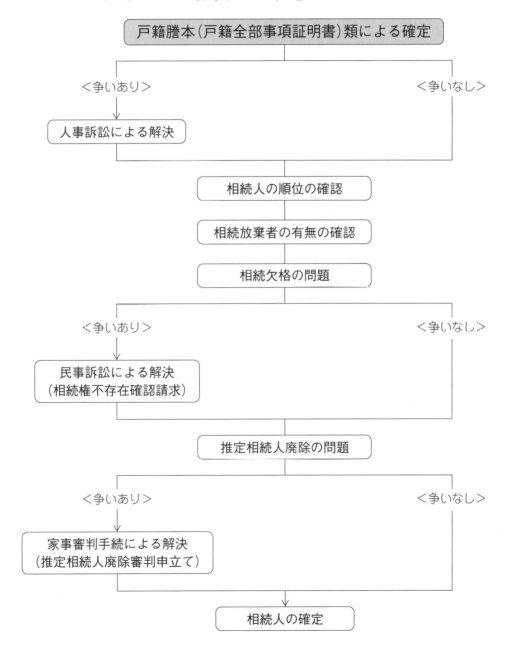

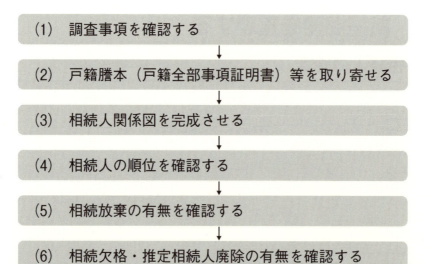

(1) 調査事項を確認する

　遺産分割を行うに当たっては、対象となる被相続人の法定相続人を確定した上で、相続権を失った者を除外して、相続人を確定させなければなりません。そのための調査が必要になります。

◆調査事項

　法定相続人の確定は必ず戸（除）籍謄本（全部事項証明書）によって行いますので、遺産分割はまず戸籍調査を行うことから始まります。

　そこで、依頼者から被相続人の親族関係について聴取し、法定相続人の概要を把握して相続人関係図（身分関係図）を作成します。そして、通常、依頼者は法定相続人ですから、依頼者自身の本籍、住所を聴取し、戸籍調査の端緒とします。依頼者が既に戸籍謄本（戸籍全部事項証明書）等を持参している場合には、それを参照しながら相続人関係図を作成します。

　次に、法定相続人の中で、相続放棄をした者（民938）、相続欠格者（民891）、被廃除者（民892）がいるかどうか確認します。相続放棄については相続放棄申述受理証明書、相続欠格については確定判決書、被廃除者については戸籍謄本（戸籍全部事項証明書）（あるいは審判書）により確認することになります。

　また、婚姻・離婚・養子縁組・親子関係について無効や不存在が訴訟などで争われている場合には相続人が確定しませんので念のため確認します。

（2）　戸籍謄本（戸籍全部事項証明書）等を取り寄せる　■■■■■■

◆必要な戸籍謄本（戸籍全部事項証明書）等

　法定相続人を確定するためには、原則として被相続人の出生から死亡までの戸籍謄本（戸籍全部事項証明書）等を取得しなければなりません。戸籍調査の端緒となった本籍地から出発して、前記の相続人関係図を見ながら役所から取り寄せることになりますが、被相続人の戸（除）籍謄本（全部事項証明書）および相続人の戸籍謄本（戸籍全部事項証明書）を取得しても被相続人の出生から死亡までの身分関係を確定できない場合は、取得した被相続人の戸籍謄本（戸籍全部事項証明書）等の記載事項をさかのぼり、前の除籍謄本（除籍全部事項証明書）や改製原戸籍謄本等を順次取得していく必要があります。なお、相続人の戸籍謄本（戸籍全部事項証明書）の取得に際して、被相続人の戸（除）籍謄本（全部事項証明書）から相続人の本籍地がすぐには判明しない場合は、当該相続人の本籍地が記載された住民票を取得することによって本籍地を確認することができます。

　また、戸籍または除籍の原本が火災等により滅失している場合は、「戸（除）籍謄抄本の交付ができない旨の市町村長の証明書」により滅失した戸籍または除籍の謄抄本に代えることができます。

アドバイス

○戸籍の附票と住民票の取寄せ

　遺産分割協議を申し入れる際に、住所不明の相続人がいる場合には戸籍の附票あるいは住民票を取得する必要がありますので、戸籍謄本（戸籍全部事項証明書）等の取寄せと併せて、これらの書類も取寄せしておくとよいです。

○戸籍・除籍・改製原戸籍の意義

戸　　　　籍	個人の重要な身分法上の事実や法律関係を登録・公証する帳簿
除　　　　籍	一戸籍内の全員が除かれた戸籍
改製原戸籍	戸籍の様式の改正により新様式の戸籍に書き換えられた従前の戸籍

18　第2章　遺産分割

○一括請求方法

　同一の市町村役場で複数の戸籍謄本（戸籍全部事項証明書）、除籍謄本（除籍全部事項証明書）、改正原戸籍謄本等を取得できる見込みがあるときは、例えば、「○○の出生から死亡までが分かるすべての戸籍謄本（戸籍全部事項証明書）等を各1通お送りください」などと書いて請求すると同役所に存在する戸籍謄本（戸籍全部事項証明書）等をまとめて取得できる場合があります。

○高齢者職権削除

　これは、高齢者について死亡の蓋然性が高い者について戸籍の整理をするために設けられた行政措置で、市町村長から管轄法務局または地方法務局の長に対して許可申請をなし、その許可を得て戸籍を訂正（抹消）する手続です（戸24①②・44③）。

　したがって、認定死亡や失踪宣告とは異なり、死亡の法的効果はなく、相続は開始しません。この場合、失踪宣告制度（民30〜32）や不在者財産管理人制度（民25〜29）を利用して遺産分割手続を進めることになります。

(3)　相続人関係図を完成させる　■■■■■■■■■■■■■■■■■

　被相続人の法定相続人を確定できる戸籍謄本（戸籍全部事項証明書）等が揃ったら、相続人関係図を完成させ、依頼者に確認してもらいます。

【参考書式1】相続関係図

(4)　相続人の順位を確認する　■■■■■■■■■■■■■■■■■

　相続人を確定させるためにまず民法所定の相続順位を確認します。

◆相続順位

　被相続人の配偶者は常に相続人となり、その相続順位は他の相続人と同順位となります（民890）。

① 第1順位（子）

　a　被相続人に子がいる場合、その子は第1順位の相続人となります（民887①）。この場合、実子・養子の区分や嫡出子・非嫡出子の区分は問いません。

　b　被相続人の子が、相続の開始以前に死亡したとき、または相続人の欠格事由に

該当したとき、もしくは廃除によって相続権を失ったときは、その者の子（被相続人の直系卑属に限ります）が代襲相続します（民887②③）。ただし、養子については、縁組前に養子に子がいた場合、その縁組前の子は被相続人たる養親の直系卑属に当たらないため代襲相続は認められません（民887②ただし書）。

なお、相続欠格や推定相続人廃除と異なり、相続放棄の場合には代襲相続は発生しません。

②　第2順位（親など）

第1順位の相続人がいない場合、被相続人の直系尊属が相続人となります（民889①一）。直系尊属が複数存在する場合には、その親等が近い者が相続人となります（民889①一ただし書）。

③　第3順位（兄弟姉妹など）

第1順位、第2順位の相続人がいない場合、被相続人の兄弟姉妹が相続人となります（民889①二）。

なお、第3順位の相続人には、その子についてのみ代襲相続が発生します（民889②・887②）。

(5)　相続放棄の有無を確認する ■■■■■■■■■■■■■■■■■

相続放棄をした者は、その相続に関しては、初めから相続人とならなかったものとみなされます（民939）。この場合、前述のとおり、放棄をした者については代襲相続が発生しないことに注意が必要です。

◆相続放棄申述受理証明書

相続放棄の調査に当たっては、依頼者から相続放棄をした者がいないかどうかを聴取し、該当する法定相続人がいる場合にはその法定相続人に手紙等で問合せをして確認の上、家庭裁判所から「相続放棄申述受理証明書」を取得します。この証明書は、相続放棄をした者自身で取得することができることはもちろんですが、当該相続について利害関係を有する者はそれを証明する書面を添付した上で利害関係人として取得することができます。相続放棄をしたかどうか不明の場合も同様に家庭裁判所に相続放棄申述受理の有無を照会することができます。なお、照会先は相続放棄申述受理の審判の管轄裁判所ですから、相続開始地を管轄する家庭裁判所となります（民938、家事201①）。

20　第2章　遺産分割

┌─────── アドバイス ───────┐

○相続放棄の熟慮期間

　相続人は、自己のために相続の開始があったことを知った時から3か月以内に、相続放棄をしなければならないとされています（民915①）。この3か月を熟慮期間といいます。したがって、相続人が被相続人の死亡を知らなかったときや、相続人であることさえ知らなかったときなどは、熟慮期間は進行していませんので、被相続人の死亡から3か月以上経過しているからといって相続放棄ができないとは限りません。特に戸籍調査により被相続人の配偶者や子が認識していなかった法定相続人が現れた場合には注意が必要です。

　また、熟慮期間を経過している場合であっても、被相続人の遺産が債務超過であることが判明した場合に相続放棄申述受理自体は広く認められる傾向にあり（なお、最判昭59・4・27判時1116・29）、多数の審判例もありますので慎重に検討すべきです。

└─────────────────────────┘

【参考書式2】　相続放棄申述書
【参考書式3】　相続放棄申述受理証明書

(6)　相続欠格・推定相続人廃除の有無を確認する　■■■■■■■■■

◆相続欠格

　相続欠格とは、被相続人等の生命または被相続人の遺言行為に対し、故意に違法な侵害をした相続人が、その被相続人との関係で、法律上当然に相続資格を失うことを意味し、欠格事由が法定されています（民891）。裁判例の多くは、民法891条5号所定の遺言書の偽造、変造、破棄、隠匿です。しかし、相続欠格については戸籍上何らの記載もなされません。

　この点、家事事件手続法には、相続欠格の審判手続の規定がないため、相続欠格の審判を申し立てることはできませんし、理論上は「家庭に関する事件」（家事244）として調停を申し立てることができるとしても、相続欠格は、相続権の剥奪という重大な効果をもたらすため、調停という話合いの手続には相応しくありません。そこで、相続欠格事由の有無は、主として、相続権不存在確認請求訴訟という形で争うこととなります。

　そこで、相続欠格者がいるかどうかは、共同相続人に問合せをするしかありません。そして、相続欠格に関する確定判決の謄本を確認することによって相続欠格者を確定

できることになります。

【参考書式4】訴　状（相続権不存在確認請求）

◆推定相続人廃除

　推定相続人が被相続人に対し虐待や重大な侮辱を加えたとき、または推定相続人にその他の著しい非行があったときは、被相続人はその推定相続人の廃除を家庭裁判所に請求することができ、推定相続人廃除の審判がなされた場合、当該推定相続人は相続人となることができません（民892）。なお、推定相続人の廃除は遺言でなされることもあります（民893）。

　相続人廃除は、家庭裁判所に対する審判申立てにより行い、相続人廃除の審判が確定した後、審判申立人が10日以内に戸籍の届出をしなければならないことになっています（戸97・63①）。

　このように、推定相続人廃除においては、被廃除者の戸籍に記載されますので、戸籍で確認することができます。

【参考書式5】推定相続人廃除審判申立書（相続開始前の場合）
【参考書式6】推定相続人廃除審判申立書（相続開始後の場合）

2 遺産分割手続の当事者の確定

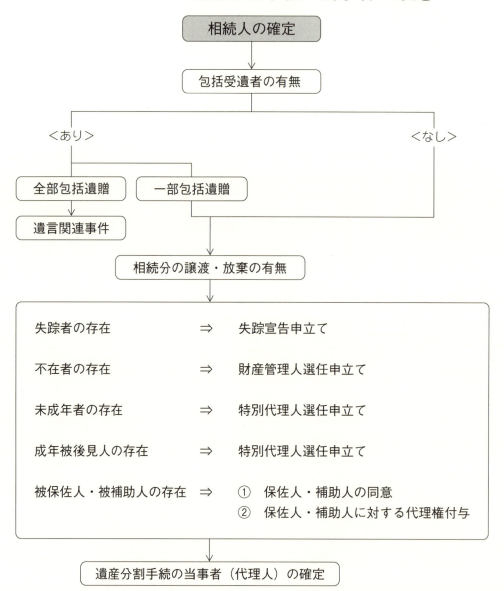

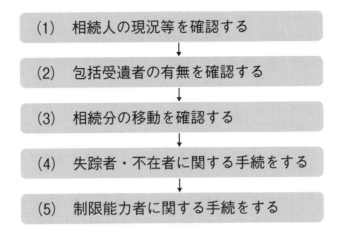

(1) 相続人の現況等を確認する ■■■■■■■■■■■■■■■■

　戸籍調査や相続放棄の有無などの調査によって相続人が確定したとしても、現実に遺産分割手続の当事者となるかどうかは別の問題です。相続分を譲渡した者がいるかどうか、行方不明者がいるかどうか、制限行為能力者がいるかどうかなどを確認し、それに応じた措置を講ずる必要があります。

(2) 包括受遺者の有無を確認する ■■■■■■■■■■■■■■■■

　被相続人に遺言があり、かつ有効性を争わない限り、全部包括遺贈があれば、遺留分の問題が生じますが、遺産分割手続の問題は生じません。これに対し、一部（割合的）包括遺贈の場合には権利者を確定させるために、なお遺産分割手続が必要となります。

(3) 相続分の移動を確認する ■■■■■■■■■■■■■■■■

　相続人は、遺産分割をする前に遺産に対する自己の相続分の一部または全部を第三者に譲渡することができます（民905）。また、解釈上も実務上も第三者に対する譲渡が認められることから他の共同相続人に対する譲渡も認められています。

◆相続分の譲渡
　相続分の譲渡とは、「積極財産のみならず、消極財産を含めた包括的な相続財産全体に対して各共同相続人が有する割合的な持分あるいは法律上の地位の移転」であると

24   第2章　遺産分割

考えられています（最判平13・7・10判時1762・110）。

　相続分全部の譲渡人は遺産分割手続の当事者の地位を失い、譲受人（第三者を含みます）が当事者の地位を取得します。共同相続人が譲受人であるときはこの者は従前から有していた相続分に増加した相続分を加えて、遺産分割協議を行うことになります。なお、遺産分割調停手続において、相続分全部の譲渡が行われた場合には、譲渡人は当事者適格を失い、譲受人が当事者適格を取得するとするのが実務の運用です（大阪高決昭54・7・6判時945・55）。また、相続分全部の譲渡人は遺産確認の訴えの当事者適格がないとするのが判例です（最判平26・2・14判時2249・32）。

　相続分の譲渡は、相続開始後、遺産分割前になされる必要があります。理論上は口頭で可能ですが、実務上は書面化します。なお、遺産分割調停手続や移転登記手続においては印鑑登録証明書の添付を要します。

　譲渡の目的としては次のようなものが挙げられます。

① 　遺産紛争を回避したい相続人がいるため

② 　特定の相続人に遺産を集中させて遺産分割を簡易にさせるため

③ 　遺産分割の終了前に自己の相続分の対価を取得したいため

④ 　内縁の配偶者などの第三者を遺産分割に関与させるため

【参考書式7】相続分譲渡証書

アドバイス

○多数の共同相続人がいる場合の相続分譲渡の有用性

　共同相続人が多数の場合や外国に居住する相続人がいる場合などにおいては、利害の一致する共同相続人に相続分の譲渡がなされることにより遺産分割の当事者を大幅に削減することができ、弁護士業務も円滑に進めやすいという利点があります。ただし、譲渡人ごとに譲渡の対価が異なることが判明したり、遺産分割手続において譲渡人の予測よりも譲受人が多額の財産を取得するような場合に、相続分譲渡について錯誤の主張がなされたりしてかえって混乱することもありますので、譲渡人に対しては遺産内容や評価額を明らかにして公平な取扱いをする注意が必要です。

○相続分の譲渡人に対する排除決定

　遺産分割調停・審判手続において、家庭裁判所は、相続分全部を譲渡した相続人について「当事者となる資格を有しない者及び当事者である資格を喪失した者」として、手続から排除することができます（家事258・43①）。

　具体的には、遺産分割調停・審判手続の係属中に相続分を全部譲渡して手続から脱

退する場合には、即時抗告権放棄書（家事43②）を添えて相続分譲渡証書（印鑑証明書添付）を家庭裁判所に提出し（場合によっては相続分譲渡・排除の決定を求める上申書を提出する）、排除の決定を得て遺産分割手続から脱退することになります。

　もっとも、譲渡人が相続財産の移転登記義務や占有移転義務などを負う場合には遺産分割手続から脱退させず、形式的に当事者として残存させるのが実務といえます。

(4)　失踪者・不在者に関する手続をする ■■■■■■■■■■■■

　共同相続人の中に行方不明者が出てくることがあります。このままでは遺産分割をすることができません。この場合の対策としては失踪宣告制度と不在者財産管理制度があります。

◆失踪宣告制度

　失踪宣告とは、法律で定められた一定の期間にわたって生死不明の者について、所定の時期に死亡したものとみなす制度で、生死不明の者について利害関係人の申立てにより家庭裁判所が失踪宣告の審判をします（民30）。

　遺産分割手続において、共同相続人中に生死不明の者がいる場合、他の共同相続人は利害関係人に当たりますので、この申立てをすることができます。次の2種類の形態があります。

① 　普通失踪

　不在者の生死が7年間以上明らかでないときに、不在者を死亡したとみなす制度で、7年間の期間満了時に不在者が死亡したものとみなされます（民30①・31）。これにより当該共同相続人について相続が開始しますので、遺産分割の当事者が変わり、遺産分割手続を進めることが可能となります。

② 　特別失踪（危難失踪）

　戦地に臨んだ者、沈没した船舶に乗船していた者、その他死亡の原因たるべき危難に遭遇した者について、その生死が、戦争が終了した後、船舶が沈没した後、その他の危難の去った後1年間明らかでない場合に、その不在者を死亡したものとみなす制度で、危難の去った時に死亡したものとみなされ（民30②・31）、相続はこのとき開始することとなります。

【参考書式8】失踪宣告審判申立書

26   第2章　遺産分割

◆不在者財産管理制度

　家庭裁判所は、「従来の住所又は居所を去った者がその財産の管理人を置かなかったとき」、利害関係人や検察官の申立てにより、不在者財産管理人を選任することができます（民25①）。「従来の住所又は居所を去った者」を不在者といいますが、不在者というためには生死不明であることは必要なく、また、生死が不明な者であって失踪宣告を受けていない者も含まれます。長期の家出人が典型例です。共同相続人が利害関係人であることはいうまでもありません。

　不在者財産管理人は、不在者の法定代理人として、家庭裁判所の許可を得て、遺産分割協議や遺産分割調停を成立させることができますので遺産分割をするに当たっては有益な制度です。

【参考書式9】不在者の財産管理人選任審判申立書

┌─────────────　アドバイス　─────────────┐

○失踪宣告制度と不在者財産管理制度の選択

　　失踪宣告制度においては、例えば両親が死亡して共同相続人である子のうちの1人が行方不明で、かつ、その者に配偶者や子がいなければ、失踪宣告により行方不明者の相続分が他の共同相続人に帰属しますので遺産分割を円滑に進めることができます。しかし、死亡とみなすという重大な効果が生ずることから要件が厳格です。

　　不在者財産管理制度においては、財産管理人が不在者の法定代理人として不在者の財産を管理しますので、要件が厳しくなく、すみやかに遺産分割手続を進めることができます。しかし、不在者が帰還し、あるいは死亡が確認され、あるいは失踪宣告を受けるまで不在者の相続分は財産管理人が保管したままになるというデメリットもあります。

　　このように各制度には一長一短がありますのでケースに応じて選択することになります。

└──────────────────────────────┘

（5）　制限能力者に関する手続をする　■ ■ ■ ■ ■ ■ ■ ■ ■ ■ ■ ■ ■ ■ ■

　遺産分割は、一種の契約であり、法律行為ですから、共同相続人に行為能力を制限された者がいる場合には、その者に代わって遺産分割の当事者として手続を進めることができる者を選任する必要があります。

第1 前提問題を整理する 27

◆未成年者

　共同相続人の中に未成年者がいる場合、その親権者が未成年者に代わって遺産分割手続に参加します（民824）。ただし、親権者自身も共同相続人である場合または親権者が複数の未成年者の代理人となる場合には、親権者の行為が利益相反行為となるため、家庭裁判所に対し特別代理人の選任を申し立てなければなりません（民826）。特別代理人が選任された場合、その特別代理人が遺産分割手続に参加することになります。

　未成年者に親権を行う者がいない場合には、未成年被後見人またはその親族その他の利害関係人は、家庭裁判所に対し未成年後見人の選任を申し立てることができ（民840①）、選任された未成年後見人が遺産分割手続に参加します。なお、既に未成年後見人がいる場合でも、未成年被後見人またはその親族その他の利害関係人もしくは未成年後見人は、さらに未成年後見人の選任を申し立てることができます（民840②）。

◆精神上の障害がある者

　「精神上の障害により事理を弁識する能力を欠く常況にある者」（民7）については、既に成年後見人が選任されている場合はその者が代理人として遺産分割手続に参加し（民859）、成年後見人がいない場合には家庭裁判所に対し後見開始の審判申立てを行い、成年後見人を選任してもらいます。ただし、既に成年後見が開始されていて、成年後見人も共同相続人である場合など、成年後見人の行為が利益相反行為となる場合には、未成年の場合と同様、特別代理人を選任する必要があります（民860・826）。

　「精神上の障害により事理を弁識する能力が著しく不十分である者」（民11）については、既に保佐人が選任されている場合には、被保佐人自身が保佐人の同意を得て（民13①六）、遺産分割手続を行います。ただし、保佐開始の審判の際に特定の法律行為（遺産分割）について保佐人に代理権を付与する旨の審判（民876の4①）がなされている場合には保佐人が遺産分割手続に参加することになります。これに対して保佐人がいない場合には保佐人を選任しなければ遺産分割をすることができないわけではありませんので、本人が遺産分割手続を進めることができます。

　「精神上の障害により事理を弁識する能力が不十分である者」（民15）については、補助開始の際に特定の法律行為（遺産分割）に補助人の同意を要する旨の審判（民17①）がなされている場合には補助人の同意を得て本人が、補助人に代理権を付与する旨の審判（民876の9①）がなされている場合には補助人が、それぞれ遺産分割手続を進めることになります。補助人がいない場合は保佐人の場合と同様です。

【参考書式10】特別代理人選任審判申立書

3 遺産の確定

＜フローチャート～遺産の確定＞

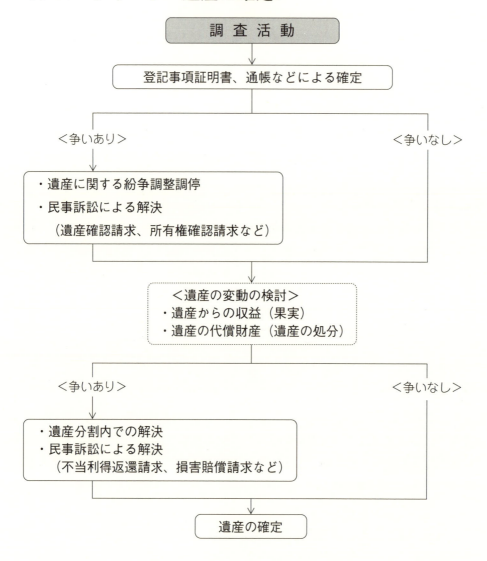

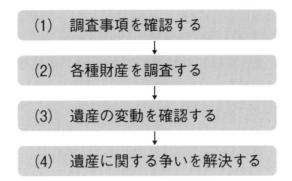

(1) 調査事項を確認する ■■■■■■■■■■■■■■■■■■■■

　遺産分割を行うに当たって、何が遺産であるかについて共同相続人間の合意がないと遺産分割手続を進めることができません。そこで遺産を調査して共同相続人間で遺産を確定する必要があります。

◆調査事項

　まず、依頼者から遺産の概要を聴取しますが、事前に登記簿謄本（登記事項証明書）や通帳などの資料を持参させるとよいです。被相続人が生前より税務申告をしていた場合には申告書の控えがあると便利です。

　依頼者との面談時において資料がない場合、各種財産ごとの必要な資料を依頼者との間で確認し、依頼者自身で収集する資料と弁護士が収集する資料を明確にして次の面談に備えます。

　次に、被相続人の遺産であるかどうか共同相続人間に争いがある財産について依頼者に確認します。被相続人名義だが相続人の財産であるとか、相続人名義の財産だが被相続人の財産であるというような争いです。共同相続人間で争いのある財産については遺産分割手続に着手する前に財産の帰属を解決しておく必要があります。

(2) 各種財産を調査する ■■■■■■■■■■■■■■■■■■■■

◆不動産

　不動産の登記簿謄本（登記事項証明書）や名寄帳、固定資産税納付通知書、公図などにより被相続人名義の不動産を確認します。

　登記簿謄本（登記事項証明書）と公図は法務局で取得します。登記簿謄本（登記事

項証明書）については甲区欄で被相続人名義の財産かどうか確認するとともに、乙区欄の共同担保の記載も確認して他に被相続人名義の不動産がないかを確認します。公図については隣接地に被相続人名義の不動産があるかどうか確認できますし、当該不動産の位置関係や土地の形状なども確認することができます。

　名寄帳は、不動産所在地の市区町村役場資産税課で入手することができます。自治体によって「土地家屋課税台帳」とか「固定資産課税台帳」などと称しますが、一個人が所有している不動産の一覧表になりますので共同相続人が把握していなかった不動産が発見される場合もあります。

　固定資産税納付通知書は、市区町村から送付されますので被相続人の自宅の郵便物を確認するとよいです。

アドバイス

○未登記不動産（家屋）の調査
　未登記家屋であっても、固定資産税の評価を受けていれば名寄帳や固定資産税納付通知書により存在を確認することができます。被相続人名義であれば遺産に加わります。

◆**動　産**

　一般に動産は価値が低く、遺産分割という形式をとらずに形見分けのような感じで分けることが多いですが、宝石、コイン、絵画、書画、骨董品などの高価品については争いになることも少なくありません。遺産分割に備えてこれらの動産の名称を決め、写真などを撮っておくとよいです。

　なお、貴重な動産は金融機関の貸金庫内に保管されていることもあります。貸金庫の開扉については共同相続人全員の同意が要求されるのが通常ですが、思わぬ高価品が出てくる可能性もあるため特に被相続人の取引銀行の貸金庫の開扉については積極的に同意を取り付けるべきでしょう。

◆**預貯金**

　被相続人名義の預貯金の通帳のほか、金融機関から残高証明書を取得すると遺産の範囲が明確になります。残高証明書は、相続開始後に残高が増減している可能性がある場合には相続開始時と取得時（本日現在）を取得しておくと後々の遺産分割の際に

有用です。

また、被相続人の生前あるいは死亡後に一部の共同相続人の無断払戻しが紛争になることも少なくありませんので、そのような可能性がある場合には通帳がない場合はもちろんのこと、通帳があっても詳細を把握したいときは当該金融機関から取引履歴書（取引明細表）を取得します。

依頼者が把握している被相続人名義の預貯金以外にも預貯金があるのではないかと思われる場合には、その可能性のある金融機関（通常は被相続人の生活圏内）から残高証明書を取得すると明確になります。

なお、以上の残高証明書や取引履歴書（取引明細表）は、共同相続人の1人であっても請求することが可能ですが、取得者が相続人であることを証するために戸（除）籍謄本（全部事項証明書）が必要となります。

◆預貯金以外の債権

預貯金以外の債権については、依頼者の説明と契約書などの書類から判断するしかありません。債権の場合、債権の存否について債務者との間で争いとなる場合もありますし、債務者の資力によっては価値がないこともありますので注意が必要です。

◆有価証券

有価証券の種類としては、株式、投資信託、ゴルフ会員権などがあります。

まず依頼者からの事情聴取と、被相続人の自宅にある関係書類により整理しますが、今日さまざまな商品や権利がありますので、証券会社や信託銀行などに照会することは欠かせません。

① 株 式

上場会社については、証券会社から送付される取引残高報告書、あるいは配当通知書や配当金の振込先口座の通帳などが調査の端緒となります。非上場会社については株券を発行している会社と不発行の会社がありますので、当該会社に問合せをして被相続人の権利を明確にするしかありません。

② 社債、投資信託等

依頼者が所持している金融商品取引業者からの通知を依頼者から入手して確認しますが、証券会社に照会して被相続人の有する商品を確認します。

③ ゴルフ会員権

依頼者の所持する会員証から確認しますが、預金通帳から年会費が口座振替されている履歴などでゴルフクラブが判明することがあります。

32　第2章　遺産分割

④　知的財産権

　特許、実用新案、意匠、商標などの登録により権利が発生するものについては特許情報プラットフォームを利用して検索可能です。著作権は登録されていれば著作権等登録状況検索システムを利用するとよいです。

◆債　務

　依頼者の説明に基づき契約書等を確認するとともに、既に弁済されている場合もありますので、他の共同相続人にも確認すべきでしょう。

　ただし、金融機関からの借入の存否については残高証明等で明確性が高いですが、金融機関以外の法人や個人からの借入れについては相続人が知らない場合が少なくありませんので、真に債務が存在しているかどうか、債権者に十分な説明と資料を求めるべきです。

(3)　遺産の変動を確認する ■■■■■■■■■■■■■■■■■■■

　遺産の調査により遺産を確定できたとしても、相続開始後、遺産分割前に、遺産が滅失毀損して保険金請求権や損害賠償請求権に転化したり、遺産を処分して売買代金請求権に転化したりして遺産に変動が生ずる場合もあります。また、遺産から収益が生ずることがあります（不動産賃料が典型例です）。

　前者を「代償財産」、後者を「遺産から生じた収益（果実）」と称しますが、遺産分割に際しては、これらの存否を確認するとともに、取扱いをどうするか検討する必要があります。

◆遺産の範囲を定める基準時

　遺産分割をするに当たっては遺産分割の対象となる遺産を確定しなければなりませんが、遺産が変動した場合には、いつの時点を基準として遺産分割の対象となる遺産を定めるかが問題となります。この基準時については相続開始時説と遺産分割時説とがありますが、後者が定説といえます。

◆代償財産（遺産の処分）

　相続開始から遺産分割までの間に、相続開始時に存在していた財産が滅失・毀損等した場合に、その代償として発生した財産を代償財産といいます。遺産の範囲を定める基準時について遺産分割時説を前提とすると、滅失した財産は相続財産に含まれず、

また代償財産自体は相続財産ではありませんので、代償財産は、原則として遺産分割の対象とはなりません。以下、場合分けをします。なお、平成30年民法改正に基づく906条の2に注意してください。詳細は、**本章第3　遺産分割調停を行う**をご参照ください。

① 相続人全員の合意で遺産を処分した場合

　最高裁は、「共有持分権を有する共同相続人全員によって他に売却された右各土地は遺産分割の対象たる相続財産から逸出するとともに、その売却代金は、これを一括して共同相続人の1人に保管させて遺産分割の対象に含める合意をするなどの特別の事情のない限り、相続財産には加えられず、共同相続人が各持分に応じて個々にこれを分割取得すべきものである」と判示しています（最判昭54・2・22判時923・77、最判昭52・9・19判時868・29同旨）。したがって、この場合は原則として遺産分割の対象とはならないことになります。もっとも、共同相続人全員の同意があれば遺産の対象とみなすことができます（民906の2①）。

② 他の共同相続人の同意を得ないで遺産を処分した場合

　いずれも下級審ですが、かつての審判例は以下のように分かれていました。ただし、この場合も処分をした共同相続人の同意を得ずして他の共同相続人は遺産の対象とみなすことができるようになりました（民906の2②）。

　遺産分割の対象となることを肯定した裁判例として、遺産たる株式を相続人の1人が勝手に処分した場合の同人に対する代償請求権を分割の対象とした事例（東京高決昭39・10・21判時400・28）、遺産たる借地権および建物の借地権返還代償金および家屋移転補償金を相続人の1人が横領している場合の同人に対する代償請求権を分割の対象とした事例（福岡家審昭40・10・5判タ200・193）、遺産たる家屋を相続人の1人が滅失させた場合の同人に対する損害賠償請求権ないし不当利得返還請求権を分割の対象とした事例（大阪家審昭40・11・4判タ199・214）、遺産たる立木を相続人の1人が勝手に処分した場合の処分代金を分割の対象とした事例（神戸家姫路支審昭44・3・29判タ246・336）、遺産たる新大型株式ファンド等を相続人の1人が無断で解約等した事案において、損害等の額が明らかであり、かつ他の共同相続人がその額をもって遺産分割の対象としているときはその損害賠償請求権等が分割の対象となるとした事例（長野家審平4・11・6家月46・1・128）があります。

　否定した事例として、遺産たる建物を相続人の1人が取り壊した場合の同人に対する損害賠償請求権ないし不当利得返還請求権を分割の対象とはならないとした事例（高松高決昭36・1・8判タ138・67）、相続人の1人が費消した遺産たる現金・保有米を分割の対象とはならないとした事例（福井家審昭40・8・17判タ194・191）、遺産たる借地

権および建物を相続人の1人が売却し、一部費消し、一部第三者に貸し付けた場合に建物等が分割の対象とはならないとした事例（東京家審昭44・2・24判タ243・313）があります。

③　相続人の関与がなく遺産が滅失した場合

　審判例は見当たりません。不動産が火災により滅失したときの火災保険金請求権のような場合には遺産分割の対象になるようにも思えますが、前掲最高裁昭和54年2月22日判決などを前提に考えますと、相続人の同意があるか、相続人が関与しないかで理論上区別することは困難ですので、相続人全員の合意がない限り、遺産分割の対象とならないと考えるべきものと思われます。

アドバイス

〇家庭裁判所の実務

　相続人の意思に基づく処分によって生じた代償財産は、原則として遺産分割の対象ではなくなりますが、家庭裁判所の実務は、相続人全員の合意で処分した場合であっても、一部の相続人が無断で処分した場合であっても、相続人全員の合意があれば、遺産分割の対象とするものと思われます。ただし、相続人全員が単に遺産分割の対象とすることに合意しているだけでなく、代償財産の額が明らかであるか、額について合意が成立していることが必要だと考えられます。

◆遺産から生じた収益（果実）

　遺産から生じた収益（遺産たる不動産の賃料）は遺産そのものでないことは明らかですので、その意味で当然には遺産分割の対象とはなりません。もっとも、遺産分割に遡及効があることから遺産分割により当該遺産（元本）を取得した相続人が収益（果実）も取得するという考え方もあります。しかし、最高裁平成17年9月8日判決（判時1913・62）は、「遺産は、相続人が数人あるときは、相続開始から遺産分割までの間、共同相続人の共有に属するものであるから、この間に遺産である賃貸不動産を使用管理した結果生ずる金銭債権たる賃料債権は、遺産とは別個の財産というべきであって、各共同相続人がその相続分に応じて分割単独債権として確定的に取得するものと解するのが相当である。遺産分割は、相続開始の時にさかのぼってその効力を生ずるものであるが、各共同相続人がその相続分に応じて分割単独債権として確定的に取得した上記賃料債権の帰属は、後にされた遺産分割の影響を受けないものというべきであ

る。」と判示しました。

　したがって、遺産から生じた収益の分配については、原則として訴訟によって紛争を解決することになります。

アドバイス

○家庭裁判所の実務

　遺産から生じた収益については、共同相続人全員の合意があれば遺産分割の対象に含めるというのは家庭裁判所の定着した実務です。もっとも、収益と同時に費用も発生しますので、例えば賃料収入を考えますと、家屋の修繕費や公租公課などの管理費を控除する必要があります。それを前提に共同相続人全員の合意が得られなければ、訴訟で解決されることになります。

○配当支払請求権

　配当が株式の法定果実であるとすれば、配当支払請求権は共同相続人に法定相続分に従って権利が帰属することになります（前掲最判平17・9・8）。しかし、配当支払請求権は自益権たる株式の権利の内容ですから、法定果実とは異なり、遺産の内容として遺産分割協議が必要となるものと解されます。もっとも判例はないようですので、今後の実務の取扱いに注意を要します。

---

(4)　遺産に関する争いを解決する ■■■■■■■■■■■■■■■■■■

　遺産や遺産から生じた収益あるいは代償財産について調査をするとともに、遺産分割手続に着手する前に遺産の範囲について争いがないかどうか調査すべきです。共同相続人名義の財産について真実は遺産であるとか、被相続人名義の財産について真実は共同相続人の財産であるとか、遺産の範囲に関する紛争が生ずる場合があります。仮に遺産分割調停申立後にこのような遺産の範囲について紛争が生じ、共同相続人間で容易に合意形成できないと家庭裁判所が判断した場合、調停申立ての取下げを求めるのが通例と思われます。そこで、紛争がある場合にはそれを解決した後に遺産分割手続を行った方が得策です。なお、理論上は家庭裁判所に判断権がありますが（最大決昭41・3・2判時439・12）、その判断には既判力が生じませんので再度民事訴訟において争われる余地があります。

36　第2章　遺産分割

◆遺産に関する紛争調整調停

　遺産分割調停とは別に、遺産に関する紛争について調停を申し立てることができます。話合いによる解決の方が穏当であると考えられるような事案ではこの手続を取ることも検討すべきでしょう。

【参考書式11】遺産に関する紛争調整調停申立書

◆遺産確認請求

　遺産の範囲を確定させるために遺産確認請求訴訟という訴訟類型が認められています。当該遺産が現に被相続人の遺産に属すること、すなわち、当該財産が現に共同相続人による遺産分割前の共有関係にあることの確認を求める訴えです（最判昭61・3・13判時1194・76）。この訴訟はいわゆる固有必要的共同訴訟であるとされていますので、共同相続人全員が訴訟当事者となる必要があります（最判平元・3・28判時1313・129）。

【参考書式12】訴　状（遺産確認請求）

> アドバイス
>
> ○遺産に関するその他の訴訟類型
> 　共同相続人の1人が被相続人名義の遺産について自己の財産であると主張する場合、遺産確認請求ではなく、主張する者が他の共同相続人を被告として、不動産であれば所有権確認請求訴訟ないし所有権移転登記手続請求訴訟、預貯金であれば預貯金債権の帰属確認請求訴訟（金融機関に対しては払戻請求訴訟）等を提起することになります。

4 遺産の管理

＜フローチャート～遺産の管理＞

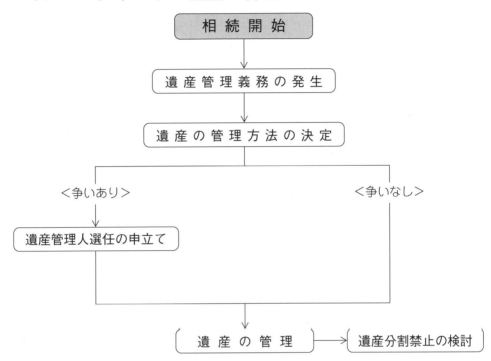

(1)	遺産の管理を開始する

↓

(2)	遺産の管理方法を確認する

↓

(3)	遺産管理人選任の申立てなどを検討する

↓

(4)	遺産分割の禁止を検討する

(1)　遺産の管理を開始する ■■■■■■■■■■■■■■■■■■

　相続開始の時から遺産分割によって各財産が共同相続人に帰属するまで、長期間を要する場合も少なくありません。そのため、遺産が滅失毀損したり、遺産から生ずるべき収益が損なわれ管理費が増大したり、共同相続人全員の利益が害されることもあります。そこで、まず、不動産をはじめとして、遺産の現況を把握して遺産分割まで適切に管理する必要があります。

◆相続人の遺産管理義務

　民法は、相続人が管理義務を負うとする一方で、当該財産を取得しないことになる可能性があることを考慮して、「相続人は、その固有財産におけるのと同一の注意をもって、相続財産を管理しなければならない」（民918本文）と規定し、善良なる管理者の注意義務までは認めていません。「固有財産におけるのと同一の注意」とは、「自己の財産に対するのと同一の注意」（民659）、「自己のためにするのと同一の注意」（民827）と同義であり、自己の財産に対する注意義務をもって管理を行えば足りるということになります。なお、相続放棄をした者は、その放棄によって相続人となった者が相続財産の管理を始めることができるまで、自己の財産におけるのと同一の注意をもって、その財産の管理を継続しなければならないと規定されています（民940）。

(2)　遺産の管理方法を確認する ■■■■■■■■■■■■■■■■■

　相続開始により、「相続人が数人あるときは、相続財産は、その共有に属する」と規定しています（民898）。この共有について、判例は「民法249条以下に規定する『共有』とその性質を異にするものではない」（最判昭30・5・31判時53・14）と判示し、物権法上

の共有と変わらないことを明らかにしています。

　また、相続人が複数名いる場合の各相続人の持分について民法は「各共同相続人は、その相続分に応じて被相続人の権利義務を承継する」（民899）と規定しております。

　したがって、各相続人は、相続開始から遺産分割までの間、遺産につき、法定相続分に従い共有持分を有していることになります。

◆遺産の使用

　民法249条は「各共有者は、共有物の全部について、その持分に応じた使用をすることができる」と規定しています。したがって、相続開始から遺産分割までの間、各相続人は、遺産の全部について法定相続分に応じた使用をすることができることになります。

◆遺産の管理

　管理についても共有の規定に従い、保存行為は各相続人が単独で行うことができ（民252ただし書）、管理行為は持分の価額の過半数により決し（民252本文）、変更行為は相続人全員の同意が必要となります（民251）。

　保存行為とは、財産の現状を維持するための行為であり、例えば妨害排除請求権の行使、雨漏りの修繕、腐敗するおそれのある物の処分、などが挙げられ、これらの行為は各相続人が単独で行うことができます。

　管理行為とは、財産の利用または改良行為であり、例えば物全部の使用貸借契約の締結や、賃貸借契約の締結・解除等があります。

　変更行為とは、性質もしくは形状またはその両者を変更する行為のことをいい、例えば物全部の処分や土地の形状の変更などが挙げられ、これらの行為は相続人全員の同意が必要となります。

(3)　遺産管理人の選任の申立てなどを検討する ■■■■■■■■■■

民法918条2項は、「家庭裁判所は、利害関係人又は検察官の請求によって、いつでも、相続財産の保存に必要な処分を命ずることができる。」と規定しています。この条文だけでは必ずしも明らかではありませんが、同条が「相続の承認及び放棄」の章に置かれ、相続開始後から相続の承認や放棄がなされるまでの間は、被相続人の権利義務を承継する相続人が確定せず、不安定な状態にあることから規定されたものといえます。「相続財産の保存に必要な処分」には、財産の封印、換価その他の処分禁止、占有

40　第2章　遺産分割

移転禁止、財産目録の調整提出命令などのほか、遺産管理人の選任が含まれます。

遺産管理人の選任により、適切な管理が期待できます。

◆遺産管理人

家庭裁判所により選任される場合と、相続人全員の合意により選任される場合があります。

① 　家庭裁判所による選任

民法に基づく遺産管理人の選任と家事事件手続法に基づく遺産管理人の選任があります。前者は民法918条2項に基づくもので、後者は家事事件手続法200条1項に基づくものです。後者については**本章第4 3　審判前の保全処分**を参照してください。

② 　相続人全員の合意による選任

相続人全員の合意により特定の者を遺産管理人として選任し、遺産の管理を任せます。中立な立場にある第三者を選任することが適切ですが、全員が合意する限り共同相続人の中から選任することもできます。また、遺産管理人に委ねる管理の範囲についても全員の合意によって定めることができます。

【参考書式13】遺産管理人選任審判申立書

（4）　遺産分割の禁止を検討する　■■■■■■■■■■■■■■■■■

遺産分割はいつでも行えるのが原則ですが（民907①）、例えば遺産の範囲に争いがあり、それを解決しないと遺産分割の方法が大きく変わってしまうような場合、一定期間、遺産分割の禁止をすることができれば合理的です。

◆遺産分割禁止の方法

遺産は、分割前は共同相続人の共有状態にあることから、物権法上の共有の規定により、協議による遺産分割の禁止を合意することができます（民256①ただし書）。

また、民法上、遺言による分割禁止（民908）と審判による分割禁止（民907③）が設けられています。なお、家事事件手続法上、遺産分割の禁止が独立して審判の対象となることとされており（家事39・別表第2⑬）、この審判はいつでも調停に付すことができることから（家事274①）、調停手続においても分割禁止を定めることが可能と解されます。

◆遺産分割禁止の要件

遺言や協議などで分割禁止とする場合には、特に要件はありませんが、審判によって分割禁止とするには「特別の事由」があることが要件となります（民907③）。

そして、この「特別の事由」とは、単に多数の利益ということではなく、一定の事情があるため、分割を禁止することが全相続人にとって利益になるという客観的状態であるとされています。

分割禁止を認めたものとして次の審判例があります。

① 土地に根抵当権が設定され、当該土地上の建物の所有権の帰属をめぐって民事訴訟が係属中であるところ、抵当権の負担が消滅し、かつ地上建物の帰属に関する民事紛争が解決するまでは適正な分割をなすに適さない状態であるとして、遺産全部の分割を5年間禁止した裁判例（鹿児島家審昭43・9・16判タ239・309）

② 被相続人名義の不動産全部の帰属につき民事訴訟が係属中であるところ、不動産全部につき遺産性が争われる場合には遺産分割の調停ないし審判による解決は不可能であるとして、遺産全部の分割を2年間禁止した裁判例（鹿児島家審昭43・9・17判タ239・309）

③ 遺産のうち主要な不動産全部につき遺産性が争われ、かつその争いを訴訟手続による確定を待つことに当事者間の合意がある事案において、遺産分割の調停ないし審判による解決は事実上著しく困難であるとして、遺産全部の分割を約3年間禁止した裁判例（大阪家審平2・12・11家月44・2・136）

【参考書式14】遺産分割禁止の遺言の取消・変更審判申立書

【参考書式1】相続関係図

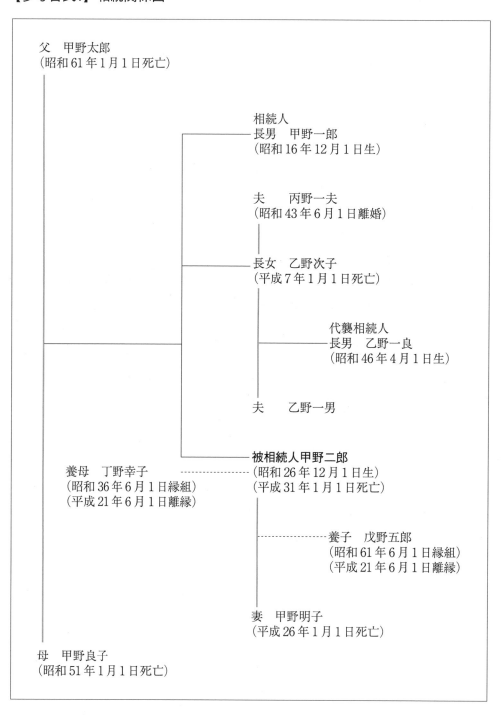

第1　前提問題を整理する　　43

【参考書式2】相続放棄申述書

相続放棄申述書

令和○年○月○日

○○家庭裁判所　御　中

申述人代理人弁護士　甲　山　一　郎　㊞

（当事者の表示）

本　　　　籍　　東京都○○区○○町○丁目○番地

住　　　　所　　〒○○○－○○○○

　　　　　　　　東京都○○区○○町○丁目○番○号

申　立　人　　甲　野　一　郎（昭和○年○月○日生）

　　　　　　　　〒○○○－○○○○

　　　　　　　　東京都○○区○○町○丁目○番○号

　　　　　　　　丁川法律事務所（送達場所）

　　　　　　　　TEL　　○○○－○○○－○○○○

　　　　　　　　FAX　　○○○－○○○－○○○○

申立人代理人　　弁護士　丁　川　實　一

（被相続人の表示）

本　　　　籍　　東京都○○区○○町○丁目○番地

最 後 の 住 所　　〒○○○－○○○○

　　　　　　　　東京都○○区○○町○丁目○番○号

被 相 続 人　　甲　野　太　郎（令和○年○月○日死亡）

申述の趣旨

相続の放棄をする。

申述の理由

1　相続の開始を知った日　被相続人死亡時

2　放棄の理由

　　被相続人は積極的遺産は何もなく、約1,000万円の負債を負っている。

　　（熟慮期間経過後に債務の存在を知った場合）

　　申立人は被相続人と10年以上別居していたため、被相続人の財産状況は全く知

らなかった。ところが、被相続人死亡から6か月経過した令和○年○月○日、金融機関から金1,000万円の催告書が送付され、はじめて被相続人に負債があることが判明した。

よって、本申述に及んだ。
3　相続財産の概略
　負債約1,000万円

添付書類（略）

【参考書式3】 相続放棄申述受理証明書

相続放棄申述受理証明書

被相続人	氏　　名			
	本　　籍			
申述人	氏　　名			
	事件番号	令和　年(家)第　　号	申述を受理した日	令和　年　月　日

以上のとおり証明する。

　令和○年○月○日

　　○○家庭裁判所

　　　裁判所書記官　　　　　印

46　第2章　遺産分割

【参考書式4】訴　状（相続権不存在確認請求）

訴　　状

令和○年○月○日

○○地方裁判所　民事部　御中

原告訴訟代理人弁護士　　丁　川　賢　一　㊞

〒○○○－○○○○　東京都○○区○○町○丁目○番○号

原　告　甲　野　一　郎

（送達場所）〒○○○－○○○○　東京都○○区○○町○丁目○番○号

○○ビル○○○号　丁川法律事務所

ＴＥＬ　０３（○○○○）○○○○

ＦＡＸ　０３（○○○○）○○○○

上記原告訴訟代理人

弁護士　丁　川　賢　一

〒○○○－○○○○　東京都○○区○○町○丁目○番○号

被　告　甲　野　花　子

相続権不存在確認等請求事件

訴訟物の価額　　　金○○○万円

貼用印紙額　　　　金○万○○○○円

第1　請求の趣旨
  1　原告と被告との間において、被告が亡甲野太郎の相続財産について相続権を有
  しないことを確認する。
  2　亡甲野太郎名義の令和○年○月○日付け自筆証書遺言が無効であることを確認
  する。
  3　訴訟費用は、被告の負担とする。
第2　請求の原因
  1　亡甲野太郎（以下「亡太郎」という。）は、令和○年○月○日死亡した。亡太郎
  の法定相続人は、原告と被告の2名である。

第1　前提問題を整理する　47

2　亡太郎には、亡太郎の財産をすべて被告に相続させる旨の令和○年○月○日付け遺言自筆証書（以下「本件遺言書」という。）が存する。

　　被告は、本件遺言書について、令和○年○月○日、○○家庭裁判所に対し、遺言書検認申立てを行い、同年○月○日、検認手続が行われた。

3　しかし、亡太郎は、本件遺言書の作成日付当時、認知症を患い、意思能力に欠けていたばかりか、本件遺言書に記載されている文字の筆跡は明らかに亡太郎の筆跡と異なり、被告の筆跡である。

4　したがって、本件遺言書は被告によって偽造されたものであるから、本件遺言書にかかる遺言は無効であるとともに、被告の行為は民法891条5号所定の欠格事由に該当し、被告は亡太郎の相続財産につき相続権を有しない。

5　よって、原告は、被告に対し、請求の趣旨記載のとおりの判決を求める。

第3　証拠書類

　　　（略）

第4　付属書類

　　　（略）

48   第2章　遺産分割

【参考書式5】推定相続人廃除審判申立書（相続開始前の場合）

推定相続人廃除審判申立書

令和○年○月○日

○○家庭裁判所　御　中

申立人代理人弁護士　乙　川　次　郎　㊞

（当事者の表示　略）

申立ての趣旨

相手方が申立人の推定相続人であることを廃除する審判を求める。

申立ての理由

1　申立人は、30年来、酒屋を経営し、土地・店舗などの資産がある。

2　相手方は、申立人の長男であるが、3年前頃から、申立人に対し暴力を振るったり、競馬・競輪などのギャンブルに耽ったりするなどの非行を繰り返してきた。
　　このような相手方には家業を継がせることも財産を相続させることもできない。

3　よって、相手方を申立人の推定相続人から廃除するため、本申立てに及んだ。

添付書類（略）

第1　前提問題を整理する　49

【参考書式6】推定相続人廃除審判申立書（相続開始後の場合）

推定相続人廃除審判申立書

令和○年○月○日

○○家庭裁判所　御　中

申立人代理人弁護士　乙　川　次　郎　㊞

（当事者の表示　　略）

（被相続人の表示　略）

申立ての趣旨

相手方が被相続人甲野太郎の推定相続人であることを廃除するとの審判を求める。

申立ての理由

1　申立人は被相続人の別紙公正証書遺言により遺言執行者に指定され、その就職を承諾した者である。

2　相手方は、被相続人に対し暴行などの虐待や浪費を繰り返し、親不孝を重ねてきたため、被相続人は相手方の推定相続人であることを廃除する旨の別紙公正証書遺言を遺した。

3　被相続人は、令和○年○月○日死亡し、遺言の効力が発生した。

4　よって、本申立てに及んだ。

添付書類（略）

50 第2章 遺産分割

【参考書式7】 相続分譲渡証書

相続分譲渡証書

　譲渡人は譲受人に対し、被相続人亡甲野太郎の相続分全部を金○○万円で譲渡し、譲受人はこれを譲り受けた。

　譲受人は、譲受代金○○万円を令和○年○月○日限り譲渡人方に持参して支払うこととし、譲渡人は右代金受領と同時に、相続財産の共有持分移転登記手続をする。

　なお、登記費用は譲受人の負担とする。

　　　令和○年○月○日

　　　　　　　　住　　所　　○○県○○市○○町1丁目2番3号
　　　　　　　　譲　渡　人　丙　川　三　郎　㊞

　　　　　　　　住　　所　　○○県○○市○○町4丁目5番6号
　　　　　　　　譲　受　人　乙　山　次　郎　㊞

第1　前提問題を整理する　　51

【参考書式8】失踪宣告審判申立書

失踪宣告審判申立書

令和○年○月○日

○○家庭裁判所　御　中

申立人代理人弁護士　乙　川　次　郎　㊞

（当事者の表示　略）

（不在者の表示　略）

申立ての趣旨

不在者に対し失踪の宣告をする審判を求める。

申立ての理由

1　被相続人亡甲野太郎は、令和○年○月○日死亡し、法定相続人は、次男の申立
　人と不在者の2名である。
2　申立人と不在者および被相続人は、現在の申立人の自宅で暮らしていたが、不
　在者は、21歳（大学生）の時に旅行に出たまま既に10年間行方不明となっている。
　警察に捜索願いを出し、親戚や友人、知人に問い合わせをしたが、その所在は不
　明である。
　　したがって、不在者は7年以上生死不明である。
3　なお、不在者は財産管理人を置いていない。
4　よって、被相続人にかかる遺産分割をするため、本申立てに及んだ。

添付書類（略）

52　第2章　遺産分割

【参考書式9】不在者の財産管理人選任審判申立書

不在者の財産管理人選任審判申立書

令和○年○月○日

○○家庭裁判所　御　中

申立人代理人弁護士　乙　川　次　郎　㊞

（当事者の表示　略）

（不在者の表示　略）

申立ての趣旨

不在者の財産の管理人を選任する審判を求める。

申立ての理由

1　被相続人亡甲野太郎は、令和○年○月○日死亡し、法定相続人は、次男の申立人と不在者の2名である。
2　申立人と不在者および被相続人は、現在の申立人の自宅で暮らしていたが、不在者は、21歳（大学生）の時に旅行に出たまま既に5年間行方不明となっている。警察に捜索願を出し、親戚や友人、知人に問い合わせたが、その所在は不明である。
3　なお、不在者は財産管理人を置いていない。
4　財産管理人候補者として次の者を掲げる。

本　　　籍　○○県○○市○○町1丁目2番3号
住　　　所　○○県○○市○○町4丁目5番6号
氏　　名　甲　野　一　郎
昭和○年○月○日生
不在者との関係　不在者の叔父
職　　業　無職

添付書類（略）

第1 前提問題を整理する 53

【参考書式10】特別代理人選任審判申立書

特別代理人選任審判申立書

令和○年○月○日

○○家庭裁判所 御 中

申立人代理人弁護士 乙 川 次 郎 ㊞

（申立人の表示 略）
（成年被後見人の表示 略）
（被相続人の表示 略）

申立ての趣旨

特別代理人の選任を求める。

申立ての理由

1 被相続人は、令和○年○月○日、死亡し、法定相続人は、妻である申立人と長男○○の2名であるが、長男は平成○年○月○日、○○家庭裁判所により後見開始の審判を受け、申立人が成年後見人に選任された。
2 被相続人の遺産について、別紙遺産分割協議（案）のとおり、分割することとなったが、成年後見人である申立人と成年被後見人である長男との間で利益相反が生ずる。
3 よって、本申立てに及んだ。
4 特別代理人候補者として次の者を掲げる。

本 籍 ○○県○○市○○町1丁目2番3号
住 所 ○○県○○市○○町4丁目5番6号
氏 名 甲 野 一 郎
昭和○年○月○日生
未成年者との関係 母方の叔父
職 業 公務員

添付書類（略）

54 第2章 遺産分割

【参考書式11】遺産に関する紛争調整調停申立書

遺産に関する紛争調整調停申立書

令和○年○月○日

○○家庭裁判所　御　中

申立人代理人弁護士　乙　川　次　郎　㊞

（当事者の表示　　略）

（被相続人の表示　　略）

申立ての趣旨

別紙物件目録記載の建物が被相続人の遺産であることを確認する調停を求める。

申立ての理由

1　被相続人は令和○年○月○日死亡し、法定相続人は、申立人と長男である相手方である。

2　本件建物は、被相続人が平成○年○月、自己資金を調達して建築したものであるが、相手方は、建築業者が相手方の友人であることを利用して、相手方名義で本件建物の保存登記をしたものである。

3　被相続人には本件建物以外に遺産はない。

4　よって、本件建物を被相続人の遺産として遺産分割をするため、本件建物が被相続人の遺産であることの確認を求めるため、本調停申立てに及んだ。

添付書類（略）

【参考書式12】訴　状（遺産確認請求）

訴　状

令和○年○月○日

○○地方裁判所　御　中

原告訴訟代理人弁護士　乙　川　次　郎　㊞

（当事者目録）別紙のとおり

遺産確認請求事件

訴訟物の価格　○○○円

貼用印紙額　　○○○円

第1　請求の趣旨

1　原告と被告らとの間において、別紙物件目録1乃至3記載の各物件が令和○年
○月○日死亡した被相続人甲野太郎の遺産であることを確認する。

2　訴訟費用は被告らの負担とする。

第2　請求の原因（略）

56   第2章　遺産分割

【参考書式13】遺産管理人選任審判申立書

遺産管理人選任審判申立書

令和○年○月○日

○○家庭裁判所　御　中

申立人代理人弁護士　丁　川　賢　一　㊞

（当事者の表示　　略）
（被相続人の表示　　略）

申立ての趣旨

被相続人甲野太郎の遺産について管理人の選任を求める。

申立ての理由

1　申立人は、被相続人の長男である。
2　被相続人は、○○家庭裁判所に対して、被相続人の次男である相手方の推定相続人廃除を申立て、同事件は現在○○家庭裁判所平成○年（家）第○○号事件として係属中である。
3　被相続人は、令和○年○月○日死亡した。
4　被相続人の死亡によって、申立人を含む他の共同相続人と相手方との間で、遺産の帰属をめぐって紛争の生ずるおそれが多分にあり、かつ推定相続人廃除事件の手続を進行させなければならない。
5　よって、本申立てに及んだ。
6　遺産管理人候補者として次の者を掲げる。

本　籍　　○○県○○市○○町○丁目○番○号
住　所　　○○県○○市○○町○丁目○番○号
氏　名　　丁　山　信　一
昭和○年○月○日生
職　業　　弁護士
電話　○○○－○○○－○○○○

添付書類（略）
遺産目録（略）

第1 前提問題を整理する　57

【参考書式14】 遺産分割禁止の遺言の取消・変更審判申立書

遺産分割禁止の遺言の取消・変更審判申立書

令和○年○月○日

○○家庭裁判所　御　中

申立人代理人弁護士　丁　川　賢　一　㊞

（当事者の表示　　略）

（被相続人の表示　略）

申立ての趣旨

　被相続人の平成○年○月○日付け自筆証書遺言中、遺産の分割を禁止した部分について、これを取り消すとの審判を求める。

申立ての理由

1　被相続人は令和○年○月○日死亡し、相続人は別紙当事者目録記載のとおりである。

2　被相続人は平成○年○月○日付け自筆証書遺言において、別紙目録記載の不動産に関する所有権確認請求事件（○○地方裁判所平成○年(ワ)第○○号）が終了するまで遺産全部の分割を禁止する旨の遺言をなした。

3　前記訴訟は、平成○年○月○日終了し、遺産の範囲が確定した。

4　よって、この申立てに及んだ。

添付書類（略）

当事者目録（略）

物件目録（略）

第2　遺産分割協議を行う

＜フローチャート～遺産分割協議＞

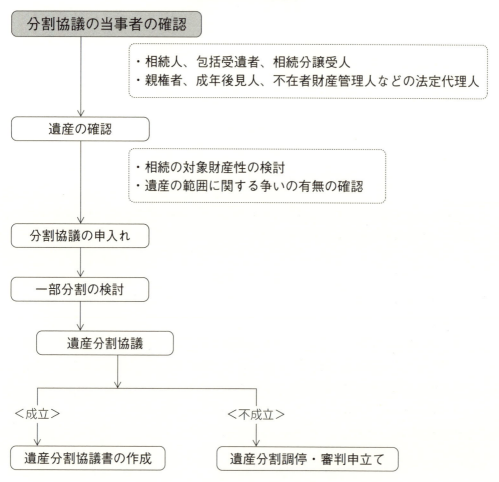

1 分割協議の開始

> **(1) 分割協議の当事者と遺産を確認する**
> ↓
> **(2) 分割協議を申し入れる**

(1)　分割協議の当事者と遺産を確認する　■■■■■■■■■■■■

　遺産分割協議は、被相続人が相続開始時において有していた財産（遺産）について、その共有状態を解消して、個々の財産の権利者を確定させる共同相続人全員による合意であると定義することができます。

　そこで、遺産分割協議を開始するに当たって、まず当事者と遺産を確認します。

◆分割協議の当事者

　遺産分割協議の当事者には、相続人のほか、包括受遺者（民990）・相続分譲受人（民905）が含まれます。また、親権者・未成年後見人・成年後見人・保佐人・補助人・不在者財産管理人は法定代理人として遺産分割協議を行います。

　これに対し、特定受遺者や特定財産の共有持分権の取得者は遺産分割協議の当事者ではありません。

　また、1人の者が全部包括遺贈を受けている場合、遺留分の問題は発生しますが、遺産分割の問題は発生しません。

　なお、遺言執行者は遺産分割の当事者ではありませんが、利害関係人として遺産分割調停・審判手続に参加することもでき（家事258・42）、遺産分割協議についても利害関係人として参加することができると解されます。

　詳しくは、**本章第1　前提問題を整理する**をご参照ください。

> ### アドバイス
>
> ○共有持分権の取得者との分割方法
> 　一部の共同相続人が遺産の中の特定財産に対する共有持分権を第三者に譲渡した場合、第三者は遺産分割の当事者ではありませんので、遺産分割手続において他の共同相続人と第三者との間で分割をすることはできません。この共有関係を解消するため

には共有物分割請求訴訟によることになります（最判昭50・11・7判時799・18、最判平25・11・29判時2206・79）。

◆遺産分割協議の対象財産

　遺産分割協議や遺産分割調停の対象とする財産と、遺産分割審判の対象となる財産は同一ではありません。例えば、被相続人が交通事故により死亡した場合の損害賠償請求権は、可分債権であることから共同相続人に法定相続分に応じて分割単独債権として帰属すると解されますので（最判昭29・4・8判タ40・20）、共同相続人全員の同意がない限り遺産分割審判の対象とはなりませんが、遺産分割協議や遺産分割調停において遺産として分割の対象財産とすることはできます。

　遺産であるかどうかについて共同相続人間に争いがある場合には、それを解決しないと遺産分割協議を進めることは困難です。

　詳しくは、**本章第1　前提問題を整理する**をご参照ください。

(2)　分割協議を申し入れる　■■■■■■■■■■■■■■■■■■■■

　民法は、遺産分割協議について、「共同相続人は、次条の規定により被相続人が遺言で禁じた場合を除き、いつでも、その協議で、遺産の全部又は一部の分割をすることができる。」（民907）と規定しています。

　遺産分割協議は、通常、共同相続人のうちの1人あるいは数人から他の共同相続人に対する協議の申入れによって始まります。

◆遺産分割協議の開始時期

　遺産分割は、相続開始後であればいつでも行うことができ、法的な期間制限はありません。遺産分割協議が調わないときや協議をすることができないときは、遺産分割調停手続や審判手続によって分割することになりますが（民907②）、調停手続や審判手続についても期間的な制約はありません。

　もっとも、長年放置していると数次相続が発生するとともに共同相続人の数が膨大になる可能性を持っていますので好ましくありません。

　なお、相続税の申告については、遺産分割手続とは無関係であり、申告書の提出期限があります（相税27①）。

◆相続分の指定と遺産分割

　遺言により相続分の指定がなされている場合（民902）、例えば、配偶者に3分の1、長

男に3分の1、長女に3分の1ずつ相続させるという遺言がなされている場合、この遺言では個々の財産の権利者が確定しませんので、別途、遺産分割を行う必要があります。分割協議や調停手続においては相続分の指定を前提とした遺産分割の合意を形成することが多いと思われますが、相続分の指定を無視した合意も有効であると解されます。これに対して、遺産分割審判においては遺言が有効である限り相続分の指定に基づいた分割がなされます。

◆遺産分割方法の指定と遺産分割

　遺言により遺産のすべてについて取得者が定められている場合は遺留分の問題は別として権利者が確定しますが、遺産の一部についてのみ取得者が定められている場合、例えば、長男に自宅不動産を相続させるというだけで、その他の遺産については定めがなく、他に共同相続人がいるような場合、遺産の残部について遺産分割が必要になることはいうまでもありません。この場合も、相続分の指定の場合と同様に、遺産分割協議や調停手続においては自宅不動産を長男に取得させない内容の合意も可能と解されますが、審判においては長男が自宅不動産を取得することになります。なお、長男が自宅不動産を取得することを前提として、残部の遺産の配分については、長男を含めた各共同相続人が取得する遺産の価額の総額が法定相続分に見合うように分割されるべきか、あるいは長男の自宅不動産は除外した上で残部の遺産の配分が法定相続分に見合うように分割されるべきかについては、遺言の解釈の問題であると解されます。

アドバイス

○弁護士業務としての遺産分割協議

　一部の共同相続人から遺産分割事件の依頼があった場合に、その代理人の立場で、他の共同相続人を対立当事者と捉えて遺産分割協議に向けての交渉を開始することが往々にしてあります。ところが、共同相続人間の対立が表面化しない段階で一部の共同相続人から、いわば調整役のような立場で事件の依頼がある場合も少なくありません。しかし、このような場合、仮に調整役のような柔軟な態度で相手方と接したとしても、相手方からみれば対立的な立場に見えるため信頼関係を作ることは容易ではありませんし、逆に、相手方との信頼関係を築こうとする結果、もともとの依頼者からの信頼を失うこともあります。特に弁護士業務の場合、弁護士費用が絡んでいますので、受任の仕方や分割協議の仕方には十分に慎重な態度で臨む必要があります。

62　第2章　遺産分割

2　分割協議の成立

（1）　一部分割を検討する
↓
（2）　分割協議を成立させる
↓
（3）　分割協議書を作成する

（1）　一部分割を検討する ■■■■■■■■■■■■■■■■■■■

　遺産全体について分割手続をする前に、遺産の一部についてだけ分割協議を成立させる場合もあります。これを一部分割といい、平成30年民法改正により明文化されました。

◆一部分割

　遺産分割は、「遺産に属する物又は権利の種類及び性質、各相続人の年齢、職業、心身の状態及び生活の状況その他一切の事情を考慮してこれをする。」（民906）とされていますので、遺産のすべてを一回的に分割するのが本来のあるべき姿といえますが、相続税の支払のために遺産の一部を売却して代金を分割するなど、先に一部分だけ遺産を分割する必要性が生ずることもあります。遺産分割前の共有（遺産共有）の法的性質について、判例は物権法上の共有と同じであると解していますが（最判昭30・5・31判時53・14）、その結果共同相続人は個々の財産について処分可能な共有持分権を有していることになります。そこで、従前より、共同相続人は全員の協議により、いつでも遺産の一部について残部と切り離して分割し、当該財産の権利者を確定させることが可能であると解されてきました。このことが平成30年民法改正により明文化され、遺産分割調停手続や審判手続においても一部分割が可能であることが明らかになりました（民907）。

（2）　分割協議を成立させる ■■■■■■■■■■■■■■■■■■■

◆協議の方法

　協議は、共同相続人全員が一堂に会して行う必要はなく、電話、メール、手紙など

を用いて持ち回りによって行うこともできます。共同相続人の1人が作成した遺産分割協議を郵送により順次共同相続人に署名押印してもらうことによって、合意の成立が推認されます。なお、遺産分割協議は一種の契約ですから、理論上は、口頭によっても成立します。しかし、書面化されていなければ合意の成立を主張することは困難です。逆に、書面化されていれば、仮に押印がなく署名だけの協議書や署名がなく押印だけの協議書であっても訴訟上合意の成立が認められる場合もあり得ます。

◆分割の方法

　分割の方法には、現物分割・代償分割・換価分割などがあります。詳しくは**本章第3　遺産分割調停を行う**をご参照ください。

◆相続債務の取扱い

　相続債務は、遺産分割審判の対象とはなりませんが、分割協議や調停において合意することは可能です。むしろ合意をしておかないと紛争が生ずる恐れがありますので注意が必要です。ただし、相続債務に関する合意は相続債権者に対抗できず、相続債務は法定相続分に従って承継されますので、共同相続人間に効力が生ずるにすぎません。

アドバイス

○債務引受と求償権の放棄

　例えば、事業を承継する相続人がすべての株式を取得する代わりに相続債務もすべて負担するというような協議を成立させることは少なくありませんが、相続債務は被相続人の死亡により法定相続分に従い当然に分割されて共同相続人に帰属していますので、相続債権者は各共同相続人に法定相続分に応じた弁済を求めることができるにすぎません。したがって、すべての相続債務を負担する相続人は相続債権者との間で債務引受に関する合意を形成するべきです。また、相続債務を負担した相続人が弁済した場合、法律上他の共同相続人に対して求償権が発生しますので、協議書において求償権を放棄する旨の合意を明確にした方がよいです。

◆特別受益証明書

　「相続分のないことの証明書」ともいい、特別受益（民903①）により相続分がないこ

64　第2章　遺産分割

とを証明する旨を記載して作成した証明書です。登記実務上、特別受益を受けた相続人が「特別受益を受けたので相続分はない」旨を記載し、実印を押捺して印鑑登録証明書を添付すれば、他の共同相続人は、この証明書を登記原因証書として用い、特別受益者を除外して登記申請をすることができます。このような登記実務は遺産分割協議の便法などとして許されるとされ（徳島家審昭53・8・16家月31・6・44）、特定の不動産を特定の相続人に名義移転させる方法として有益です。

【参考書式15】特別受益証明書

┌─────────────────────────────────┐
│　　　　　　　　　　アドバイス　　　　　　　　　　│
│   │
│　○真実と異なる特別受益証明書   │
│　　実際は特別受益がないにもかかわらず作成された特別受益証明書は内容虚偽の文書 │
│　として法的効力がなく、遺産分割調停・審判手続において、改めて遺産分割をするこ │
│　とができるとする裁判例が少なからずあります（大阪高決昭46・9・2判タ285・335、名古屋地 │
│　判昭50・11・11判時813・70、奈良地判昭55・1・28判タ420・121など）。一方、内容虚偽の証明書 │
│　であっても、証明者が真意で作成し、その作成交付に瑕疵がなく有効である限り、自 │
│　己の相続分がない旨の遺産分割協議が成立したものとして協議は無効ではないとする │
│　裁判例もあります（東京高判昭59・9・25判時1137・76、大阪地判平8・2・20判タ947・263）。 │
│　　したがって、遺産分割協議書の代わりに特別受益証明書を安易に用いることは控え │
│　るべきでしょう。   │
└─────────────────────────────────┘

◆遺言の内容と異なる遺産分割協議

　例えば、自宅は長男、預金は長女、株式は次女に相続させるという遺言があった場合に、長男が預金、長女が株式、次女が自宅を取得する内容の遺産分割協議をすることができるかという問題があります。

　特定遺贈や特定財産承継遺言があれば、遺言者の死亡と同時に受遺者ないし受益相続人は権利を取得すると解されます。しかし、実務上は遺言の内容と異なる遺産分割協議をして、協議内容に従い、登記移転や払戻手続などを実行することはよくあります。判例も肯定しています（東京地判平13・6・28判タ1086・279）。理論的には、このような協議の法的性格は、遺産共有状態を解消するものではなく、遺言によって帰属した財産について共同相続人間で贈与契約ないし交換契約により譲渡する旨の合意であると解されます。

アドバイス

○遺言執行者が指定されている場合

　遺言執行者が指定されている場合であっても、遺言内容と異なる遺産分割協議をすることができるかという問題があります。「遺言執行者がある場合には、相続人は、相続財産の処分その他遺言の執行を妨げるべき行為をすることができない。」（民1013①）と規定されていることからすると理論上できないようにも思われます。

　しかし、遺贈や特定財産承継遺言により対象財産を受遺者や相続人が取得したことを前提として、当該財産につき共同相続人間で贈与ないし交換することは、遺贈の放棄（民986）が認められていることも踏まえ、私的自治の原則に照らして可能であると考えられます（東京地判昭63・5・31判時1305・90）。もっとも、遺言執行者がこのような分割協議に同意している場合であればよいですが、遺言執行者の意に反して分割協議をすることは紛争を生じかねませんので（東京高判平11・2・17金判1068・42）、遺言執行者と協議するべきでしょう。この点、平成30年民法改正により、「遺言執行者がある場合には、遺贈の履行は、遺言執行者のみが行うことができる。」（民1012②）と規定され、また、特定財産承継遺言があったときは遺言執行者が対抗要件を具備するために必要な行為をすることができると規定されたこと（民1014②）に注意が必要です。

(3)　分割協議書を作成する ■■■■■■■■■■■■■■■■■■■

◆被相続人、共同相続人の記載

　遺産分割協議書の頭書に、被相続人については最後の住所・氏名・死亡年月日を記載し、共同相続人全員の氏名を記載します。

◆取得する財産の特定

　分割協議が成立して協議書を作成しても、その後において共同相続人が協議書に定めた義務を履行しない場合があります。このような場合、給付請求（所有権移転登記手続請求）や確認請求（払戻請求権確認請求）などの訴訟提起を経て、義務を履行しない共同相続人の協力なく協議内容が実現できるよう強制執行手続を取らざるを得ないことも想定しなければなりません。

　したがって、各共同相続人が取得する財産の特定が重要です。

66 第2章 遺産分割

◆相続人の住所・氏名・押印

遺産分割協議は理論上口頭でも成立しますが、実務上は、遺産分割協議書における住所・氏名については、いずれも登録印鑑証明書に記載された住所・氏名を記載し、押印は実印で行います。

◆名義移転等のための必要書類

通常、不動産の名義移転手続や預貯金の払戻手続など、遺産分割協議書だけでは足らず、登録印鑑証明書のほか、司法書士に対する委任状や金融機関所定の相続届などの書類が必要になります。これらの書類は遺産分割協議書に署名押印するときに併せて署名押印してもらうのが合理的です。

【参考書式16】 遺産分割協議書

<u>アドバイス</u>

○各種財産の特定

① 不動産の場合

所有権移転登記手続ができるように登記簿謄本（登記事項証明書）に沿って遺産分割協議書上に明確に特定する必要があります。一筆の土地を現物分割する場合には、取得する財産を特定するために測量図面も付した分割協議書を作成する必要があります。

② 預貯金の場合

金融機関名、支店名のほか、預貯金の種別や口座番号も特定すべきです。もっとも、「○○支店に存する預貯金のすべて」と記載することにより特定できることもあります。なお、金額は増減する可能性がありますので協議書には記載しないほうがよいでしょう。

③ 株式等有価証券の場合

銘柄や株式数、商品名や口数などにより特定します。この場合も評価額を記載する必要はありません。

④ 一般債権の場合

一概にはいえませんが、債務者を被告として訴訟を提起する場合の訴状の請求原因に記載すべき事実と同様の情報を記載すると安心できます。

⑤ 代償金など共同相続人間における債権債務の場合

金銭の弁済を目的とする場合、金額と弁済期限を必ず明記します。代償金の場合、「前項の代償として」などと記載して代償の対価を明示すると良いです。これに対

し、一定の行為を要求できる権利を目的とする場合（負担付きの権利の取得を定めるような場合）はそもそも紛争が生じ易いのでそのような分割協議はできるだけ避けるべきですが、やむを得ないときは「一定の行為」をできる限り特定するしかありません。

○司法書士との連携

数次相続における遺産分割協議書を作成する場合など、複雑な登記移転手続の場合はもちろんのこと、一見すると簡単な名義移転のような場合であっても、登記手続の専門家である司法書士等に事前に遺産分割協議書を見てもらうことが大事です。苦労して遺産分割協議書を作成した後に、登記移転手続ができないということも往々にしてあり、あらためて協議書の作成を要することになります。

○新たな遺産の発見

遺産分割協議書作成後に新たな遺産が発見されることがあります。そのことから、遺産分割協議は無効であるとの主張がなされることもあります。そこで、遺産分割協議書には、「新たに遺産が発見されたときは別途協議する。」などと記載しておくとよいです。

68 第2章 遺産分割

【参考書式15】 特別受益証明書

特別受益証明書

被相続人の氏名 　＿＿＿＿＿＿＿＿＿＿＿＿＿＿＿＿＿

　　最後の本籍 　＿＿＿＿＿＿＿＿＿＿＿＿＿＿＿＿＿＿＿＿＿＿

　　死亡年月日 　＿＿＿＿＿年＿＿＿＿月＿＿＿＿日

　私は、上記被相続人の死亡によって開始した相続について、被相続人の生前中に、すでに相続分以上の財産の贈与を受けていますので、相続する相続分の無いことを証明します。

令和　　年　　月　　日

相続人

　（住所）＿＿＿＿＿＿＿＿＿＿＿＿＿＿＿＿＿＿＿＿＿＿＿＿＿＿

　（署名）＿＿＿＿＿＿＿＿＿＿＿＿＿＿＿＿＿＿＿＿

実印を鮮明に

【参考書式16】遺産分割協議書

遺産分割協議書

被相続人甲野太郎（平成○年○月○日死亡、本籍地○○県○○市○○町○丁目○番地）の共同相続人である長男甲野一郎、次男甲野二郎および長女乙川幸子の3名は、本日、遺産分割協議を行い次のとおり合意した。

第1　相続人全員は、被相続人の遺産が別紙遺産目録記載のとおりであることを確認する。

第2　相続人甲野一郎は、昭和○○年○月高等学校を卒業以来、被相続人の経営する酒屋を手伝い、被相続人の財産の増加・維持に特別の寄与があったので、寄与分を考慮して以下のとおり分割することに合意した。

第3　相続人甲野一郎が取得する遺産

　　1　土　地
　　　　所　　在　　東京都○○区○○町○丁目
　　　　地　　番　　○○番○
　　　　地　　目　　宅地
　　　　地　　積　　○○○.○○○㎡

　　2　預　金
　　　　○○銀行本店　普通預金　口座番号××××××

第4　相続人甲野二郎が取得する遺産

　　1　株　式
　　　　○○電力株式会社　　○○,○○○株

　　2　ゴルフ会員権
　　　　○○クラブ株式会社　預託金ゴルフ会員権（証書番号第××号）

第5　相続人乙川幸子が取得する遺産

　　　　第3項および第4項に記載した遺産を除く全ての遺産（後日新たに発見された遺産を含む）

第6　相続人甲野一郎は前記遺産の取得の代償として相続人乙川幸子に対し、令和○年○月○日限り金○○○万円を支払う。相続人甲野一郎がこの支払を遅滞したときは、相続人乙川幸子に対し、支払済みまで年5％の遅延損害金を付加して直ちに支払う。

第7　相続人甲野一郎は被相続人の○○銀行××支店に対する借入金債務全額を承継し弁済するものとする。なお、相続人甲野一郎は他の相続人に対し上記債務の弁済について求償しないものとする。

第8　甲野家の祭祀は、相続人甲野一郎が承継する。

　　以上の遺産分割協議の合意を証するため、本書3通を作成し、各相続人が署名押印のうえ、各自1通を所持するものとする。

　　令和○年○月○日

　　　　　　　　　　　　　　　　住所　　　○○県○○市○○町○丁目○番○号
　　　　　　　　　　　　　　　　氏名　　甲　野　一　郎　㊞
　　　　　　　　　　　　　　　　住所　　　○○県○○市○○町○丁目○番○号
　　　　　　　　　　　　　　　　氏名　　甲　野　二　郎　㊞
　　　　　　　　　　　　　　　　住所　　　○○県○○市○○町○丁目○番○号
　　　　　　　　　　　　　　　　氏名　　乙　川　幸　子　㊞

　　　　　　　　添付書類（略）
　　　　　　　　遺産目録（略）

第3　遺産分割調停を行う

＜フローチャート～遺産分割調停＞

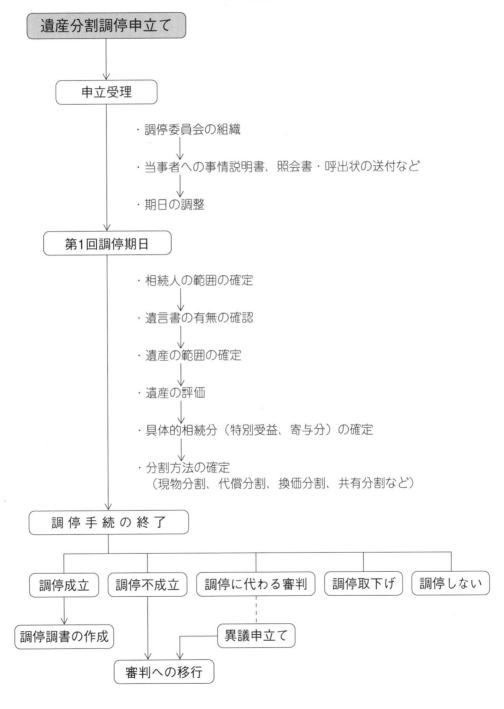

1 調停の申立て

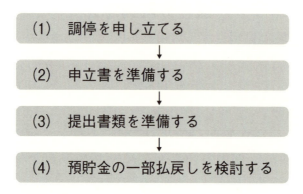

(1) 調停を申し立てる

　遺産分割協議が調わないとき、または協議をすることができないときは、裁判所の手続を利用して、遺産分割の紛争を解決することとなります（民907②）。

　遺産分割調停には調停前置主義の適用はなく、最初から審判を申し立てることも可能です。もっとも、実際には調停が申し立てられることが多く、また、調停を経ずに審判を申し立てた場合であっても、実務上は、調停手続によることが相当でないと認められる特段の事情がある場合を除き、職権で調停に付されることが多いようです（家事274①）。

　したがって、遺産分割協議が調わない場合には、基本的には調停の申立てを検討した方がよいでしょう。

◆調停の当事者

　調停を申し立てることができるのは、共同相続人のほか、包括受遺者（民990）、相続分譲受人（民905）などです。遺産分割調停は共同相続人全員が当事者とならなければならず、当事者の一部を除外した調停は無効とされています。

◆管轄の確認

　遺産分割調停の管轄は、相手方の住所地または当事者が合意で定める家庭裁判所です（家事245①）。

　相手方が複数いる場合には、相手方の住所地すべてに管轄が認められます。このよ

第3　遺産分割調停を行う　73

うな場合、相手方住所地のうち、出頭に便利な裁判所に申し立てることを検討します。もっとも、実務上、家庭裁判所は、被相続人の最後の住所地や主な遺産の所在地などを考慮して、その調停事件に関わりのある住所地を選択するよう、指導することもあります。

　申立人の住所地には管轄は認められませんので、注意が必要です。

　管轄のない裁判所に申立てをした場合には、管轄違いということで管轄のある裁判所に移送されます（家事9①本文）。なお、この場合でも、事件を処理するために特に必要があると認められるときは、職権で、自庁処理をすることもあります（家事9①ただし書）。もっとも、あくまで職権によることになりますので、上申をしたとしても移送される可能性があることに注意が必要です。

アドバイス

○双方に代理人が就いている場合の管轄合意

　相続人が遠方におり、それぞれに代理人が就いて事前の交渉をしていた場合、調停の申立てに際して、代理人間で、双方の中間地点などの家庭裁判所で調停を行うこととして管轄合意を行うことが考えられます。

　この場合、管轄合意書と各代理人の手続代理委任状を事前に作成し、調停の申立書類と一緒に家庭裁判所に提出することになります。

---

(2)　申立書を準備する ■■■■■■■■■■■■■■■■■■■

　調停の申立ては、申立書を作成して家庭裁判所に提出して行います（家事255①）。申立書の書式は、裁判所のホームページに掲載されており、これを利用することも可能です。

　申立書には、当事者の氏名や住所、申立ての趣旨および理由を記載します（家事255②）。

　申立手数料として、1件（被相続人1名）につき1,200円の収入印紙を貼付する必要があります（民訴費3①・別表第一15の2・8）。

【参考書式17】遺産分割調停申立書

74　第2章　遺産分割

(3)　提出書類を準備する　■■■■■■■■■■■■■■■■■■■■■

遺産分割調停を申し立てるための提出書類を確認し、必要な書類等を取得します。

◆申立書類

遺産分割調停の申立てを行う場合には、上記の遺産分割調停申立書と相手方の人数分の写しを提出する必要があります。申立書については、原則として相手方に写しを送付することとなっており（家事256①）、その写しを申立人が用意することになっているためです（家事規127・47）。

◆遺産目録

遺産の範囲は、相続人の範囲（遺産分割調停の当事者）とともに、遺産分割調停を進めるに当たっての前提問題ですので、後述する資料を添えて、丁寧に遺産目録を作成して申立書に添付します。

◆事情説明書など

各家庭裁判所が用意している事情説明書や送達先の届出書も提出する必要があります（具体的な内容は裁判所によって異なりますので、申立てに先立って確認した方がよいでしょう）。

◆証拠書類

申立ての理由や申立ての実情に関する証拠書類があるときは、その写しを申立書に添付します（家事規127・37②）。

具体的な資料を以下に列挙しましたが、それ以外にも遺産分割に関連するものは提出することが望ましいですし、申立人の主張する事実関係に関する資料は提出しておくと、裁判所に事案を理解してもらいやすいといえます。

また、登記簿謄本（登記事項証明書）や戸籍関係の書類など、一定期限内に作成されたものを提出することとされているものもありますので、事前に確認する必要があります。

なお、戸籍については、原則として原本を提出することとされています（家庭裁判所によって原本還付をしてくれるかは異なりますので、事前に確認しておくとよいでしょう）。

① 戸籍関係

・被相続人の出生から死亡までの全ての戸籍謄本（戸籍全部事項証明書、改製原戸

籍謄本や除籍謄本（除籍全部事項証明書）を含む）
- 相続人全員の戸籍謄本（戸籍全部事項証明書）
- 相続人全員の戸籍の附票または住民票

② 遺産関係
- 登記簿謄本（登記事項証明書）
- 固定資産評価証明書
- 預貯金の通帳の写し、相続開始時の残高証明書の写し
- 株式、国債、投資信託等の内容を示す書類（残高報告書など）

③ 前提問題
- 遺言書（遺言の有無が争点となる事案）
- 遺産分割協議書（遺産分割協議が既に成立していることが争点となる事案）
- 相続分譲渡証明書
- 相続放棄申述受理書

④ 相続債務関係
- 残高証明書（金融機関の場合）
- 消費貸借契約書
- 取引履歴

⑤ その他
- 手続代理人委任状

アドバイス

○外国居住者がいる場合

　遺産分割調停の当事者に外国居住者がいる場合、調停申立てに際して、住民票に代わるものとして、外国居住者の在留証明書が必要です。取得に時間を要しますので注意を要します。

○複数の共同相続人から事件を受任する場合

　1人の弁護士が複数の共同相続人から事件を受任して調停手続を代理する場合、形式的には利益相反になります。そこで、家庭裁判所は、共同相続人本人から、当該弁護士が他の共同相続人の手続代理人となることにつき異議がない旨の申述書を提出させることが一般的です。

（4） 預貯金の一部払戻しを検討する ■■■■■■■■■■■■■■

◆早期に預貯金の引出しが必要になる場合

　遺産分割協議が調わない場合に遺産分割調停を申し立てることになりますが、遺産分割が成立するまでの間、被相続人の医療費等の債務の支払、葬儀費用の支払や、被相続人から生活費の援助を受けていた相続人の生活費の支払などの事情により、預貯金の支払を受けたい事情が生じることがあります。

　従前、葬儀費用などの支出などの場合、金融機関の任意の対応により一部の支払がなされることがありました。

　しかし、近時の判決において、預貯金債権につき、相続開始と同時に当然に相続分に応じて分割されることはなく、遺産分割の対象となるとした判断が示されたことにより（最大決平28・12・19判時2333・68、最判平29・4・6判時2337・34）、遺産分割の完了までは準共有状態となるため、理論上は、個々の相続人の権利が行使できないことになりました。

　このような背景から、平成30年民法改正により、①裁判所を利用した仮分割仮処分（家事事件手続法の保全処分の要件の緩和）と②預貯金の仮払い制度が認められることになりました。

◆仮分割仮処分の手続

　家庭裁判所は、以下の要件のもとで、預貯金の仮払いを命じることができます（家事200③）。

① 遺産の分割の審判または調停の申立てがあったこと
② 相続財産に属する債務の弁済、相続人の生活費の支弁その他の事情により、遺産に属する預貯金債権を相続人（申立人または相手方）が行使する必要があると認められること
③ 相続人の申立てがあること
④ 他の共同相続人の利益を害しないこと

　②について、具体的には、葬儀費用や生前の被相続人の医療費などの債務の支払をする場合や、生前被相続人から生活費の援助を受けていた相続人が引き続き生活費の支弁を受ける必要がある場合などが挙げられます。

　申立てを行う場合、申立書のほかに、これらの必要性を疎明する資料（葬儀費用等であれば請求書等が、相続人の生活費の支弁であれば相続人の収入や資力を証明する資料などが考えられます）を提出し、裁判所が必要性等の要件を満たすと判断すれば、

仮分割が認められます。

　仮分割が認められる場合、原則として、遺産の総額に申立人の法定相続分を乗じた額の範囲内で仮分割が認められることになりますが、最終的には裁判所の裁量によって決められます。

　この場合は、申立ての理由とされたものに使途が限定されると考えられます。

◆預貯金の仮払い制度

　各共同相続人は、遺産に属する預貯金債権のうち、相続開始時の債権額の3分の1に当該相続人の法定相続分を乗じた額については、他の共同相続人の同意なく単独で払い戻すことができます（民909の2前段）。この計算は預貯金債権ごとに決められますので、普通預金と定期預金がある場合には、それぞれ計算をすることになります。

　なお、その上限は150万円とされています（民法第909条の2に規定する法務省令で定める額を定める省令（平30法務令29））。この上限は、金融機関ごとで計算しますので、1つの金融機関に普通預金と定期預金がある場合には、当該金融機関から仮払いを受けられるのは、150万円が上限となると考えられています。

　仮払いにより払い戻した預貯金については、使途が限定されていません。

> ### アドバイス
>
> ○仮払い制度と仮分割仮処分の手段の選択
>
> 　遺産である預貯金の払戻しを希望する相続人としては、仮払い制度を利用する方法と、裁判所の仮分割仮処分の手続を利用する方法の2つの選択肢が考えられます。いずれも改正法を踏まえた対応になるため、実務的にどういった扱いになるかは、今後の動向を待つことにはなります。しかしながら、仮払い制度の場合には、調停の申立てを前提にしないために、早期に預貯金債権を換価することが可能であり、使途が限定されていない点はメリットといえます。他方、仮払い制度を利用する場合、上限金額の設定があるため、これを超える支出を希望する場合には向かないといえます。これに対し、仮分割仮処分の場合には、調停等の申立てを前提にするため、時間などがかかる点がデメリットといえますが、仮払いのような上限（1金融機関当たり150万円）がないため、これを超える払戻しを受けたい場合には利用することが考えられます。各手法のメリット・デメリットを勘案して、いずれの手続を選択するかを検討することになると思われます。
>
> ○預貯金の仮払い制度等を利用して払戻しをした場合の取扱い
>
> 　遺産分割前に民法909条の2前段によって預貯金の一部が払い戻された場合には、そ

の預貯金債権について、払戻しを受けた相続人が遺産の一部分割によりこれを取得したものとみなされます（民909の2後段）。したがって、例えば、ある相続人Aが仮払いにより預貯金50万円を払い戻した場合、Aは50万円の預貯金債権を一部分割により取得したこととし、これを前提として残余の遺産の分割を行うこととなります。他方、仮分割仮処分を行った場合は、このような取扱いにはなりませんので、遺産分割を行うに当たっては、仮分割を行ったものも含めて遺産分割を成立させることになります。

2 調停手続の開始

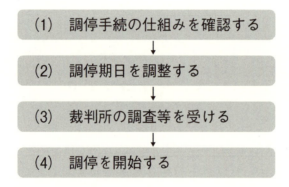

(1) 調停手続の仕組みを確認する

遺産分割調停は、裁判官1名と調停委員2名とで構成される調停委員会の関与のもと、当事者間での合意を形成して、紛争を解決するために行われる手続です。

各期日には、基本的に調停委員2名が対応し、必要に応じて裁判官と評議を行うことが一般的です。もっとも、場合によっては、裁判官が当事者に直接裁判所の考えを伝えることもあります（心証開示）。

なお、遠方の当事者などの事情がある場合には、電話会議システムを利用して調停手続を進めることもあります（家事258①・54①）。

(2) 調停期日を調整する

◆第1回調停期日の調整

調停申立書等が提出されると、裁判所は、記載に不備がないかなどを調査し、不備

があると、必要な補正を促し、場合によっては補正命令を発します（家事255④・49④）。補正が促された場合には、修正や追加の資料の提出等に対応します。補正がなされない場合、申立てが却下されることになります（家事255④・49⑤）。必要な補正等が終わった後、第1回の調停期日を調整します。第1回期日は申立人と裁判所で決めることが多いですが、調停前の交渉時に相手方に代理人が就いており、調停でも代理人となるような場合には、双方代理人と裁判所で第1回の調停から期日調整を行うこともあります。

(3) 裁判所の調査等を受ける ■■■■■■■■■■■■■■■■■

◆裁判所による調査

　調停の申立てがあった場合、裁判所から調停の相手方全員に対して、調停期日の呼出状が送られますが（家事255④・51①）、その際、申立書の写しや照会書なども同封されます。照会書には、遺言の有無、相続人や遺産の範囲の確認、特別受益や寄与分の主張の有無、遺産分割の希望などが幅広く質問されています。相手方は、自分の主張等を照会書に記載して、裁判所に返送します。この照会書は、遺産分割調停事件の資料となります。

(4) 調停を開始する ■■■■■■■■■■■■■■■■■■■■■■

◆出　頭

　当事者・代理人は、調停期日に、それぞれ指定された待合室に出向きます。申立人と相手方は、それぞれ別の待合室とされていますので、顔を合わせることはありません。指定された時間になると、調停委員がそれぞれの待合室に呼びに来て、調停を行う部屋に案内します。代理人が受任している場合には、当事者の出頭は不可欠というわけではありません。もっとも、事実関係を最も把握しているのは当事者であることなどから、裁判所としては当事者の出席を希望しているようです（家事258①・51）。

◆聴　取

　一般的には、調停委員は、申立人と相手方から、個別に話を聞きます。まずは申立人から話を聞き、次にそれを踏まえて相手方と話をし、さらに申立人⇒相手方、のように交互に話を聞いていくことが一般的です。1回の期日は1時間半から2時間程度を予定しています。

　調停は非公開の手続とされていますので、傍聴されることはありません。

80 第2章 遺産分割

　なお、当事者の親族などが当事者のサポートとして関わっているような場合であっても、その人は当事者ではないため、調停室に入って、調停委員と話をするということはできません。

◆調査官の調査

　裁判官の指示により、必要がある場合には、専門的知識を有する調査官によって、当事者の主張や真意の把握、生活状況や事実関係の調査などがなされることがあります（家事58）。寄与分の主張があるような場合に利用されることがあるようです。

◆第1回調停期日

　第1回調停期日においては、まずは双方同席のもと、調停の流れを説明されます（双方代理人が就いている場合には省略されることもあります）。その後、当事者それぞれが個別に、調停委員と話をして、自身の主張などを述べ、提出資料なども検討しながら、話合いが進められます。

　第2回以降については、調停期日の中で次回調停期日が決められ（もっとも、東京家庭裁判所などでは、第1回期日において第2回と第3回、第2回期日において第4回、というように先取りして期日を決める取扱いを進めています）、その間に各当事者が必要な準備をして、話合いが続けられることになります。次回期日までの期間は、事案によりますが、おおよそ1か月程度となることが一般的です。

3 調停手続の進行

> **(1) 調停手続の流れを確認する**
> ↓
> **(2) 遺産分割に関する主張と立証をする**

(1) 調停手続の流れを確認する ■■■■■■■■■■■■■■■■

　遺産分割調停においては、調停委員の関与のもと、当事者の合意を基礎として進められます。実務では、①相続人の範囲の確定、②遺言書の有無、③遺産の範囲の確定、④遺産の評価、⑤特別受益・寄与分の確定、⑥遺産の分割方法の確定の順に調停が運営されています。これを「段階的進行モデル」といいます。

　調停委員会は、段階的進行モデルに従い、当事者の主張を確認し、当事者間の合意を形成していきます。合意が形成された場合には、中間合意をとって、内容を確定させ、次の項目へと進み、最終的に調停の成立を目指していきます。

　なお、遺産分割の付随問題（使途不明金や相続開始後に発生した賃料債権など）についても、相続人が合意をすれば、調停において取り決めることができますが、合意が見られない場合には、別途訴訟で解決することになります。

(2) 遺産分割に関する主張と立証をする ■■■■■■■■■■■■■

　段階的進行モデルに従って、遺産分割調停の当事者も主張と資料の提出を行います。

　前記のとおり、調停委員会は、①相続人の範囲の確定、②遺言書の有無、③遺産の範囲の確定の順で調停手続を進行させますので、まずこれらについて合意形成ができた後に、④遺産の評価、⑤特別受益・寄与分の確定、⑥遺産の分割方法の確定へと進行します。

　したがって、①②③が確定しない段階では、④⑤⑥に関する主張や資料を提出しても、調停期日においては話合いの材料とせず、預かっておくという感じになります。

┌─────── アドバイス ───────┐

○主張と立証の方法

　弁護士が遺産分割当事者を代理する場合、通常、書面で主張しますが、その場合、

82 第2章 遺産分割

通常の民事訴訟と同じように、準備書面とか、主張書面などと題して書面を提出します。また、資料についても、申立人であれば甲号証、相手方であれば乙号証というように番号を付して、その資料説明書を添えて提出します（裁判所から指導されます）。

◆遺産の評価

遺産の範囲が確定した後、遺産の評価額について合意形成を図ります。当事者としては、遺産の評価に関する資料を積極的に提出します。相続税の申告書を提出している場合には、申告書の写しも利用されます。詳細は後掲 4 　遺産の評価をご参照ください。

◆特別受益に関する主張

特別受益とは、共同相続人の中に被相続人から遺贈を受け、または婚姻、養子縁組のため、もしくは生計の資本として贈与を受けたものがあるときに、被相続人が相続開始の時において有した財産の価額にその贈与の価額を加えたものを相続財産とみなし（これを持戻しといいます）、特別受益者については同人の相続額から遺贈等の価額を控除して相続分を算定する制度です（民903①②）。詳細は後掲 5 (3)　特別受益の算定をするをご参照ください。

◆寄与分に関する主張

寄与分とは、共同相続人の中に、被相続人の財産の維持または増加について特別の寄与をした者がいる場合、当該相続人が相続分以上の財産を取得することができるという制度です。寄与分が認められるためには、被相続人の事業に関する労務の提供または財産上の給付、被相続人に対する療養看護その他の方法により被相続人の財産の維持または増加について特別の寄与をしたといえることが必要です。詳細は後掲 5 (4)　寄与分の算定をするをご参照ください。

遺産分割調停の中で寄与分の主張をする場合には、上記の要件を前提に主張や資料の提出をすることになります。

アドバイス

〇寄与分の主張方法

寄与分の定めは共同相続人間の協議によることが原則ですが、協議が調わないときには家庭裁判所に寄与分を定める調停・審判の申立てをすることができます（民904の

2）。遺産分割調停が係属している場合に寄与分を定める調停等が申し立てられると遺産分割の手続と併合されます（家事245③・192前段）。寄与分を定める調停の申立てがなされなくても遺産分割調停の中で寄与分を考慮して分割方法を決めることは可能です。しかしながら、調停段階で寄与分の主張をしていても、遺産分割調停が不成立となり審判に移行した場合には、寄与分を定める審判を申し立てないと、寄与分についての判断をすることはできません。このような場合、家庭裁判所は、1か月を下らない範囲内で寄与分を定める処分の申立てをすべき時期を定めることができ（家事193①）、この期間を経過した場合には、以後に申立てがあっても却下することができるとしています（家事193②）。なお、かかる時期の指定を行わなかった場合であっても、時機に後れた申立てがなされた場合に、これが申立人の帰責事由によって、これを併合することにより遺産分割の審判が著しく遅滞することになるときは、家庭裁判所は申立てを却下することができるとしています（家事193③）。

◆相続債務

　負債は可分債務であり、相続開始時に各相続人の相続分に応じて当然に分割承継されることになるため、遺産分割の対象とはなりません。しかしながら、積極財産の分割内容を決める際、消極財産である債務についてもまとめて協議することで調整を図ることができることもあります（例えば、不動産の帰属と住宅ローンの支払者と一緒にするなど）。そのため、債務について、遺産分割調停において、当事者間が合意をすれば、負担割合の取決めをすることができるとされています。相続債務の取扱いを、遺産分割調停で議論の対象とするかどうかを検討し、必要に応じて資料を提出することになります。なお、仮に当事者間で相続分とは異なる負担割合の合意をしたとしても、債権者が承諾しない限りは、債権者にかかる合意を対抗することはできませんので注意が必要です。

84　第2章　遺産分割

4 遺産の評価

> (1)　遺産評価の基準時を確認する
> ↓
> (2)　遺産評価の方法を確認する
> ↓
> (3)　相続開始後に処分した財産を評価する

(1)　遺産評価の基準時を確認する　■■■■■■■■■■■■■■■■

　遺産分割は、土地や預貯金など様々な要素によって構成される遺産に対する具体的相続分を算定し、個々の相続人が取得する遺産を決定する手続です。したがって、遺産分割をするに当たって遺産を評価する必要がありますが、どの時点における遺産について評価するのかを確認します。

◆遺産分割の対象を定める基準時

　実務上、遺産分割審判の対象となる遺産は、遺産分割時に存在する遺産であるとされています（東京家審昭44・2・24判タ243・313）。そのため、相続開始時に存在していた財産であっても、遺産分割時に存在しないものについては、遺産分割の対象とならないのが原則です。もっとも、後述のとおり、相続開始後に処分された財産であっても、一定の要件のもとで、遺産分割の対象財産となります。

◆遺産評価の基準時

　実務上、遺産の評価は、遺産分割時（実際に遺産分割を行う時点）を基準として行うこととされています（遺産分割時説）。したがって、相続開始時から遺産の価値が変動している場合には、遺産分割時を基準にして評価を行うことになります。

　一方、具体的相続分を決定する特別受益や寄与分の額は、相続開始時を基準として「みなし相続財産」を算定することとされていますので、このような場合には、相続開始時と遺産分割時の両時点で評価を行うことになります。ただし、当事者間の合意があれば、遺産分割時における遺産の評価によって、特別受益や寄与分の算定も行うことができます。

(2) 遺産評価の方法を確認する ■■■■■■■■■■■■■■■■■

　評価方法については、決まった方法というものはありません。評価方法について当事者間で合意をする場合、以下に述べるような公的な指標等を利用することが多いです。

　また公的指標を利用するだけではなく、不動産会社に簡易の査定書を作成してもらった結果を採用したり、双方が持ち寄った簡易査定書の中間値を評価額と合意することも行われています。

　当事者間で合意ができない場合、最終的には裁判所で鑑定を行うことになります。もっとも、鑑定は、費用がかかることから、鑑定によるか否かは慎重に検討する必要があります。

◆合意の参考となる評価方法

　上記のとおり、遺産の評価方法を合意するに当たっては、公的な指標などを踏まえ、当事者間の合意を形成していくことになります。

　具体的には、個々の財産につき、以下のような評価方法を参考にすることが一般的です。

① 土　地

　不動産を評価する方法には、土地の場合、公示地価、路線価、固定資産評価額など様々な評価方法があります。

　まず、公示地価とは、国土交通省の土地鑑定委員会が特定の標準地について毎年1月1日を基準日として公示する価格で、3月下旬ごろに公表されています。この価格は一般的には正常な価格に近いとされていますが、対象となる土地が少なく、実際に利用されることはそれほど多くはありません。

　路線価は、財産評価基本通達により、相続税や贈与税の基準として、利用されるもので、毎年8月ごろに公表されます。相続税の算出の基準として用いられることなどから、多くの事例で参考とされます。一般的には時価評価の8割程度といわれています。

　固定資産評価額とは、地方税法349条による土地家屋台帳等に登録された基準年度の価格または比准価格です。一般的には時価評価の7割程度で評価されているといわれています。

86　第2章　遺産分割

┌─────────────────────────────────────┐
　　　　　　　　　アドバイス

○農地の評価
　不動産が農地である場合には、宅地転用するかどうかによって評価に違いが生じる
ことになります。そのため、当該農地が、宅地に転用することができるものであり、
転用の蓋然性が高い場合には、宅地として評価すべきでしょうし、宅地に転用できな
い土地であるとか、相続後も農地のまま使用継続する予定であるような場合には、農
地として評価すべきと思われます。
└─────────────────────────────────────┘

②　建　物

　　建物については、公的指標として固定資産評価額があります。これに加え、不動
産業者の簡易査定を参考にして、評価についての合意を形成していくことが考えら
れます。

③　借地権

　　借地権は、土地の更地価格に対して、借地権割合を乗じて算定します。借地権割
合は、路線価図の記載などを参考にすることが一般的です。

④　土地使用借権

　　土地の使用借権については借地権のような基準はありません。競売不動産の評価
において、土地の使用借権付の建物の評価は、堅固建物の場合建付地価格の20%、
非堅固建物の場合10%を建物価格に加算することとされていることから、これを参
考にすることが考えられます（片岡武＝管野眞一『第3版　家庭裁判所における遺産分割・遺
留分の実務』226頁（日本加除出版、2017））。

⑤　建物賃借権

　　借地権の場合と異なり、建物賃借権は原則として価値はないとされています。

⑥　配偶者居住権

　　平成30年の民法改正により、配偶者居住権が認められることになりました。平成
32年4月1日から施行されるため、同日以降配偶者居住権が実際に認められることに
なります。詳しくは、第4章第1 2 　配偶者居住権（長期居住権）をご参照くださ
い。

⑦　預貯金

　　預貯金の場合は金額が明らかですので、残高証明書により遺産分割時の直近の残
高を基準に評価をします。

⑧　上場株式

　　上場株式の場合には、取引相場があります。したがって、遺産分割時の取引価格を基準にすることにより評価が可能です。例えば、遺産分割時の直近の取引価格や近接する一定期間の平均価格などを基準として、上場株式の評価額とすることが考えられます。

⑨　非上場株式

　　上場株式のように、取引相場がありません。そのため、会社法上の株式買取請求における価格の算定方法（純資産方式、収益還元方式、配当還元方式、類似業種比準方式、混合方式）により評価をしたり、相続税の算定の際の方式（財産評価基本通達）により評価する方法が考えられます。

　　実務においては、これらの方式を参考に、当事者間での合意を図っています。それが困難な場合には鑑定によることもありますが、非上場株式の鑑定となると費用が相当かかることが多いため、実務上、鑑定はあまり行われていないようです。

⑩　動　産

　　動産は価値が低いこともあり、通常、形見分けをしたり、既に使用している相続人が取得する（自宅不動産を取得する相続人が自宅中にある動産を取得する）ことで合意することが多く、評価の問題が生じることはあまりありません。もっとも、骨董品や美術品のような価値のあるものについては評価が必要になることがあります。この場合、古物商や貴金属商などの業者からの聞き取り結果などを踏まえ、当事者間で合意を図ることになります。あるいは第三者に売却をしてその代金を分割するという方法も考えられます。

(3)　相続開始後に処分した財産を評価する　■■■■■■■■■■■■

　遺産分割は、遺産分割時を基準として、同時点において存在する財産を分割することになります。そのため、従前は、相続開始後遺産分割前に遺産が処分された場合、基本的に当該財産は遺産分割の対象とはならないと考えられていました。この場合、相続人全員の合意があるなどの場合には、代償財産を遺産とみなして、遺産分割を行うことができると考えられていました。

　しかしながら、それでは他の相続人の保護に欠けるということで、平成30年の民法改正により、相続開始後に処分された財産を一定の要件のもと、遺産とみなして遺産分割をすることができることとしました（民906の2）。

88　第2章　遺産分割

◆要　件

　共同相続人全員の同意によることになります（民906の2①）。もっとも、財産を処分した者が共同相続人の1人または数人の場合には、その処分をした共同相続人については、同意を得ることを要しません（民906の2②）。

◆効　果

　当該処分された財産が遺産分割時に遺産として存在することとみなされます。代償財産が遺産に組み込まれるわけではなく、あくまで処分された財産自体が遺産として存在したものとみなされます（例えば、不動産を売却し、代金を受領した場合、代金が代償財産となりますが、本項によって遺産として存在することとみなされるのは、不動産自体となります）。なお、民法906条の2第1項については、処分をした者が相続人である必要はないため、第三者が処分した場合であっても、遺産とみなされることになります。これに対し、民法906条の2第2項は、処分をした共同相続人が利得することのないように当該共同相続人の同意を不要としたものですので、第三者が処分した場合には適用はありません。

　ところで、この改正以降も、代償財産が遺産分割の対象となり得ることには変わりなく、本制度と併せ、いずれで遺産分割を行うことも可能であると考えられます。

ケーススタディ

Ｑ　被相続人Ａが死亡し、相続人として妻Ｂ、子Ｃ、Ｄがおります。Ａの遺産は、甲土地（評価額2,000万円）ほか、預貯金が1,000万円存在しています。Ａ死亡後、Ｄは、甲土地に対する共有持分を処分し、代金として500万円の支払を受けました。Ａの遺産分割において、甲土地はどのように扱われますか。

Ａ　ＢとＣが同意をすれば、Ｄが処分した甲土地も遺産分割時に存在したものとして扱うことになります。この場合には、遺産が3,000万円存在するとみなされ、それを前提にして各自の具体的な相続分を算定することになります。

　したがって、Ｂが1,500万円、Ｃ、Ｄがそれぞれ750万円の具体的相続分があることとなります。そして、今回の遺産分割においては、自己の持分を処分して代金500万円を受け取ったＤは250万円の遺産を取得し、残りをＢが1,500万円、Ｃが750万円取得することになります。

アドバイス

○処分財産が分割時に遺産として存在していることの確認の訴え

民法906条の2第1項により、相続開始後に処分された財産は遺産分割時に遺産として存在するものとみなされることになりました。そのため、共同相続人は、本条により遺産分割時にある財産が遺産として存在しているとみなされることの確認を、他の共同相続人の全員を被告として求めることができると考えられます（遺産確認の訴え）。この請求が認容される場合「処分財産が被相続人の遺産に属することを確認する」との判決が出されることになると考えられます。したがって、このような場合には、前提問題として、遺産確認の訴えにより遺産の範囲を確定させることになります。

○同意の撤回の可否

民法906条の2の同意をすると、これにより処分された財産が遺産分割時に存在したとみなされることになります。効果が生じた後で同意を撤回することはできないと考えられます。

5 具体的相続分の算定

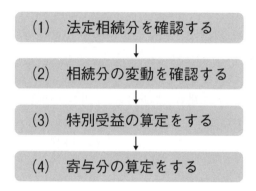

(1) 法定相続分を確認する

調停手続においては、遺産の評価に続き、具体的相続分を算定することになります。まず、前提として法定相続分を確認し、相続分の変動を確認します。

◆法定相続分

まず、被相続人の配偶者は、常に相続人になります（民890）。

次に、配偶者以外の相続人は、①子、②直系尊属（親、祖父母）、③兄弟姉妹の順序に従って、相続人となります（民887・889）。なお、①については、代襲相続、再代襲相続まで（理論的にはこれ以降も）認められていますが、③については代襲相続までしか認められておらず、再代襲相続は認められていないことに注意を要します。

配偶者とその他の相続人の相続分の割合は、配偶者と①子の場合、配偶者が2分の1、子が2分の1の割合で相続します。配偶者と②直系尊属の場合、配偶者が3分の2、直系尊属が3分の1の割合で相続します。配偶者と③兄弟姉妹の場合、配偶者が4分の3、兄弟姉妹が4分の1の割合で相続します。なお、③について、父母の一方のみを同じくする兄弟姉妹の相続分については、父母の双方を同じくする兄弟姉妹の相続分の2分の1とされています。

なお、従前は、非嫡出子の相続分は、嫡出子の相続分の2分の1とされていましたが、最高裁平成25年9月4日決定（判時2197・10）により、平成13年7月当時には当該規定は違憲状態にあったとされ、以後、民法が改正され（平成25年12月11日に公布・施行）、嫡出子も非嫡出子も同一の相続分であるとされました。

(2)　相続分の変動を確認する ■■■■■■■■■■■■■■■■■

　相続放棄や相続分が譲渡された場合には、相続分が変動することになります。

　相続放棄がなされた場合、当該相続人は相続人とならなかったことになり、その人については代襲相続も生じないことに注意を要します。例えば、父親が死亡し、相続人が母親と子3人の場合で、子の1人が相続を放棄した場合、母親の相続分は2分の1で変わりませんが、本来では子1人当たりの相続分が6分の1ずつであったものが、4分の1ずつになることになります。

　相続分の譲渡がなされた場合、当該相続人は遺産分割について当事者適格を失うこととなり、遺産分割調停では当事者として組み入れる必要はありません。相続放棄の場合とは異なり、譲渡を受けた相続人が譲渡をした相続人の相続分をすべて譲り受けます。例えば、父親が死亡し、相続人が母親と子3人で、子の1人が他の子に相続分を全部譲渡した場合、母親の相続分は2分の1で変わりありませんが、譲渡を受けた子の相続分は3分の1となり、譲渡を受けなかった子の相続分は6分の1のままとなります。

　詳しくは、本章第1 2 　遺産分割手続の当事者の確定をご参照ください。

(3)　特別受益の算定をする ■■■■■■■■■■■■■■■■■■

◆特別受益の有無の調査

　相続人の中に、被相続人から生前贈与や死因贈与（贈与は契約ですので、被相続人と受贈者との間の合意が必要です）、遺贈（遺贈は遺言によって財産を与える単独行為であり、受遺者の承諾を得る必要はありません）を受けている人がいる場合には、遺産分割の際に当該贈与等を考慮しなければ公平になりません。そこで、法は、これらを特別受益として、現にある相続財産に当該贈与等を加え（「持戻し」）、これを「みなし相続財産」として遺産分割の際に考慮すべきとしています（民903）。

　特別受益の存在は、死因贈与契約書などに明記されていれば明確ですが、不動産の生前贈与であれば登記簿謄本（登記事項証明書）、金銭の贈与であれば通帳などによって調査します。もっとも、特別受益は比較的厳格な立証を求められますので、客観的証拠がなく、単に過去の記憶や親族の話というような主観的な事情の把握だけでは認められることは難しいです。

◆特別受益者の範囲

　特別受益者は、条文上、「共同相続人」とされています（民903①）。したがって、共同

相続人の配偶者、子、孫に対する贈与は特別受益に当たりません（千葉家一宮支審平3・7・31家月44・4・47）。もっとも、名義上はこれらの者に対する贈与であっても実質的には共同相続人に対する贈与とみなすことができるような場合には特別受益に当たるとされる可能性もあります（福島家白河支審昭55・5・24家月33・4・75）。

　一方、共同相続人以外の包括受遺者に贈与がなされていた場合、包括受遺者は、相続人と同一の権利義務を有するとされていますので（民990）、形式的には持戻し義務があることになりますが、被相続人（遺言者）の意思としては持戻しを予想していないとみるのが相当ですし、特別受益制度が共同相続人間の公平を図る制度であることから、包括受遺者が共同相続人でなければ当該贈与は特別受益とはならないと考えられます。これに対し、包括受遺者が相続人の場合には、特定遺贈の場合と異なりませんので、持戻しの対象となるものといえます。

ケーススタディ

【被代襲者に対する生前贈与】

Q　祖父は、父に対し、父の生前、不動産を贈与していました。祖父より先に父が死亡して私が単独相続しましたが、その後、祖父が死亡して代襲相続が発生しました。祖父の相続に関して、父に対する不動産の生前贈与は特別受益に当たりますか。

A　特別受益として扱われることが原則です。被代襲者が特別受益を受けた場合に、代襲相続人が被代襲者の持戻し義務を引き継ぐかどうかという問題があり、持戻し義務を否定する審判例もありましたが（高等教育の費用について鹿児島家審昭44・6・25判タ249・302、外国留学費用について徳島家審昭52・3・14家月30・9・86）、近時は、代襲相続人は、被代襲者が負っていた持戻し義務を引き継ぐものとする裁判例が示されています（大阪高決平29・5・12判タ1450・83、福岡高判平29・5・18判時2346・81）。裁判所は、代襲者は被代襲者が生存していた場合に置かれたであろう以上に有利な地位に置かれるべきではないと考えているからです。

【代襲相続人に対する生前贈与】

Q　私の父は祖父よりも先に死亡し、私は父を単独相続しましたが、祖父は、父の

第3 遺産分割調停を行う　93

死亡する前に私に対して不動産を生前贈与してくれていました。祖父が死亡した場合の相続に関して、私に対する不動産の贈与は、特別受益に当たりますか。私が贈与を受けたのが父の死亡した後であった場合はどうですか。

A　前段については、生前贈与を受けた段階では、代襲相続人は被相続人の推定相続人ではありませんので第三者への贈与と同様に特別受益には当たらないと考える見解もあります。この点、前掲福岡高裁平成29年5月18日判決において、代襲相続人は代襲相続という偶然の事情がなければ相続人となることはなく、被相続人が代襲相続人に対して遺産の前渡しを行ったという特別な事情がない限り、持戻しの対象とすべきではないと判断しています。なお、この判例は、被相続人が代襲相続人に対して特に土地を贈与する必要がないのに贈与を行っているという事実を考慮し、これを代襲相続人に対する遺産の前渡しと評価し、特別受益として遺留分減殺請求の対象となると判断しています。しかし、相続人間の不均衡の調整という特別受益制度の趣旨から、相続開始時に相続人（代襲相続人）であった以上、持ち戻すべきであるとする見解もあります。以上に対し、代襲相続が発生した後（父の死亡した後）に贈与を受けている場合は、贈与の時点で推定相続人ですので、特別受益に当たると考えられます。

【再転相続における生前贈与】

Q　第一次被相続人Aが死亡し、遺産として不動産等がありました。その相続の遺産分割未了の間に、Aの妻である第二次被相続人Bが死亡しました。Bには唯一の財産である自己所有の不動産がありましたが、これをCに相続させる旨の遺言を残していました。A、Bの相続人は子であるC、D、Eです。Dは、Bから生前贈与を受けていました。DにはAの残した遺産の分割について持戻し義務があるでしょうか。

A　Dには持戻し義務があると解されます。最高裁平成17年10月11日決定（判時1914・80）は、Aの遺産分割中にBの相続が発生した場合には、Bにみるべき資産がなくとも、BはAの遺産についての共有持分を有しており、このBの共有持分を相続人に帰属させるためには遺産分割を経る必要があるのだから、DがBから特別受益を受けていた場合には、これを持ち戻して具体的相続分を算定すべきであるとしています。なお、原審は、Aの遺産に対するBの相続分は抽象的な法的

地位であって、遺産分割の対象となる具体的な財産ではなく、審判によって分割すべきBの遺産は存在しないからBに係る遺産分割申立ては不適法であると判断していました。

◆特別受益の対象財産

特別受益の対象とされるのは、被相続人から「遺贈」または「贈与」された財産です（民903）。この内、「遺贈」については、特定遺贈（特定の財産を与えるもの）と包括遺贈（遺産の全部または一部を一定の割合で示して与えるもの）とがありますが、包括遺贈は相続分の指定と同様の効果が生じるため、特別受益の問題となるのは特定遺贈の場合となります。

また、「贈与」については、条文上は「婚姻若しくは養子縁組のため若しくは生計の資本として」なされた贈与とされています。「婚姻」「養子縁組」「生計の資本」は例示であると解されていますが、当該贈与は遺産の前渡しとみられるか否かを基準として考えることになります。

① 婚姻もしくは養子縁組のための贈与

いわゆる持参金や支度金は、婚姻や養子縁組のための贈与として、特別受益になると解されます。ただし、少額の場合は、扶養の一部にすぎないと考えられ、その場合には特別受益に該当しません。

これに対し、結納金や挙式費用については、遺産の前渡しとは評価し難いため、一般的に特別受益に該当しないと解されます。

なお、相続人全員に同程度の贈与がある場合には、持戻し免除の黙示の意思表示があったと解されます（大阪高決平19・12・6家月60・9・89）。

② 生計の資本としての贈与

生計の基礎として役立つような財産上の給付がこれに当たり、居住用不動産やその取得のための贈与や、営業資金の贈与がこれに当たります。

③ 被相続人名義の預金払戻し

払い戻した金銭が、当該相続人の口座に入金されているような場合は、贈与と評価する余地があり、それが相続分の前渡しと評価できるような金額である場合には、特別受益に該当すると評価することができます。よく問題となるのは、少額の引出しを何度も繰り返しているような場合ですが、扶養のための援助と評価される部分を除き、生計の資本としての贈与として、特別受益に該当すると評価できると考える余地があります。

④ 生命保険金、死亡退職金、遺族給付金

これらは、原則として特別受益にならないと解されています。ただし、生命保険

金等が遺産総額に比して非常に高額であるような場合は、民法903条を類推適用し、持戻しの対象となると解されています（最決平16・10・29判時1884・41）。

どの程度の金額であれば高額と評価されるかという点について、明確な基準はありませんが、東京高裁平成17年10月27日決定（家月58・5・94）は、相続財産の総額が1億134万円、生命保険金の総額が1億129万円の場合に、持戻しの対象となると判断しており、名古屋高裁平成18年3月27日決定（家月58・10・66）は、相続財産の総額が8,423万円、生命保険金の総額が5,154万円の場合に、持戻しの対象となると判断していることから、相続財産総額に比して生命保険金の総額が50％を超えるような場合には、持戻しの対象となるものと考えておいた方が無難だと思われます。

生命保険金が持戻しの対象となる場合にどの程度の金額が持戻しの対象となるかという点について、相続人が生命保険料の一部を支払っていた場合には、被相続人が支払っていた保険料の額と、相続人が支払っていた保険料の額との割合で計算し、保険金×（被相続人の負担した保険料の割合／全保険料）が特別受益となると解する見解が有力です。

⑤ 使用貸借契約

被相続人の所有する土地を、相続人の一部が無償で使用している場合、使用貸借契約の成立が認められる余地があり、使用借権相当額を特別受益として扱うことになります。

土地の場合、特別受益として考慮されるのは、他人名義の建物が建築されていることによる売却困難性を考慮し、更地価格の1～3割程度が特別受益と解されます。これに対し、地代相当額が特別受益であると主張されることがありますが、実務上は否定的です。

相続人が被相続人の建物に無償で居住している場合は、土地の場合と異なり、借主に対する明け渡し請求も容易であることや、恩恵的に利用させている場合が多いと思われ、遺産の前渡し的性格を有しないと解されることから、一般的には建物の賃料相当額を特別受益であるとは考えていないようです。特に、被相続人と共に建物に居住しているような場合など、相続人が単なる占有補助者である場合には使用借権が認められないことからしても、特別受益には当たらないと解されます。

⑥ 相続分の譲渡

相続分の譲渡がなされた場合には、譲渡に係る相続分に含まれる積極財産および消極財産の価格等を考慮して算定した当該法定相続分に財産的価値があるとはいえない場合を除き、譲渡人から譲受人に対する贈与（民903①）に該当するとされています（最判平30・10・19判時2403・48）。

96　第2章　遺産分割

　そのため、相続分の譲渡も、それがマイナスにならない場合には、特別受益に該当することになります。

◆特別受益の持戻し計算
　相続財産に特別受益を加えたものを相続財産に加え（持戻し）、これを「みなし相続財産」として、各相続人の相続分を計算します（民903①）。
　そして、特別受益を受けた者は、相続分から特別受益を受けた分を除いた部分を現実に受けることができます。
　なお、特別受益が相続分を超える場合（超過特別受益）であっても、超えた分について返還をしなくてもよいこととされています（民903②）。
　また、超過特別受益者がいる場合に、当該超過特別受益者に特別受益証明書（相続分不存在証明書）を作成してもらう方法で、不動産所有権移転登記を行うことができるとされています。詳しくは、**本章第2　遺産分割協議を行う**をご参照ください。
　なお、被相続人が持戻し免除の意思表示をした場合には持戻しを行わなくてよいとされていますが（民903③）、改正後の民法においては、婚姻期間が20年以上の夫婦の一方が他方配偶者にした居住用不動産の遺贈・贈与については、持戻し免除の意思表示がなされたものと推定するとの規定が創設されています（民903④）。

ケーススタディ

【ケース1】

Q　　次の場合の各相続人の具体的相続分はどうなりますか
　相続人　　妻、長男、長女
　相続財産　1億円
　特別受益　長女が結婚時に2,000万円の贈与を受けた

A　次の計算式で求められます。
　（みなし相続財産）
　1億円＋2,000万円＝1億2,000万円
　（法定相続分）
　妻が1／2、長男が1／4、長女が1／4
　（具体的相続分）
　妻　　1億2,000万円×1／2＝6,000万円

長男　1億2,000万円×1／4＝3,000万円

長女　1億2,000万円×1／4－2,000万円＝1,000万円

【ケース2】

Q　【ケース1】で長女が受けた贈与が6,000万円であった場合の各相続人の具体的相続分はどうなりますか

A　次の計算式で求められます。

（みなし相続財産）

1億6,000万円

（具体的相続分）

妻　　1億6,000万円×1／2＝8,000万円

長男　1億6,000万円×1／4＝4,000万円

長女　1億6,000万円×1／4－6,000万円＝－2,000万円

長女は超過特別受益者に当たるため、具体的相続分は存しません。

長女の生前贈与により不足した2,000万円については、具体的相続分の割合により負担する方法と、本来的相続分（法定相続分）の割合により負担する方法など、見解が分かれています。

この点、岡山家裁昭和55年8月30日審判（家月33・8・80）は、超過特別受益者がいる場合は、当該超過特別受益者がいないものとして相続分を算定するとしており、この例によると、具体的相続分は、妻が5,000万円、長男が5,000万円となります（6,000万円は持ち戻さないで計算します）。貝阿彌誠「法定相続分と具体的相続分」判例タイムズ688号43頁においては、この見解が支持されています。

◆特別受益額の評価の基準時と評価方法

特別受益額の評価基準時は相続開始時とされています（最判昭51・3・18判時811・50）。

そこで、不動産の贈与を受けた場合、特別受益額の評価額は、贈与時点での不動産の価値にかかわらず、相続開始時点の価値（不動産の時価）で算定することになります。

これに対して、金銭の贈与の場合、額面額は通常、贈与時と相続開始時とで変わりはありませんが（つまり、1,000万円は1,000万円のまま）、不動産とのバランスを考えて、貨幣価値の変動を考慮し、相続開始時点の貨幣価値に換算し直すことになります。

98　第2章　遺産分割

つまり、1,000万円の金銭の贈与がなされた場合で、贈与当時の貨幣価値に比べて相続開始時の貨幣価値が5倍になっているとき、5,000万円の贈与を受けたものとして計算することになります（最判昭51・3・18判時811・50、徳島家審昭52・9・16家月30・2・125）。

　以上に対して、現実に遺産を分配するに当たっての遺産の評価については、遺産分割時の評価を基準としてされることになります（札幌高決昭39・11・21判タ181・204、大阪高決昭58・6・2判タ506・186など）。

　そこで、実務では、特別受益や寄与分については相続開始時を基準として算定して具体的相続分を定め、これを前提として遺産分割時を基準として現実の分割を行うのが通例です。

ケーススタディ

Q　相続人は子であるＡ、Ｂです。相続財産の相続時の評価は5,000万円で、Ａが被相続人から1,000万円の特別受益を受けていました。遺産分割時の相続財産の評価は7,000万円であった場合、具体的相続分はどうなりますか。

A　次の計算式で求められます。
　　みなし相続財産　　5,000万円＋1,000万円＝6,000万円
　　Ａの相続分　　　　6,000万円×1／2－1,000万円＝2,000万円
　　Ｂの相続分　　　　6,000万円×1／2＝3,000万円
　　よって、
　　Ａの具体的相続分　7,000万円×2,000万円／（2,000万円＋3,000万円）
　　　　　　　　　　　＝2,800万円
　　Ｂの具体的相続分　7,000万円×3,000万円／（2,000万円＋3,000万円）
　　　　　　　　　　　＝4,200万円
　　となります。

◆受贈財産が滅失した場合や、受贈財産に価格の増減がある場合の考え方
　受贈者の行為による場合と、受贈者の行為によらない場合とがあります。
　まず、受贈者の行為による場合としては、例えば建物を贈与された者が建物を売却し（滅失）、毀損し（価値の減少）、修繕をしたような場合（価値の増加）が考えられます。この場合は、相続開始時に、受贈財産が贈与を受けたときの状態のままで残存しているものとみなし、その価値を算定します（民904）。

例えば、贈与当時3,000万円の価値のある土地建物の贈与を受けた受贈者が、これを2,000万円で売却した場合、仮に相続開始時に土地建物が残っていてそれが4,000万円の価値であったとすれば、特別受益の価額としては4,000万円として算定されます。

また、受贈者が上記建物に増改築工事を加え、その価値が500万円増加し、相続開始時の価値が4,500万円であったとしても、増改築がなかったときの価格4,000万円を基準として算定されます。

次に、受贈者の行為によらずに滅失、価値の増減が生じた場合、相続開始時にあるがままの状態で算定されることになります。例えば、上記例において、地震で建物が壊れてしまい、滅失してしまったとすれば、土地のみの価格を算定することになります。

◆特別受益の持戻し免除の意思表示

被相続人が、生前贈与等を相続分の算定に当たって考慮しないことを内容とする遺言等で表明している場合などを、「持戻し免除」の意思表示といいます（民903③）。持戻し免除の意思表示は、遺贈については遺贈が要式行為であることから遺言によってなされる必要があると解されていますが（なお、生前贈与と同様に黙示の意思表示でもよいとする考え方もあります）、生前贈与については特別の方式は必要がなく、また、贈与と同時になされることも要さず、黙示の意思表示でも足りるとされています（東京高決平8・8・26家月49・4・52、高松高決平11・3・5家月51・8・48）。

◆配偶者に対する贈与

平成30年民法改正により、民法903条4項は、①婚姻期間が20年以上で、②配偶者に対して居住建物または敷地について遺贈または贈与をした場合、当該遺贈・贈与については持戻し免除の意思表示を推定すると規定しています。

◆特別受益の決定手続

寄与分については、当事者に協議が整わないときには家庭裁判所が定めるとの規定がありますが（民904の2②）、特別受益の確定については明文がありません。

学説上、争いがありますが、実務上、審判により判断しています。

◆特定の財産が特別受益であることの確認を求める訴えの適法性

ある財産が特別受益に該当するかどうかは、これを定めても具体的な相続分や遺留分が定まることはなく紛争の抜本的解決にならず、相続分・遺留分を算定する過程に

100　第2章　遺産分割

おいて検討される前提事項に過ぎず、その点のみを解決する必要もないことから、不適法であると解されています（最判平7・3・7判時1562・50）。

(4)　寄与分の算定をする ■■■■■■■■■■■■■■■■■■■■

◆寄与分の基礎となる事情の聴取

　被相続人の生活の世話や介護をするなどして、被相続人の財産の維持または増加に寄与した相続人がいる場合に、この寄与を無視して遺産分割を行うことは、公平を欠くことになります。

　そこで、事業に関する労務の提供または財産上の給付、被相続人の療養看護その他の方法により被相続人の財産の維持または増加について、特別の寄与をした相続人がいる場合には、その相続人は、当該寄与部分を相続分に加えて相続することができるものとされています（民904の2）。

　寄与分は、協議や調停、審判によって決定されることになりますが、遺産分割終了前に決定される必要があります。

　寄与分の調査においては、寄与行為をした時期、方法、寄与行為の結果どのように相続財産が維持・増加したかを具体的に調査し、立証資料を収集する必要があります。

◆寄与分を受ける者の範囲

　寄与分を受けることができるのは、「共同相続人」です（民904の2①）。限定承認をしている者や超過特別受益者も寄与分を主張できます。これに対し、相続放棄者、相続欠格者、被廃除者は、いずれの者も相続人ではないので、寄与分を主張することはできません。もっとも、相続欠格者、被廃除者の代襲相続人が、当該相続欠格者等の寄与分を主張することができるかという点については、考え方が分かれると思います。なお、死亡による代襲の場合には代襲者は被代襲者の寄与分を主張できるものと解されます。

　ところで、平成30年民法改正により、民法1050条が新設され、相続人以外の親族の特別の寄与につき、当該親族が相続人に対し金銭請求をすることができるようになりました。詳しくは、**第4章第2　特別寄与制度を確認する**をご参照ください。

┌─────── アドバイス ───────┐

○相続人の親族等による寄与行為

　相続人以外の者による寄与行為は、相続人による寄与行為ではないことから、原則

として寄与分を主張することができません。もっとも、相続人の寄与行為と同視できるような場合には、寄与分の主張が認められる余地があります。例えば、相続人とその配偶者および子が認知症にかかった被相続人の療養看護に尽くした事例（盛岡家審昭61・4・11家月38・12・71）や、相続人の妻が被相続人の入院中の看護や長期間にわたる介護をした事例（東京高決平22・9・13家月63・6・82）において、寄与分の主張が認められています。

なお、これらの寄与行為は相続人の履行補助者としての寄与分として考慮されたものですが、上記のとおり、相続人以外の親族の特別の寄与について特別寄与制度に基づく特別寄与料の請求も可能となりました。相続人以外の親族の特別の寄与を主張する方法としてはいずれの対応も可能であると考えられます。

○包括受遺者

包括受遺者は、相続人と同一の権利義務を有するとされていますが（民990）、割合的包括受遺者が共同相続人ではない場合は、その者の寄与に報いる趣旨で包括遺贈がなされるのが通常であることから、さらに寄与分を認める必要はないとされています。もっとも、多大な寄与が認められるのに比して包括遺贈の割合が著しく少ない場合には、寄与分を認めるべきという考え方もあり得ます。

○代襲相続人

まず、代襲相続人が、被代襲者の寄与を主張できるかという点については、代襲相続人は被代襲者の地位を承継する立場にあり、主張することができると考えられています（熊本家玉名支審平3・5・31家月44・2・138、東京高決昭54・2・6判時931・68、東京高決平元・12・28家月42・8・45）。

次に、代襲相続人自身が、代襲相続人となる前の寄与行為を主張できるかという問題がありますが、法は寄与の時期を特に限定しておらず、相続人間の公平という見地から、寄与分を主張できるという立場が有力です（横浜家審平6・7・27家月47・8・72）。この点は、養子縁組前の寄与行為も同様です。

◆寄与分の成立要件

寄与分を主張するためには、以下の要件が必要です（民904の2）。

① 相続人による「寄与行為」があること

寄与分は具体的な相続分を算定するための要素の1つであることから、相続人（共同相続人）に限られます。寄与行為の方法は、「被相続人の事業に関する労務の提供

または財産上の給付」「被相続人の療養看護」「その他の方法」により、被相続人の財産の維持または増加に特別の寄与をする行為であるとされています。このことから、金銭の出捐のみならず、介護や労務の提供などにより、被相続人の資産減少を防いだ場合は、寄与行為があったということができます。寄与行為の時期については、期間に制限はなく、昔の行為であっても立証できれば寄与分として認められます。他方で、相続開始後に出捐をした行為は、寄与行為としては評価されません。審判例にも、相続開始後の葬儀費用の提供につき、寄与分として考慮しないとした例があります（和歌山家審昭59・1・25家月37・1・134）。

② 寄与行為が「特別の寄与」であること

寄与行為が、被相続人と相続人との身分関係に基づいて通常期待されるような程度を超える行為である必要があるとされています（「改正民法及び家事審判法規の解釈運用について」家月33巻4号2頁）。夫婦の協力義務や、親族間の扶養義務の範囲内と認められる行為は、特別の寄与には該当しないことになります。例えば、親族が病気になったときにたまに看病に行くという程度の行為は、通常想定される範囲の行為であり、「特別の寄与」とは言い難いものといえます。他方、本来は職業介護人を付さなければならないのに、親族が介護をしたために職業介護人を付さなくてよくなり、介護費用の支出を免れたような場合は、「特別な寄与」があったと評価し得ることになります。

③ 被相続人の遺産が維持または増加したこと

寄与分として考慮されるためには、被相続人の遺産（財産）が維持・増加したことが必要であり、精神的な援助・協力があるにすぎない場合は、財産上の評価をすることができず、寄与分として考慮されません。なお、被相続人の事業を支援した後に、被相続人が事業に失敗して財産を失った場合には、増加した財産が存在しないため、寄与分は認められません。

④ 寄与行為と被相続人の遺産の維持・増加に因果関係があること

寄与行為が財産の維持・増加に結び付いていることが必要となります。また、被相続人の財産が減少した場合でも、寄与行為がなければそれ以上に減少したと認められる場合には、寄与分が認められる余地があります。

◆寄与分の算定

寄与分の算定にあっては、家庭裁判所は、「寄与の時期、方法及び程度、相続財産の額その他一切の事情」を考慮してその額を定めなければならないとされています（民904の2②）。寄与分の算定は、算定基準の客観性・明確性を維持しつつ、相続人間の実

質的公平にも配慮してなされなければなりません。

　例えば、同族会社において、相続人が無償で労務を提供していた場合、寄与相続人が通常得られるべき給付額が仮に500万円であったとしても、直ちに500万円が寄与分として認められるものではなく、被相続人から受けていた生活費相当額を割合的に控除し、さらに相続財産の額や事業への貢献の程度など一切の事情を考慮して特別の寄与といえる部分の割合を乗じるなどして算出されるため、裁量的に100万円、200万円といった金額しか認定されないこともあります。

　そのため、寄与分算定の基礎となった事情（労務により得られたであろう対価の額や給付額）とともに特別の寄与と評価できる事情を示すことも必要です。

◆寄与分の計算方法

　共同相続人の中に寄与相続人があるときは、相続財産の価額から寄与分額を控除した価額を「みなし相続財産」とします。この「みなし相続財産」に各相続人の相続分を乗じて一応の相続分を算定し、この相続分に寄与分を加えた額を寄与相続人の具体的相続分として算定します（民904の2①）。

ケーススタディ

Q 被相続人の遺産が5,000万円で、相続人に配偶者Ａ、子供Ｂ、Ｃがいる場合で、Ｂに800万円の寄与分が認められる場合、各人の具体的相続分はどうなるか

A 次の計算式で求められます。
　（みなし相続財産）
　5,000万円－800万円＝4,200万円
　（各人の具体的相続分）
　　Ａ　4,200万円×1／2＝2,100万円
　　Ｂ　4,200万円×1／4＋800万円＝1,850万円
　　Ｃ　4,200万円×1／4＝1,050万円
　となります。

◆寄与分の算定評価の基準時

　寄与分の算定評価の基準時については、相続開始時とする見解が有力です。広島高

裁平成5年6月8日決定（判タ828・258）は、条文の位置および文言、具体的相続分は相続開始時に確定していると解するのが相当であること、遺留分算定における特別受益の評価が相続開始時を基準としていること（最判昭51・3・18判時811・50）から、相続開始時を基準とすべきと判断しています。

◆寄与行為の類型と算定式

① 被相続人の事業に関する労務の提供

被相続人の営む事業（例えば、農業、漁業、林業、各種製造加工業、商業等個人営業）に無報酬またはこれに近い状態で従事し、相続財産の維持・増加に寄与した場合です。

労務提供の形態として、家業従事型、従業員型、共同経営型があり、これらの形態の差は寄与分の算定に際して考慮されます。

また、労務の提供が特別の寄与に当たるかは、無償性、継続性、専従性、被相続人との身分関係、相続財産の維持・増加の程度、その他の事情を考慮して判断されます。

【家業従事型　従業員型の場合】

寄与分額＝寄与者の受けるべき相続開始時の年間給与額×（1－生活費控除割合）
　　　　　　　×寄与年数（期間）

「寄与者の受けるべき相続開始時の年間給与額」は、賃金センサス等を参照して導くことになります。

生活費を控除するのは、寄与相続人が無報酬で働いていたのに、生活できていたとするなら、通常はその生活費は家業収入から支出されていたと考えられるからです。具体的な割合は、実際の支出額が分かればそれによりますし、そうでなければ一切の事情から判断されます。

【共同経営型の場合】

平均賃金や報酬（利益配分を受ける余地があった場合には当該利益配分額）から現実の支払額を控除して算定します。

なお、相続財産の総額に対し、寄与相続人が相続財産の形成に貢献した割合をもって算出する方法もあります。

【財産を管理して寄与した場合】

寄与分額＝相当な財産管理費用×裁量割合

「相当な財産管理費用」とは、第三者に委託した際の報酬額や、火災保険や不動産

の公租公課など相続人が実際に負担した額を基準とします。

「裁量割合」は、被相続人との身分関係に基づいて通常期待される程度の負担ではなく、特別の負担とされる割合として算定されることになります。

【不動産売却に寄与した場合】

寄与分額＝不動産業者に売却を依頼した場合の費用×裁量割合

この点については、長崎家裁諫早出張所昭和62年9月1日審判（家月40・8・77）は、「土地売却に当たり借家人との立退交渉、家屋の取壊し、滅失登記手続、売買契約の締結等に努力した事実は認められる」として、不動産仲介人の手数料基準なども考慮し、請求額500万円の内、寄与分の額を300万円と認定しました。不動産の売買価格は約1億3,000万円で、仲介手数料約3％で約400万円となりますので、本審判例は、これを割合的に減じたことになります。

〔審判例〕

・高校卒業後から13年余り、中学時代から14年余り、家業の左官業に従事したが、給料の形で対価を得ず、生活費を負担してもらった他は小遣い銭程度をもらっていた2人の子らに対し、いずれも10％の寄与分を認めた事例（東京家審昭61・3・24家月38・11・110）

・家業の薬局を手伝い、被相続人に代わって経営の中心となり、会社組織とした後も店舗を新築するなど経営規模の拡大に寄与した被相続人の子に対し、遺産総額から負債を控除した額の32％強に相当する3,000万円を寄与分として認めた事例（福岡家久留米支審平4・9・28家月45・12・74）

・被相続人が病気で倒れるまでの14年間、その後も相続が開始するまでの7年間、長男およびその妻子が家業である農業を支えてきたものであり、当該協力がなければ農業の継続が不可能であり、農地を手放さざるを得なかったという事情を考慮し、寄与分割合を遺産総額に対する20％と認めた事例（鳥取家審平5・3・10家月46・10・70）

② 被相続人の事業に関する財産上の給付

被相続人の行う事業等に関し、資金や不動産を無償で提供し、借財の代位弁済をするなどした場合です。

【不動産取得のための金銭贈与の場合】

寄与分額＝相続開始時の不動産価格×（寄与者の出資額／取得時の不動産価額）
　　　　　×裁量割合

106 第2章 遺産分割

【不動産の贈与の場合】

寄与分額＝相続開始時の不動産価額×裁量割合

【不動産の使用貸借の場合】

寄与分額＝相続開始時の賃料相当額×使用年数×裁量割合

【金銭贈与の場合】

寄与分額＝贈与当時の金額×貨幣価値変動率×裁量割合

〔審判例〕

・共働きの夫婦が夫名義で宅地建物を取得し、その購入資金の90.6％相当を相続人である妻が支出していた事案につき、相続開始当時の当該不動産の価額に90.6％を乗じた価額が当該不動産を含めた遺産全体の価額の中に占める割合を算出し、その割合である82.3％を妻の寄与分と認めた事例（和歌山家審昭59・1・25家月37・1・134）

・被相続人との婚姻期間26年弱の内、14年間にわたって被相続人の収入の3分の1ないし2分の1程度の収入を得ていた配偶者に対し、遺産総額の3分の1相当額を寄与分と認めた事例（神戸家伊丹支審昭62・9・7家月40・8・86）

・被相続人が経営していた会社に対して資金援助等を行い、被相続人の受けた実質的利益は1億1,000万円であると認定された事案で、相続人が被相続人の財産を担保として金員を借り受けたり、不動産を無償使用していたという利益を受けていたという事情を考慮し、遺産総額約4億3,825万円に対し、その20％である約8,765万円を寄与分として認めた事例（高松高決平8・10・4家月49・8・53）

③　被相続人に対する療養看護

相続人が実際に療養看護を行う場合と、第三者に療養看護させその費用を負担する場合があります。

被相続人が療養看護を必要とする病状であり、近親者による療養看護を必要としており（寄与分が認められるためには要介護度2以上にあることが1つの目安となります）、無償性・継続性が認められ、片手間で行うものではない程度の負担であり（専従性）、被相続人との身分関係に基づいて特別の貢献であることが必要とされます。

療養看護行為は、多くは介護報酬基準額に基づく身体介護報酬基準額によって算定されています。なおこの額は、有資格の看護者らに適用される額であり、またこれらは事業者への支払額であり、看護者らの報酬そのものではないことや、扶養義務を負う共同相続人による看護であることを勘案して、寄与分を定めるときには、

裁量割合が乗じられています。

【相続人が実際に看護した場合】

寄与分額＝療養看護行為の報酬相当額（日当）×看護日数×裁量割合

【第三者に看護させ費用を負担した場合】

負担費用額が寄与分額の基準となるが、これは②財産給付に類して考えることが適当です。

単純に看護費用を支払ったとしても、それが直ちに全額が被相続人に対する寄与分として考慮されるのではなく、費用負担をする実情や相続財産の額、当該支払による被相続人の財産の維持・増加の程度などを考慮し、裁量割合を決するのが適当と思われます。

【入院中の付添看護】

病院に入院しているような場合には、療養看護が必要とはいえないため、寄与分は認められないのが原則となります。

もっとも、医師が近親者の付添看護の必要を認めた場合など、特別の事情がある場合には、寄与分が認められる余地はあります。

〔審判例〕

・被相続人の痴呆が進行して死亡するまでの10年間、療養看護に尽くした相続人について、前半6年間は夜間看護が必要でなかったとして日額4,500円で、残りの4年間は夜間看護が必要であったとして日額6,750円の看護料総額1,971万円を免れたとして、この内の60％に相当する1,182万6,000円を寄与分として認めた事例（盛岡家審昭61・4・11家月38・12・71）

・被相続人が認知症となった後の身上監護について、常時、見守りが必要な状態となり、親族間の扶養協力義務の範囲内といえなくなった後の3年間について、親族による介護であることを考慮して日額8,000円の3年分、876万円を寄与分として認めた事例（大阪家審平19・2・8家月60・9・110）

④　被相続人に対する扶養

相続人の中に、他にも扶養すべき相続人がいるのに、特定の相続人のみが被相続人の扶養をした場合には、扶養義務の分担額を超えた部分について寄与分が認められることがあります。

【現実の引き取りの場合】

　寄与分額＝扶養のために負担した額×裁量割合

　「扶養のために負担した額」の算定が困難な場合は、「生活保護基準」や「家計調査」を参考とすることがあります。

　また、「裁量割合」については、寄与者の法定相続分を除いた割合とすることもあります。

〔審判例〕

・被相続人を相続人が単独で18年間扶養し、その間に少なく見積もっても825万円の金銭的負担をしていたケースについて、本来は兄弟8人で負担すべきところ、当該相続人が全面的に引き受け、それにより被相続人が財産を費消せず遺産を構築することができたとして、本来的義務を超えて負担した730万円（7／8余り）を寄与分として認めた事例（大阪家審昭61・1・30家月38・6・28）

・相続人夫婦が、その収入のほとんどを被相続人との生活費に費やしており、この援助が20年以上にわたったからこそ本件遺産が形成された面は否定できないとして、遺産総額約1億円、特別受益により持ち戻した遺産約6,000万円に対し、相続開始時の遺産の5％に当たる800万円を寄与分額と認めるのが相当とされた事例（長野家審平4・11・6家月46・1・128）

⑤　相続放棄の場合

　過去の相続の際に、相続放棄をした結果、被相続人の遺産が増加したという場合が特別の寄与ということができるかという問題があります。

　相続放棄は、様々な事情で行われるものであり、他の相続人の相続分を増大させる目的でなされるものでもありませんので、原則として相続放棄による遺産の増加をもって寄与分と認められることはないと思われます。

　もっとも、相続放棄の理由や動機が、従前資金援助を受けていたことにあるか、それとも単に被相続人の遺産を承継することを嫌ったものであるかどうか、他の相続人の相続分を増加させる意図であったかどうか、先行相続から後行相続までの間に時間が経過しているかどうか、相続放棄により得られた財産が後行相続の遺産の大半を占めているかどうか、などといった事情を考慮して、寄与分として考慮する余地はあると考えられます。寄与分を肯定する場合、次の算式が考えられます。

　寄与分額＝相続放棄時の相続分の評価額×貨幣価値変動率×裁量割合

⑥　複合的な要素がからむ場合

家事従事型とともに扶養型などが複合的に作用している場合があります。

寄与分の算定は、類型ごとに行われ、裁量割合により調整されることになります。

〔審判例〕

・報酬といえるようなものは得ないまま、被相続人と共に家業の農業に従事し、被相続人が農作業から手を引いた後もこれを引き継いで行うと共に、被相続人および被相続人の妻の世話をしてきたという事情の下で、「主として被相続人の家業である農業の後継者としてこれに従事することにより労務を提供し、また、一部被相続人の扶養に当たったことともあいまって、本件遺産の維持に貢献したものと認められるので、相応の寄与分を肯定してしかるべきと解される。」として、相続開始時の遺産評価額合計2億7,671万9,000円のおよそ3.6%に当たる1,000万円を寄与分として認定した事例（千葉家一宮支審平3・7・31家月44・4・47）

◆寄与分と遺留分の優先関係

民法上、寄与分には上限はなく、遺贈に劣後するものとされているにとどまっています（民904の2③）。もっとも、他の相続人の遺留分を侵害するような寄与分の認定は避けるべきであると考えられています（東京高決平3・12・24判タ794・215）。

◆寄与分の決定手続

寄与分を定めるには、まずは共同相続人の協議により、まとまらないときは家庭裁判所の調停、審判によることになります（民904の2②、家事39・191・244）。

①　協議による場合

寄与分に関する協議は、共同相続人全員で行うことが必要であり、相続開始後、遺産分割終了前までに定める必要があります。遺産分割に先行して寄与分に関する協議を行うこともできます。なお、遺産分割調停が係属する前に、寄与分に関する調停を申し立てることもできますが、遺産分割審判が係属していない場合には寄与分を定める処分の審判申立てをすることはできません（民904の2④・907②）。

協議の結果は、書面にしておくことが後日の紛争防止のために望ましいです。

②　調停による場合

ⅰ　調停における手続

寄与分を定める処分の調停の管轄裁判所は、相手の住所地を管轄する家庭裁判所ですが、遺産分割調停が係属している場合は、当該裁判所の管轄（家事245③・191②準用）となります。

遺産分割調停が係属している場合は、遺産分割調停と寄与分を定める処分の調停は併合して審理されることになります（家事245③・192準用）。

ⅱ　調停における進め方

一般に、遺産分割調停は、相続人の範囲の確定、遺産の範囲の確定、遺産の評価、分割の方法の検討といった順序で定める扱いとされています。そして、寄与分に関する主張は、遺産の評価まで定まった後に行うことになります。

調停委員会は、寄与分を主張する者の主張や資料を考慮して、寄与分を組み入れたり、考慮しないといった調整をすることになります。調査官による調査がなされることもあります。

③　審判による場合

寄与分を定める処分の審判申立ては、遺産分割審判が家庭裁判所に係属している場合に、当該裁判所に対して行うことができます（民904の2④）。裁判所は、審判の申立てをした者についてのみ寄与分の有無を判断することになりますので、寄与分の主張をする場合には、申立てを忘れないようにしてください。また、家庭裁判所は、1か月を下らない範囲で審判申立てをすべき期間を定めることができ、これを経過してなされた申立ては却下することができるとされているので（家事193①②）、注意を要します。

◆寄与分と特別受益の調整

寄与分が認められる場合でも同時に特別受益が認められるケースがあります。この場合にどのように調整するかを確認します。

①　寄与者と特別受益者が同一の場合

被相続人と寄与者との間には親密な関係があることが多く、寄与者の寄与行為に報いる程度の生前贈与がなされていることもあり、その場合、寄与分は清算されていると評価される場合もあります。また、寄与行為があるが故に、生前贈与についても持戻し免除の意思表示を認定することで、調整を図ることもあります（東京高決昭57・3・16家月35・7・55）。

寄与に比べて特別受益が過大・過小な場合は、当該超過・不足部分を調整することになります。

②　寄与者と特別受益者が異なる場合

特別受益者と寄与相続人がいる場合において、民法903条と904条の2を同時に適用する見解が実務・通説です。この見解によると、相続財産に特別受益を加え、寄与分を控除したものをみなし相続財産として、一応の相続分を算定し、これに特別

受益の減少や寄与分の加算を考慮して具体的相続分を算定することになります。

$$\boxed{\text{ケーススタディ}}$$

Q 被相続人の相続開始時の遺産が5,000万円、相続人は妻、長男、長女の3人とし、長男は、被相続人から、婚姻の際にマンションの頭金1,000万円を貰っていたとします（特別受益）。そして、妻と長女は、長年にわたり被相続人の療養看護を行ったとして、それぞれ1,000万円の寄与分が認められる場合に各人の具体的相続分はどうなるでしょうか。

A 次の計算式で求められます。

（みなし相続財産）

5,000万円＋1,000万円（特別受益）－1,000万円×2（寄与分）＝4,000万円

（各人の具体的相続分）

妻　　4,000万円×1／2＋1,000万円＝3,000万円

長男　4,000万円×1／4－1,000万円＝0円

長女　4,000万円×1／4＋1,000万円＝2,000万円

◆超過特別受益者がいる場合の寄与分の計算方法

一応の相続分を超過する特別受益を寄与分から差し引いて計算するかどうかについて、東京高裁平成22年5月20日決定（判タ1351・207）は、これを否定しています。

この裁判例によれば、相続財産合計が5,000万円、相続人が配偶者A、子B、Cの3名で、Bについて、特別受益2,000万円があり、遺産総額に対して20％の寄与分がある場合の処理方法は、以下のとおりとなります。

みなし相続財産の価額は、5,000万円（遺産総額）＋2,000万円（特別受益）－5,000万円×20％（寄与分）＝6,000万円となります。

次に、各人の相続分は、

Aが6,000万円×1／2＝3,000万円

Bが6,000万円×1／4－2,000万円＝－500万円（超過特別受益者）

Cが6,000万円×1／4＝1,500万円

となります。

そして、相続分と寄与分の比率を算出します。

3,000万円＋1,500万円＋5,000万円×20％＝5,500万円

Aの比率は3,000万円／5,500万円

Bの比率は1,000万円／5,500万円

Cの比率は1,500万円／5,500万円

となります。

よって、最終的な遺産の分配額（1万円未満切り捨て）については、

Aは5,000万円×3,000万円／5,500万円≒2,727万円

Bは5,000万円×1,000万円／5,500万円≒909万円

Cは5,000万円×1,500万円／5,500万円≒1,363万円

となります。

この事例では、超過特別受益者であるBの最終的な遺産の分配額は、Cよりも低くなりましたが、上記裁判例と同様、より寄与分が多い場合には、Bの遺産の分配額がCのそれよりも上回ることも考えられます。

6 分割方法の決定

遺産分割の方法には、大きく、現物分割、代償分割、換価分割、共有分割があります。

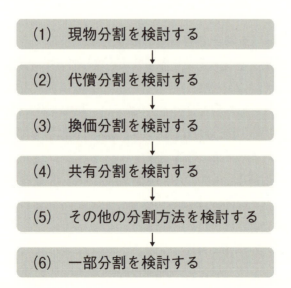

(1) 現物分割を検討する

現物分割は、遺産をあるがままの状態で分割する方法です。遺産を分割するに当た

っては、できる限り遺産があるがままの状態で分割することが望ましく、この方法が遺産分割の基本となります（最判昭30・5・31判時53・14）。この分割方法が困難な場合に、代償分割、換価分割が選択されることになります（大阪高決平14・6・5家月54・11・60）。

　現物分割には、①個々の物を2つ以上の部分に細分化し、その各部分を各共同相続人が取得する場合と、②個々の物を細分化しないで各共同相続人が取得する場合とがあります。

　例えば、一筆の土地を分筆して各共同相続人が取得する場合が①であり、数筆の土地を分筆することなく、各共同相続人が各筆の土地を取得する場合が②です。

　なお、株式を分割する場合には、単位未満株式を生じさせるような分割方法では株式の現物分割の目的を全うすることができないと否定的に解されている点に注意を要します（最判平12・7・11判時1724・36）。

アドバイス

○土地の現物分割

　土地を分筆して分割する場合、分筆登記が可能なように、各共同相続人が取得する土地部分を特定しなければなりませんので、土地の地積測量を行います。調停を成立させる場合、地積測量図を別紙として調停条項に添付する必要があります。また、分筆手続をとる場合には、境界確定も同時に行うことがあり、官民協定（公道との境界を確定する手続）を行う必要がある場合もあります。なお、分筆に当たり、建築関係法令を確認し、特に接道義務（建築基準法43）には注意しなければなりません。

○借地権の現物分割

　借地権の相続については、土地所有者（賃貸人）の承諾は不要と解されていますが（最判昭29・10・7判タ45・27）、借地権の範囲を細分化して現物分割をする場合には、土地所有者（賃貸人）の利益を害する可能性もありますので、その承諾を要すると思われます。

---

(2)　代償分割を検討する ■■■■■■■■■■■■■■■■■■■■■

　一部の相続人に、法定相続分を超える遺産を取得させ、他の相続人に対して債務を負担させる分割方法です（家事195）。すべての相続財産を1人に相続させて、他の相続人に対しては相続財産の評価額に応じた金銭を分配する方法や、一部の相続財産を現

物分割することによって一部の相続人の取得分が多くなってしまったときにその部分を金銭で支払わせて補填する方法があります。また、例えば、預金払戻手続を簡易化する目的で、1人の相続人に預金全部を取得させて、他の共同相続人に代償金を支払うという内容の調停を成立させる場合もあります。

ただし、家事事件手続法195条は、「特別の事情」がある場合に、現物分割に代えて代償分割が認められると規定しています。特別の事情があるというためには、代償金支払債務を負担させられる者にその支払能力があることが不可欠です（最決平12・9・7家月54・6・66）。

◆特別の事情

家事事件手続法195条の「特別の事情」というのは、遺産を現物分割することが物理的に不可能な場合（建物の分割など）や社会通念上不能な場合（土地の細分化による価値の著しい低下など）や特定の遺産に対する特定の相続人の利用を特に保護すべき場合（農業後継者に対する農地の承継）などを指しますが、前掲最高裁平成12年9月7日決定のとおり、代償金支払義務者に支払能力のあることが審判をするに当たって不可欠の事項です。なお、調停の成立まで望めないものの、共同相続人間で代償分割をすることについての合意がある場合にも特別の事情があるとして、それに沿った審判を行うことも考えられます。

アドバイス

○代償分割を求める場合の資料

　審判手続において、代償分割の方法を求める者は、代償金相当額の支払能力があることを示す資料の提出を求められます。当該相続人名義の代償金相当額の残高がある預貯金通帳の写しや残高証明書、あるいは、金融機関の融資証明書や自己所有不動産の買付証明書などが考えられます。

○代償金の支払方法と抵当権等の設定

　代償金の支払方法については、原則として、一括払いで、かつ、直ちに、例えば不動産の名義移転と引き換えになされるべきですが、事情によっては、支払猶予期間や分割払いを定め、利息を付す調停条項も可能ですし、さらに代償金の支払請求権を担保として抵当権を設定することも可能です。また、審判においても、1年から5年程度の支払猶予期間を設けたり、3年から10年程度の年賦払いを認める事例が多数見られます。また、利息を付した審判例もあり、代償金支払債務を被担保債務として抵当権の設定を認めた審判例もあります。

第3　遺産分割調停を行う　115

○代償分割における譲渡所得税の計算方法

　代償分割により遺産を取得した者に対しては、譲渡所得税や不動産取得税などは課せられません。代償金を受領した者に対しても贈与税は課せられず、当該代償金は一時所得ともなりません。これは、相続税の計算において既に課税されているからです。ただし、過分な代償金を支払ったような場合には、当該代償金が実質的な贈与に該当するとして、贈与税の対象となる余地はあります。

　他方、代償分割により遺産を取得した者が、当該遺産を売却した場合は、譲渡所得税が課せられることになります。この場合、支払った代償金を取得原価として控除することはできません（最判平6・9・13判時1513・97）。代償金は、相続分を超過した部分を支払ったものであり、当該相続財産を取得するための対価（売買代金等）として支払ったものではないからです。したがって、将来売却が予定されている財産について代償分割の方法を選択する場合には、譲渡所得税として支払予定がある金額も考慮する必要があります。

(3)　換価分割を検討する ■■■■■■■■■■■■■■■■■■■■■■

　換価分割とは、相続財産を売却し、売却代金を分配する方法です（家事194）。売却の方法には、任意売却をする方法、競売に付する方法とかあります。現物分割が不可能または相当でなく、かつ代償金の支払能力を有する相続人がいなかったり取得希望者がいなかったりして代償分割も困難な場合に換価分割が選択されます。例えば、相続人の一部が唯一の相続財産である不動産に居住しながら、他の相続人に対して代償金を支払う意思がなく、あるいは支払能力もないような場合では、不動産に居住している相続人は遺産分割に非協力的であることが多く、任意売却にも容易に応じないことから、換価分割を選択せざるを得ません。このような場合、多くは審判で競売が命じられることになります。ただし、競売代金は任意売却の場合より、低額になることが通常です。

アドバイス

○換価の方法と譲渡所得税

　換価分割（任意売却）をする際に、分割を先行する方法（分割先行型）と、換価を先行する方法（換価先行型）とがあります。

　例えば、使用しない不動産がある場合に、代金の分割割合を決めてから売却をする

116　第2章　遺産分割

場合を分割先行型、売却をしてから分割割合を決める場合を換価先行型といいます。

　相続による遺産の取得は相続開始時に生じたとされるので、換価分割は、相続開始時に取得済みの財産を第三者に譲渡したものとして、譲渡所得税の対象となります。

　分割先行型においては、各人の取得割合が決まっているため、各相続人がその取得割合で取得した遺産を各人が売却したとして、譲渡所得について、その割合に応じた申告・納税をすることになります。

　換価先行型においては、売却時に代金の配分割合が決まっていないので、各相続人は、原則として法定相続分による共有状態のまま譲渡したこととされ、譲渡所得について、法定相続分に応じた申告・納税をすることになります。申告後に、遺産分割において、法定相続分と異なる割合で代金を分割しても、譲渡所得の申告について更正の請求は認められません。ただし、譲渡所得税の申告期限である翌年の3月15日までに共同相続人全員が現実の取得割合に基づいて確定申告をした場合には、法定相続分による申告でなくても、認められることとされています。

(4)　共有分割を検討する ■■■■■■■■■■■■■■■■■■■■■■

　共有分割とは、特定の遺産を共同相続人の共有に帰属させる分割方法です。共有関係に属することになった遺産は、共有物分割請求（民258）によって分割をすることとなります。調停手続において共同相続人全員が共有分割を希望する場合や、被相続人の遺産が不動産の共有持分にすぎないような場合は別として、共有分割は紛争の先送りになりますのでできる限り避ける傾向にあります。

アドバイス

○共有分割の可能性

　依頼者があえて共有取得を希望する場合も少なくありません。例えば、遺産として1つの土地建物しかないような場合ですが、その目的は単に遺産分割を先延ばしするためであったり、感情的な嫌がらせだったりします。少なくとも、共有分割は紛争を後日に先送りすることになりますので、実務上、調停手続においても、審判においても、共有分割は最大限回避するように努めるものと思われます。大阪高裁平成14年6月5日決定（家月54・11・60）は、「共有とする分割方法は、やむを得ない次善の策として許される場合もないわけではないが、この方法は、そもそも遺産分割の目的と相反し、ただ紛争を先送りするだけで、何ら遺産に関する紛争の解決とならないことが予想さ

れるから、現物分割や代償分割はもとより、換価分割さえも困難な状況があるときに選択されるべき分割方法である。」と判示して、ほとんどの遺産を共有分割とした原審を取り消し、換価分割を命ずるのが相当であるとしています。

(5) その他の分割方法を検討する ■■■■■■■■■■■■■■■■■

特定の遺産（不動産）について、賃借権や使用借権などの用益権を設定することを命ずる分割方法もあります。これは、民法906条に基づく家庭裁判所の裁量処分として許されるものと考えられます。もっとも、用益権設定による分割の方法は、相続人間に継続的な権利関係を創設するものですから、その点に注意が必要です。次のような審判例があります。

① 居住者が移住先を準備するに必要な期間建物の一室を無償で使用させた事例（福井家審昭40・8・17判タ194・191）

② 持分を放棄した相続人に生存中建物の一部を無償で使用させた事例（浦和家審昭41・1・20判タ207・203）

③ 遺産たる土地と建物を別々に相続させたうえ、土地について22年間の建物所有目的の賃貸借契約の設定を認めた事例（富山家審昭42・1・27判タ222・254）

④ 設定される用益権について、使用貸借か賃貸借か、期間や賃料額等その諸条件を明示しなかった原審について差戻しの決定をした事例（福岡高決昭43・6・20判タ237・337）

(6) 一部分割を検討する ■■■■■■■■■■■■■■■■■■■■■

遺産分割においては、すべての遺産を1回の手続で分割することが望ましいのですが、例えば維持管理の費用がかかる一部の不動産を遺産分割手続完了まで保有することは不経済ですし、分割しやすい遺産を先に分割し、分割困難な遺産については別に協議をすることによって遺産分割を円滑に進める場合もあります。これまでにおいても、実務上、共同相続人間の合意で一部分割をすることはもとより、必要性と合理性があり、一部分割をしても残部の遺産分割手続において公平・適正な分割が可能であると認められる場合には家庭裁判所に対し一部分割請求（調停または審判の申立て）をすることが認められていました（大阪高決昭46・12・7判タ289・404）。平成30年改正民法は、これを明文化し、他の共同相続人の利益を害するおそれがない場合に限り一部分

割をすることができる旨規定しました（民907①②）。なお、預金債権について、遺産分割手続を経ずに、法定相続分に3分の1を乗じた額の支払を求められる制度が新設され、この場合も一部分割により取得したものとみなされます（民909の2）。

◆一部分割の要件

「他の共同相続人の利益を害するおそれがある場合」（民907②ただし書）とは、例えば、共同相続人中に特別受益が認められる可能性があるときや、同じく寄与分が認められる可能性があるときに、一部分割をしたことにより、残部の遺産分割をしても具体的相続分を取得できない相続人が生ずるような場合が想定されます。

◆家事事件手続法73条2項との関係について

一部審判に関する家事事件手続法73条2項との関係性については、遺産全部の分割が請求された場合に一部について分割をする場合が同法73条2項、遺産の一部についての分割が請求された場合に民法907条が適用されると解することが可能と思われます。

7 調停手続の終了

```
┌─────────────────────────────┐
│ （1） 調停を成立させる        │
└─────────────────────────────┘
              ↓
┌─────────────────────────────┐
│ （2） 調停調書を作成する      │
└─────────────────────────────┘
              ↓
┌─────────────────────────────┐
│ （3） その他の終了事由を確認する │
└─────────────────────────────┘
```

（1） 調停を成立させる ■■■■■■■■■■■■■■■■■■■■■■■■■■

調停が成立する段階になると、調停委員会で評議を行います。この評議のときまでに、調停委員会は、調停条項案の確認、相続人の確認（すべての相続人が関与しているか、住所に変更がないかどうかなど）を行っておきます。評議が終了すると、当事者、裁判官、調停委員、裁判所書記官が同席の上、調停調書の条項を確認することになります。当事者は、出頭できない当事者について事前に書面による受諾を得ている場合（家事270①）を除き、すべての当事者が参加します。相続分を譲渡した当事者は、

当事者適格を失うものと解されており、調停への出席は必要ありません。

　調停は確定判決と同一の効力を生じるため、給付条項（金銭の支払を目的とするものや不動産の移転登記手続を目的とするもの）については、万が一の時に強制執行をすることができるような条項としたり、法務局で移転登記請求を受理してもらえるような条項を記載しておく必要があります。

アドバイス

○受諾調停

　当事者が遠隔地に居住していることその他の事由により出頭することが困難であると認められる場合において、その当事者があらかじめ調停委員会から呈示された調停条項案を受諾する旨の書面を提出し、他の出頭当事者がこれを受諾したときは、合意が成立したものとみなす制度があります（家事270）。

◆利益相反

　共同相続人同士は、法律上、利害が対立する関係に立ちます。調停の段階では、複数の共同相続人の代理人として、活動することもできますが、調停成立時には、相続人1人だけの代理人となり、他の共同相続人の代理人を辞任する、もしくは申述書を提出しておく必要があります。

◆不在者財産管理人が遺産分割調停に参画する場合

　相続人に所在が不明な者がいるなどして、遺産分割手続を進められないような場合には、不在者財産管理人の選任を申し立てる必要があります（民25、家事145以下）。不在者財産管理人が調停案を受諾する場合には、事前に家庭裁判所の許可を受ける必要があるとされています（民28）。複数の不在者がいたとしても、不在者財産管理人が法定相続分に従って財産の分配を受ける限り利益相反とならないとして、複数の不在者財産管理人を同一人に委ねる取扱いをすることもあります。

(2)　調停調書を作成する ■■■■■■■■■■■■■■■■■■■■■

　調停において、当事者間に合意が成立し、調停委員会（通常は、裁判官と調停委員2名により構成されます）がその合意内容を相当と認め、これを調書に記載したときは、調停が成立したものとして、その記載は確定判決と同一の効力を有するものとされて

120　第2章　遺産分割

います（家事268①）。当事者が遠隔地に居住しているなどの事情で、調停に出頭することが困難な場合には、出頭が困難な当事者があらかじめ調停委員会から示された調停条項案を受諾する内容の書面を提出し、調停期日に出頭した当事者がこの調停条項案を受諾したときは、調停が成立したものとみなされます（家事270①）。

アドバイス

○調停委員会が認めない条項

　当事者間において、遺産分割の方法について合意が得られていたとしても、調停委員会が調書に記載することができないとして、調停条項とすることを拒むケースがあります。例えば、不動産については○○へ、預貯金については○○へ、その他一切の動産については○○へ、といった合意をすることが良くあると思いますが、この「その他一切の動産」という記載は、特定性に欠けるとして、調停調書に記載ができないと断られることがあります。

　相続税の申告の際に、「その他一切の動産（遺産）」について、相当と思われる評価を行っており、それを遺産分割の際の具体的相続分算定において考慮したとしても、調停調書には記載されないこともあり、後日、修正申告（当初の相続税額よりも多くなった場合に行う方法）や更正の請求（当初の相続税額より少なくなり還付を受けようとする場合に行う方法）を行おうとした際に、調停調書の遺産目録の記載と、申告書等の遺産の記載とが一致しないという事態が生じることがあります。

　取扱いは裁判所により異なることもありますが、上記のような場合は、当事者間で別途その余の財産についての分配方法を合意しておく方法が考えられます。

---

(3)　その他の終了事由を確認する　■■■■■■■■■■■■■■■■

◆調停に代わる審判

　調停が成立しない場合であっても、家庭裁判所が相当と認めるときは、一切の事情を考慮し、調停に代わる審判を行うことができるとされています（家事284①）。

　当事者は、この審判から2週間以内に異議を申し立てることができます（家事286①②・279②）。異議の申立てが適法になされた場合、審判は効力を失うものとされています（家事286⑤）。異議の申立てがなく2週間を経過したときは、調停に代わる審判は確定判決と同一の効力を有するものとされています（家事289）。

　詳しくは、**本章第4　遺産分割審判を行う**をご参照ください。

第3　遺産分割調停を行う　121

◆調停の不成立

調停委員会が、当事者間に合意が成立する見込みがない場合や、成立した合意が相当でないと認める場合には、調停が成立しないものとして、調停不成立（不調）として、調停を終了させることができます（家事272①）。遺産分割調停が不調となった場合には、審判手続に移行します（家事272④・別表第1⑫〜⑭）。

◆調停の取下げ

申立人は、家事調停が成立するまでに、調停の全部または一部を取り下げることができます（家事273①）。取下げは書面で行う必要があり、調停が取り下げられると最初から調停が係属していなかったものとみなされますが（家事273②、民訴261③・262①）、この取下げには相手方の同意は必要とされていません（家事273②は民訴261②を準用していないため）。

◆調停をしない場合

調停委員会は、事件が調停をするのに適当でないと認めるときや、当事者が不当な目的でみだりに調停の申立てをしたと認められるときは、調停をしないで調停事件を終了させることができるとされています（家事271）。

8 調停内容を実現する

調停において当事者間に合意が成立し、これを調書に記載したときは、調停が成立したものとされ、別表第2の事件である遺産分割調停においては、審判と同一の効力を有します（家事268①・39）。

そこで、調停内容の実現に非協力的な相続人がいる場合、強制執行の手続によることになります。金銭の支払、物の引渡し、登記義務の履行その他の給付を命ずる審判は、執行力のある債務名義と同一の効力を有するとされており、執行文の付与は不要とされています（家事75）ので、この点は調停についても同様です。ただし、条件執行文・承継執行文の付与は必要となります（民執27①②）。

122   第2章   遺産分割

【参考書式17】 遺産分割調停申立書

遺産分割調停申立書

令和○年○月○日

○○家庭裁判所   御中

申立手続代理人   弁護士   乙川賢一

（当事者の表示   略）

（被相続人の表示   略）

申立ての趣旨

被相続人の遺産の分割の調停を求める。

申立ての理由

1   申立人は、被相続人の長男であり、相続人である。

2   被相続人は、令和○年○月○日、死亡した。

3   被相続人には別紙遺産目録記載の遺産があるが、相続人間で協議が調わない。

4   よって、本申立てに及んだ次第である。

以上

当事者目録（略）

遺産目録（略）

第4 遺産分割審判を行う

＜フローチャート～遺産分割審判＞

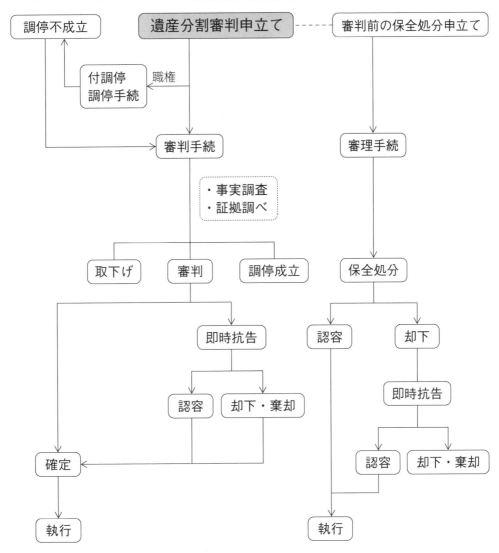

124　第2章　遺産分割

1 審判手続の開始

```
(1)　審判を申し立てる
　　　↓
(2)　申立書を作成する
　　　↓
(3)　添付書類を準備する
```

(1)　審判を申し立てる ■■■■■■■■■■■■■■■■■■■■■■

　共同相続人間に遺産分割の協議が調わないとき、または協議をすることができないときは、各共同相続人は、その全部または一部の分割を家庭裁判所に請求することができます（民907②）。

　遺産分割審判は、相続が開始した地（被相続人の最後の住所地、民883）を管轄する家庭裁判所の管轄に属します（家事191①）。当事者が合意により、管轄を定めることもできます（家事66①）。

◆付調停

　家庭裁判所は、遺産分割審判事件が係属している場合、当事者の意見を聴いて、いつでも職権で当該事件を家事調停に付することができます（家事274①）。家庭裁判所がこの決定をするに当たっては、当事者の意見に拘束されることはありません。遺産分割の審判を申し立てても、まずは話合いを試みるべく、調停に付されることが多いのが実務です。

　前述のように、遺産分割審判の管轄は相続開始地ですが、遺産分割調停の管轄は、相手方の住所地（家事245①）なので、遺産分割審判が申し立てられた家庭裁判所には調停の管轄がないことが起き得ます。家庭裁判所が、遺産分割審判を調停に付す場合、調停管轄のある別の裁判所の調停に付することが原則ですが（家事274②本文）、自らこれを処理することもできます（家事274②ただし書）。

◆調停手続からの移行

　遺産分割調停が不成立で終了した場合には、調停の申立ての時に、遺産分割の審判

の申立てがあったものとみなされます（家事272④）。この場合、あらためて審判申立書を提出する必要はありません。

　前記のとおり、遺産分割調停の管轄は相手方の住所地（家事245①）なので、相手方の住所地と相続開始地が異なっている場合には、調停を行っていた家庭裁判所には審判管轄がないことが起こり得ます。家事事件手続法9条1項本文は、管轄のない事件を管轄裁判所に移送することを原則としていますが、実務上、調停を行ってきた家庭裁判所で審判を行っていることが多いと思われます（家事9①ただし書）。

　調停が不成立となった期日には、裁判官より、審判に移行することに加え、相続人の範囲、審判対象となる遺産の範囲、遺産の評価、特別受益や寄与分についての主張、分割方法についての主張等の確認があり、適宜主張書面の提出や立証を促されます。

◆寄与分を定める処分の審判事件の管轄

　寄与分を定める処分の審判事件の管轄は、遺産分割の審判事件の管轄に属します（家事191②）。寄与分を定める処分の審判申立てをするには、当該被相続人に関する遺産分割審判が家庭裁判所に係属していることが要件とされていますので（民904の2④）、遺産分割調停が審判に移行した場合には、審判が係属する家庭裁判所に寄与分を定める処分の審判を申し立てることになります。

(2)　申立書を作成する　■■■■■■■■■■■■■■■■■■■■■■■■

　家事審判の申立ては、申立書を家庭裁判所に提出してしなければならず（家事49①）、申立書には「当事者及び法定代理人」「申立ての趣旨及び理由」を記載しなければなりません（家事49②）。

【参考書式18】遺産分割審判申立書

アドバイス

○遺産分割調停が審判に移行した場合の寄与分の申立て

　　前述のとおり、遺産分割調停については、改めて審判申立書を提出する必要はありませんが、寄与分についても審判を求める場合は、寄与分を調停の中で主張し、書面提出をしていた場合も、新たに寄与分を定める処分審判申立書を提出する必要があります。

126　第2章　遺産分割

【参考書式19】寄与分を定める処分審判申立書

(3)　添付書類を準備する ■■■■■■■■■■■■■■■■■■■■■

　申立書には、①被相続人について相続が開始したこと及びその相続人を示す書類、②審判の対象となる遺産の内容及び価値を示す書類を添付する必要があります。添付書類については、**本章第3 1 調停の申立て**をご参照ください。

◆申立費用

　申立費用として、収入印紙1,200円が必要です（民訴費3・別表第一15の2）。予納郵券は、各家庭裁判所に確認してください。

2 審判手続の流れ

> (1)　審理の方法を確認する
> ↓
> (2)　事実の調査と証拠調べを把握する
> ↓
> (3)　審理手続の終結を把握する

(1)　審理の方法を確認する ■■■■■■■■■■■■■■■■■■■■

　家庭裁判所が、審判手続の期日に事件の関係人を呼び出して行います（家事51①）。家事審判事件においては職権探知主義が採用されており（家事56①）、非公開でなされます（家事33）。

　一方、遺産分割事件のような家事調停をすることができる事件については、当事者主義的な運用も採用されています。そのため、当事者に反論の機会を保障すべく、家事審判の申立書の写しを相手方らに送付したり（家事67①）、審問が行われる場合に他の当事者に立ち会わせる（家事69）、記録の謄写・閲覧を認める（家事47）等の規定がおかれています。

◆音声の送受信による通話の方法による手続

　家庭裁判所は、当事者が遠隔の地に居住しているときその他相当と認めるときは、当事者の意見を聴いて、家庭裁判所および当事者双方が音声の送受信により同時に通話をすることができる方法によって、審判手続を行うことができます（家事54①）。ただし証拠調べはこの方法によることはできません。

アドバイス

○当事者主義的な運用

　遺産分割審判には、民事訴訟における弁論主義や民事訴訟法179条の適用はありません（家事64）。しかしながら、実際の審理では双方に主張を確認し、争いのない事実については立証を求めることなく審理の前提とし、争いのある事実については主張を確認して立証をさせる手法が取られています。

---

(2)　事実の調査と証拠調べを把握する　■■■■■■■■■■■■■

　家庭裁判所は、「職権で事実の調査をし、かつ、申立てにより又は職権で、必要と認める証拠調べをしなければならない」とされています（家事56①）。前述のように、遺産分割においては審判に先立って調停が行われていることが多いですから、家庭裁判所は当事者が提出した書面（調停において提出したものを含みます）や資料から事実の調査を行います。また家庭裁判所は、遺産分割審判においては、当事者の陳述を聴かなければならないとされており（家事68①）、出頭した当事者に対し、口頭で主張の確認等がなされます。

　家庭裁判所が事実の調査を行ったときには当事者および利害関係参加人に通知しなければならないとされています（家事70）。実務上は、この旨のファクシミリが当事者らに送られます。

(3)　審理手続の終結を把握する　■■■■■■■■■■■■■■■

　遺産分割審判事件は、審判、審判申立ての取下げ、調停の成立により終了します。

◆審　判

　家庭裁判所は、事実の調査および証拠調べ等の審理を終結したときは、相当の猶予

期間を置いて、審理を終結する日を定めなければなりません（家事71本文）。当事者双方が立ち会うことができる家事審判の手続の期日においては、直ちに審理を終結する旨を宣言することができます（家事71ただし書）。家庭裁判所は、審理を終結したときは、審判をする日を定めなければなりません（家事72）。

　審判は、告知されなければなりませんが（家事74②）、これは審判書の謄本を送達することで行われます。審判は、即時抗告の期間の満了前には効力を生じません（家事74②ただし書）。

　遺産分割の審判に対しては、当事者が即時抗告することができ（家事198）、2週間以内にこれをしなければなりません（家事86①）。即時抗告期間の満了により審判は確定します（家事74④）。

◆審判申立ての取下げ

　遺産分割審判の申立ては、審判が確定するまで、その全部または一部を取り下げることができます（家事82②本文）。ただし、審判がされた後は、相手方の同意を得なければその効力は生じません（家事82②ただし書）。

◆調停の成立等

　家庭裁判所は、遺産分割審判事件が係属している場合、いつでも職権で、事件を家事調停に付することができます（家事274①）。この場合、家事審判事件が係属している裁判所は、家事調停事件が終了するまで、家事審判の手続を中止することができます（家事275②）。この調停が成立するか、または調停に代わる審判（家事284）が確定したときには、当該家事審判事件は終了します（家事276②）。

3 審判前の保全処分

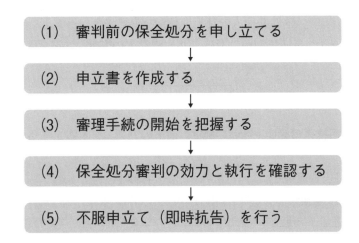

(1) 審判前の保全処分を申し立てる

　本案の家事審判事件（家事審判事件に係る事項について家事調停の申立てがあった場合にあっては、その家事調停事件）が係属する家庭裁判所は、家事事件手続法の定めるところにより、仮差押え、仮処分、財産の管理者の選任その他の必要な保全処分を命ずる審判をすることができます（家事105）。審判の申立てから審判が確定するまでの間に（調停の申立てから調停成立もしくは審判確定までの間ともいえます）、事件関係人による財産の売却等により将来の権利の実現が困難になったり、事件関係人の生活が困窮する事態が生じるおそれがあることから、暫定的に関係者間の権利義務を形成して権利者の保護を図るために設けられた制度です。

◆遺産分割事件において、審判前の保全処分を申し立てることができる事項
　家事事件手続法200条で以下のように定められています。
① 財産の管理のため必要があるとき、財産の管理者を選任し、または事件関係人に対し、財産の管理に関する事項を指示することができる（1項）。
② 強制執行を保全し、または事件関係人の急迫の危険を防止するため必要があるとき、仮差押え、仮処分その他必要な保全処分を命ずることができる（2項）。
　平成31年7月から新しく加わった事項として、
③ 相続財産に属する債務の弁済、相続人の生活費の支弁その他の事情により、申立

130 第2章 遺産分割

てをした者または相手方が遺産に属する預貯金債権を行使する必要があるとき、遺産に属する特定の預貯金債権の全部または一部を仮に取得させることができる（3項）。

要件として、2項の「事件関係人の急迫の危険を防止」という厳しい要件はなく、民法909条の2とともに、遺産分割前における共同相続人の利便に応えた制度といえます。

アドバイス

○訴訟事項（相続人の範囲、遺産の範囲、遺言の効力）を本案とする保全処分の可否

　　民事保全法上の仮処分によるべきであって、審判前の保全処分によることはできません。例えば、遺産性に争いのある物件について、相続人の1人が自己の財産であると主張して、遺産分割事件を本案とする審判前の保全処分により当該物件の処分禁止の仮処分を申し立てることはできません（大阪家審昭58・9・20家月36・9・93）。

---

(2) 申立書を作成する ■■■■■■■■■■■■■■■■■■■■■■

審判前の保全処分は、申立てにより開始するのが通常です。申立ては、書面でしなければならないとされています（家事49①）。

◆申立てをすることができる者

家事事件手続法200条1項は、利害関係人であることを要すると解されています。同2、3項は、遺産分割審判（調停）の申立人または相手方がなし得ます。

◆管　轄

遺産分割審判（調停）が係属している家庭裁判所になります。本案審判事件が高等裁判所に係属する場合には、その高等裁判所が管轄になります（家事105）。

◆記載事項

申立ての趣旨と保全を求める理由を明示しなければなりません（家事106）。

① 家事事件手続法200条1項の場合

　　申立ての趣旨としては、「被相続人○○の遺産の管理者を選任する審判を求める」になります。

保全を求める理由としては、まず、本案（調停中でも審判に付されたとしたら）が認容される蓋然性があること、すなわち、「申立人が相続人その他の利害関係人（相続分の譲渡を受けた者など）であり遺産分割を受ける地位にある事」（2項、3項についても共通です）および「管理を有する遺産がある事」を記載します。

さらに、保全の必要性を記載します。遺産の管理がなされていない、または、遺産の管理が不適切である、という事情により、審判が適正になされない、または、強制執行による権利実現が困難となる、といった事情を具体的に記載します。

② 同2項の場合

申立ての趣旨としては、金額を明らかにしての金銭の仮払いや特定物の仮差押えまたは仮処分を求めることになります。

本案認容の蓋然性として、仮払いを求める金銭や仮差押え、仮処分を求める特定物が遺産であることを記載します。

保全の必要性としては、強制執行を保全し、または事件関係人の急迫の危険を防止するため必要があるとき、という要件が付されており、具体的な記載が求められます。

③ 同3項の場合

申立ての趣旨としては、「遺産に属する預貯金債権○○の全部又は一部を○○に仮に取得させる」となります。

保全の必要性として、相続財産に属する債務の弁済、相続人の生活費の支弁その他遺産分割が終了するまでの間にこれを行使する必要があることを主張するとともに、取得によって他の共同相続人の利益を害することがないことを記載します。

【参考書式20】審判前の保全処分申立書（仮分割）

(3) 審理手続の開始を把握する ■■■■■■■■■■■■■■■■

申立書に記された本案認容の蓋然性と保全の必要性について審理されますが、申立人はこれらを疎明しなければならないとされています（家事106②）。審判前の保全処分の手続は、迅速に行われることが求められていることから、本案の家事審判の審理（家事56）とは異なり、申立人に疎明義務を負わせています。

もっとも家庭裁判所は、保全処分の申立てがあった場合において、必要があると認めるときは、職権で、事実の調査および証拠調べをすることができる（家事106③）とされており、家庭裁判所の後見的な役割がすべて排除されているわけではありません。

132　第2章　遺産分割

◆担　保

家事事件手続法200条1項の保全処分については、担保は不要です。

同2項、3項の保全処分は、担保を立てさせ、もしくは相当と認める一定の期間内に担保を立てることを保全執行の実施の条件として、または担保を立てさせないで発することができます（家事109③、民保14）。担保の額は、本案審判認容の蓋然性や、保全処分に基づく相手方の損害発生の可能性の程度によって異なります。民事保全処分の額が一応の参考になります。

◆記録の閲覧等について

審判前の保全処分の密行性に配慮し、本案の取扱い（家事47③）とは異なり、審判前の保全処分事件における審判を受ける者となるべき者に対し、当該事件が係属したことを通知し、または審判前の保全処分を告知するまでは、閲覧等の申立てを相当と認める場合に限って、これを許可することができると規定しています（家事108）。

（4）　保全処分審判の効力と執行を確認する　■■■■■■■■■■■■

◆保全処分の審判

申立てが手続的要件を充足し、保全処分を求める理由について疎明がなされたときは、認容の審判がなされます。他方、申立てがこれらを欠いていれば、却下の審判がなされます。

◆審判の効力の発生

保全処分の審判（却下審判は除きます）は、審判を受ける者に告知することによって、その効力を生じます（家事74②本文）。保全処分の審判が緊急を要し、また暫定的であることから、家事事件手続法74条2項ただし書（即時抗告をすることができる審判は、確定しなければその効力を生じない）の適用はありません。

遺産管理人の選任等の場合、保全処分は、形成力を有し、対世効が認められますので、管理者に選任された者は実体法上の管理権を有し、これを第三者に主張することができます。この保全処分の効力の終期は、「遺産の分割の申立てについての審判が効力を生ずるまで」とされています（家事200①）。

仮差押え、仮処分の場合は、保全処分の内容が強制執行に適したものである限り、執行力を有します（家事109③）。これらの保全処分の効力は、この処分の内容に沿った本案の審判が効力を生じた場合には、本執行の着手まで続きます。他方、保全処分の

内容に沿わない審判がなされた場合は、審判前の保全処分はその取消しの審判により失効すると考えられています（家事112）。

　審判手続から、調停に付され、調停が成立した場合には、保全処分を取り下げる旨を調停条項に入れ、取下書を提出させるのが実務の取扱いのようです。

◆保全処分の執行

　審判前の保全処分の執行および効力は、民事保全法その他の仮差押えおよび仮処分の執行に関する法令の規定に従って行います（家事109③）。

　したがって、保全処分を債務名義として強制執行する場合、当事者に承継が生じない限り執行分の付与を要しません（民保43①）。申立人（債権者）に対して保全命令が送達された日から2週間以内に執行する必要がありますが（民保43②）、保全命令が相手方（債務者）に送達されることを要しません（民保43③）。

(5)　不服申立て（即時抗告）を行う　■■■■■■■■■■■■■■■■

　審判前の保全処分の申立人は、申立てを却下する審判に対し、即時抗告をすることができます（家事110本文）。ただし、家事事件手続法200条1項の規定による財産の管理者の選任または財産の管理等に関する指示の保全処分審判に対しては即時抗告をすることができません（家事110①ただし書一）。

　即時抗告期間等の詳細は、後掲 4 　不服申立てを参照してください。

4 不服申立て

```
(1)  不服申立てをする
        ↓
(2)  不服申立書を作成する
        ↓
(3)  抗告審の審理を把握する
```

(1)　不服申立てをする ■■■■■■■■■■■■■■■■■■■■■■

　遺産分割審判に不服がある場合は、即時抗告をすることができます（家事85・198①）。即時抗告の期間は、即時抗告をする者が審判の告知を受けた日から2週間です（家事86）。

◆遺産分割の審判事件と寄与分を定める処分の審判事件が併合されていた場合
　寄与分を定める処分の審判またはその申立てを却下する審判に対しては、独立して即時抗告をすることができません（家事198②）。また数人から寄与分を定める処分の審判が申し立てられている場合は、申立人の1人がした即時抗告は、申立人の全員に対して効力を生じます（家事198③）。

(2)　不服申立書を作成する ■■■■■■■■■■■■■■■■■■■■■

　即時抗告は、抗告状を原裁判所に提出して行います（家事87①）。抗告状には、「当事者及び法定代理人」「原審判の表示及びその審判に対して即時抗告をする旨」を記載します（家事87②）。

(3)　抗告審の審理を把握する ■■■■■■■■■■■■■■■■■■■■

◆抗告状等の送付
　即時抗告がなされた場合には、抗告裁判所は、原則として原審における当事者および利害関係参加人（抗告人を除きます）に対し、抗告状の写しを送付しなければなりません（家事88）。そのため、審判に対する即時抗告をするときには、抗告状には、原審

における当事者および利害関係参加人（抗告人を除きます）の数と同数の写しを添付することが求められます（家事規54）。

◆抗告理由書の提出

　抗告状に原審判の取消しまたは変更を求める事由の具体的な記載がないときは、抗告人は即時抗告の提起後14日以内に、これらを記載した書面を原裁判所に提出しなければなりません（家事規55①）。写しを付することは、抗告状と同様です（家事規55②）。

① 抗告状等への反論

　　抗告裁判所から相手方に対し、抗告状や抗告理由書に対する反論や資料があれば、期限までに提出するように求められます。

② 審理の終結日および決定日の告知、事実調査の通知

　　抗告審においても、審理の終結日（家事71）および決定日（家事72）を定め、それを通知します（家事93・71・72）。また事実調査を行った旨も通知されます（家事93・70）。

③ 抗告審の裁判

　　抗告裁判所は、即時抗告について決定で裁判をします（家事91①）。抗告裁判所は、即時抗告を理由があると認める場合には、原則として自判します（家事91②）。定められた決定日経過後に決定書が当事者に送られます。

136　第2章　遺産分割

5　調停に代わる審判

> (1)　調停に代わる審判の意義を確認する
> ↓
> (2)　調停に代わる審判の活用を検討する
> ↓
> (3)　調停に代わる審判の確定を確認する

(1)　調停に代わる審判の意義を確認する　■■■■■■■■■■■■

　家庭裁判所は、調停が成立しない場合において相当と認めるときは、当事者双方のために公平に考慮し、一切の事情を考慮して、職権で、事件の解決のため必要な審判をすることができます（家事284①）。家事審判法では、遺産分割事件などの乙類審判事件は、調停に代わる審判の対象ではありませんでしたが（家審24②）、家事事件手続法では、対象が別表第2事件にも拡大されました。

(2)　調停に代わる審判の活用を検討する　■■■■■■■■■■■■

　調停に代わる審判では、金銭の支払その他の財産上の給付その他の給付を命ずることができるとされており（家事284③）、その主文は遺産分割審判と同様な内容になります。

　遺産分割事件では、当事者が多い、とか、遺産分割に対して積極的に意思表明をしないなど不熱心な者がいる、といったことが見受けられます。当事者が多ければ、調停成立時に全員の出席が確保できないということがありますし、不熱心な共同相続人がいれば、出席当事者間では、遺産分割の合意が成立していながら、通常の調停成立ができないことになります。このような場合に、出席を重ねてきた当事者間において合意がされている分割案で調停に代わる審判をし、異議が出されずにこれが確定すれば、審判より簡便に遺産分割をすることができます。

───────────┤　アドバイス　├───────────

○意向調査等
　家庭裁判所は、遺産分割調停において、当事者全員から何らかの意思表明を得るた

めの手続を取っています。第一に申立書に対する考えを述べてもらうために、答弁書の書式を添えます。また、欠席当事者に対しては、期日ごとに呼出状を送るとともに、他の当事者から提出された主張書面や資料を送付します。

　調停に代わる審判をするに際しても、「このような内容の分割をすることで異論がないか」という書面を家庭裁判所調査官に指示して送ること（意向調査）を先行するなどもします。このような手続を重ねても、全く意思表明がない、ということであると調停に代わる審判の前に、当事者に所在確認等を求めることもあります。

(3)　調停に代わる審判の確定を確認する　■■■■■■■■■■■■■

　調停に代わる審判は、告知から2週間内に異議がなされなかった場合に確定します（家事286②・279②③）。適法な異議の申立てがあったときは、調停に代わる審判は効力を失い、家事調停の申立てがされた時に、当該事項についての家事審判の申立てがあったものとみなされます（家事286⑦）。

　調停に代わる審判の告知は、公示送達の方法によることができないため（家事285②）、これ以外の方法による送達ができないときは、家庭裁判所はこれを取り消さなければなりません（家事285③）。

6　審判内容を実行する

　金銭の支払、物の引渡し、登記義務の履行その他の給付を命ずる審判は、執行力のある債務名義と同一の効力を有します（家事75）。

　審判に基づく強制執行は、民事執行法の規定に従って行います。遺産分割審判は、前述のとおり「執行力のある債務名義と同一の効力を有」しますので、執行文（単純執行文）の付与は必要ないと解されています。ただし、執行が条件に係る場合や当事者に承継があった場合には、条件執行文や承継執行文を得なければなりません（民執27）。

138   第2章   遺産分割

【参考書式18】遺産分割審判申立書

遺産分割審判申立書

令和○年○月○日

○○家庭裁判所　御　中

申立人代理人弁護士　乙　川　次　郎　㊞

（当事者の表示　　略）

（被相続人の表示　略）

申立ての趣旨

被相続人の遺産の分割の審判を求める。

申立ての理由

1　被相続人は、令和○年○月○日死亡し、その法定相続人は、申立人と相手方の
　　2名である。
2　被相続人の遺産は、別紙遺産目録記載のとおり、預貯金のみである。しかし、
　　相手方は数十年来、被相続人や申立人との連絡を拒否しており、遺産分割につい
　　ての話し合いは到底できない状況にある。
3　よって、遺産分割の審判を求めるため、本申立てに及んだ次第である。

添付書類　（略）

遺産目録　（略）

【参考書式19】 寄与分を定める処分審判申立書

寄与分を定める処分審判申立書

令和○年○月○日

○○家庭裁判所　御　中

申立人代理人弁護士　乙　川　次　郎　㊞

（当事者の表示　　略）

（被相続人の表示　　略）

申立ての趣旨

申立人の寄与分を定める審判を求める。

申立ての理由

1　申立人は被相続人の長男である。

2　被相続人は、昭和○年ころから、酒屋を経営してきた。申立人は、平成○年中学を卒業と同時に酒屋を手伝うようになり、高校生ころまでは配達の仕事を手伝うのみであったが、高校卒業後は仕入や商品管理の業務も行うようになって、被相続人死亡まで家業に専念してきた。この間申立人は、時折、被相続人から小遣い程度の金銭を受け取っていたものの、無報酬で労働に従事してきた。

3　申立人は上記労働の提供によって被相続人の財産の維持、増加に寄与してきたが、相手方らはこれを否定している。

4　現在、御庁令和○年（家）第○号遺産分割審判事件が継続しているが、申立人の寄与分を定めるため、本申立てに及んだ。

添付書類（略）

140　第2章　遺産分割

【参考書式20】審判前の保全処分申立書（仮分割）

審判前の保全処分申立書（仮分割）

令和○年○月○日

○○家庭裁判所　御中

申立手続代理人　弁護士　乙川賢一

　　　　（当事者の表示　　略）

　　　　（被相続人の表示　略）

求める保全処分

1　被相続人○○（令和○年○月○日死亡）の遺産である別紙債権目録記載の預金債権を、同目録記載の申立人取得額のとおり申立人に仮に取得させる。

2　申立人は、別紙債権目録記載の金融機関から前項の取得額の払い戻しを受けることができる。

保全処分を求める理由

1　申立人は、被相続人の長男である。

2　被相続人は、令和○年○月○日に死亡し、その葬儀のため○円の支払が必要となった。

3　申立人は、相手方に対し、その支払を被相続人の預金から行うことについての同意を求めたものの、相手方はこれを拒絶したため、葬儀代の支払を行えない状況である。

4　このような事情から、葬儀費用を支弁するために「求める保全処分」のとおりの審判を求めるものである。

以上

　　　　　　　　当事者目録（略）

　　　　　　　　遺産目録（略）

第4　遺産分割審判を行う　　141

```
┌─────────────────────────────────────────────────┐
│                                                         │
│                    債権目録                             │
│   1  預金債権                                          │
│        ○○銀行　○○支店                              │
│        普通預金                                        │
│        口座番号　○○                                  │
│        残高　　　○○円（令和○年○月○日現在）       │
│                                                         │
│                                                         │
│   2  申立人の取得額                                    │
│        上記1の預金債権のうち                          │
│              金○○円                                   │
│                                                         │
│                                                 以上   │
│                                                         │
│                                                         │
└─────────────────────────────────────────────────┘
```

◆　添付書類

　戸籍関係書類、住所関係書類、遺産関係書類、申立人および同居家族の収入資料、申立人および同居家族の支出資料、報告書、陳述書等

第5 遺産分割後の紛争を解決する

＜フローチャート～遺産分割後の紛争＞

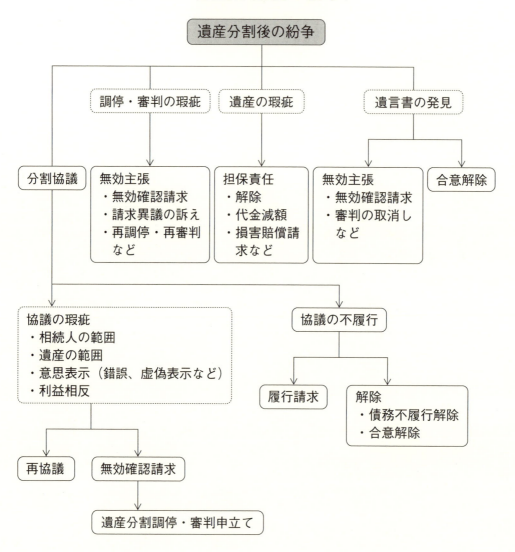

1 遺産分割協議の瑕疵

(1) 相続人が協議から除外されていた場合を検討する

↓

(2) 相続人でない者が協議の当事者となっていた場合を検討する

↓

(3) 遺産の範囲に瑕疵があった場合を検討する

↓

(4) 意思表示の瑕疵があった場合を検討する

↓

(5) 利益相反があった場合を検討する

(1) 相続人が協議から除外されていた場合を検討する ■■■■■■■

　遺産分割協議当時、戸籍上判明していた相続人を除外してなされた遺産分割協議は当然に無効となります。除外された相続人を含めて再協議が必要となります。なお、遺産分割協議当時、胎児が存在している場合には胎児に相続権がありますので、この胎児を除外してなされた遺産分割協議は、胎児が生きて生まれた場合には無効となりますが、死体で生まれたときには瑕疵が治癒されるものと解されます（民886）。

◆失踪宣告の取消があった場合

　共同相続人となるべき者が失踪宣告を受けていたため、その者を除外して遺産分割協議がなされた後に宣告が取り消された場合、失踪宣告が初めからなされなかったことになりますので、当該遺産分割協議は相続人を除外してなされたものとして無効ではないかとの問題があります。しかし、その者が生存していることを知りながらなされた遺産分割協議は無効というべきですが、知らなかった場合には法定安定性の見地から有効であると解する余地があるように思います（民32②類推）。

◆死後認知判決・遺言認知があった場合

　遺産分割協議後に死後認知判決あるいは遺言認知により相続人の資格を取得した場合には遺産分割協議は無効とならず、当該相続人は価額支払請求権を取得するにとどまります（民910）。

(2)　相続人でない者が協議の当事者となっていた場合を検討する　■■

　相続人でない者が協議の当事者となっていた場合としては、遺産分割協議成立時に相続人でなかった場合と、遺産分割協議成立時に遡って相続人でなくなった場合とが考えられます。前者は、戸籍上の記載の過誤による表見相続人が協議に加わっていた場合や不在者財産管理人が代理して協議したものの不在者が被相続人より先に死亡していた場合などです。後者は、推定相続人に対する廃除審判、嫡出否認判決、認知無効確認判決などにより遡及的に相続人でなくなった場合です。

　考え方として2つあると思われます。すなわち、遺産分割協議が多数当事者間の1個の契約であると考えますと、当事者でない者が契約を締結したことになりますから、協議の不成立ないし無効として遺産分割協議をやり直さなければならないという考え方です。しかし、法定安定性を考えますと、一律に不成立ないし無効とまでいう必要もないように思えます。そこで、もう1つの考え方としては、相続人でなかった者は無権利者ですから、この者から遺産を取り戻せば足り、その遺産についてあらためて遺産分割協議を行うというものです。つまり、他の遺産に関する分割協議は有効であるという考え方です。相続人でない者が当事者として参加していなければそのような遺産分割協議をしなかったであろうことが社会通念上認められるようなときかどうか（いわば錯誤といえるような状況であったかどうか）によって方向性が分かれるように思われます。

(3)　遺産の範囲に瑕疵があった場合を検討する　■■■■■■■■■■

　遺産分割協議の対象とした財産の中に遺産ではない財産があったことが判明した場合、または遺産から漏れていた財産があったことが判明した場合、あるいは知らなかった債務の存在が判明した場合など、遺産分割協議における遺産の範囲に瑕疵がある場合があります。

◆遺産ではない財産があった場合

　例えば、遺産分割協議により絵画を取得したが、その後第三者が絵画の売買契約書と代金支払の証拠を持参して絵画が遺産ではなかったことが判明したような場合です。

　このような場合、民法911条は、「各共同相続人は、他の共同相続人に対して、売主と同じく、その相続分に応じて担保の責任を負う。」と規定していますので、民法560

条、561条（平成29年民法改正により令和2年4月1日以降は民法561条、565条、564条）を準用すると、他人物売買として第三者から権利を取得できないときは契約の一種である遺産分割協議を解除できるということになります。しかし、他人物売買の規定は売買が債権契約であることからの当然の帰結であるのに対し、遺産分割協議は物権的効果を生じますので（民909）、準用することは不合理です。したがって、理論的には解除ではなく、当該財産についての遺産分割は効力を生じない（無効である）と解されます。そこで、当該財産が遺産でないことを知っていたら当該遺産分割協議をしなかったであろうと認められる場合には遺産分割協議全体について錯誤（民95）の問題が生じます。そこで、遺産ではない財産が混入して遺産分割協議がなされた場合には再協議をすべきでしょう。

◆遺産から漏れていた財産が発見された場合

　遺産分割協議書作成後に新たな遺産が発見されることがあります。この場合も、錯誤の問題が生じ、遺産分割協議は無効であるとの主張がなされることもあります。もっとも、漏れていた遺産が重要でない限り、錯誤無効の主張は難しいと思われますので、基本的には漏れていた財産についてのみ遺産分割協議をすれば足りると解されます。このようなことから、遺産分割協議書には、「新たに遺産が発見されたときは別途協議する。」などと記載しておくべきです。

◆債務の存在が判明した場合

　共同相続人の誰もが知らなかった債務の存在が遺産分割協議後に判明することも少なくありません。債務は遺産分割協議に関係なく当然に法定相続分に従って分割されて各共同相続人に帰属しますので、原則として、協議後に債務の存在が判明したとしても遺産分割協議の効力に影響はないというべきでしょう。もっとも、債務があると知っていれば遺産分割協議において取得分を少なく認めることはしなかったというような場合もありますので、場合によっては錯誤の問題が生ずると思われます。なお、仮に遺産総額よりも債務額の方が大きい場合には相続放棄の可否の問題となります。

(4)　意思表示の瑕疵があった場合を検討する　■■■■■■■■■■■

　遺産分割協議は一種の契約ですので、意思表示に瑕疵がある場合には民法総則の適用があります。そこで、詐欺や強迫に基づく遺産分割協議の取消、錯誤、虚偽表示、心裡留保に基づく遺産分割協議の無効の主張が考えられます。判例上、錯誤により無

効が認められた事例があります（最判平5・12・16判時1489・114など）。

(5) 利益相反があった場合を検討する ■■■■■■■■■■■■

共同相続人中に親権者とその子がいる場合は、親権者と子の利益相反が生じ、また、共同相続人中に複数の子がいて親権者が複数の子の代理人となる場合にも子の間の利益相反が生じますので、いずれの場合も特別代理人の選任が必要です（民826）。

また、後見人と被後見人の場合も同様です（民860）。

これらの特別代理人を欠いてなされた遺産分割協議は無効と解されます。判例も、親権者に公平を欠く意図がなく、数人の子の間において利害対立が現実化していなくとも、利益相反行為に当たり、追認のない限り無効である旨判示しています（最判昭48・4・24判時704・50）。

2 遺産分割協議の不履行と解除

> (1) 履行請求をする
>
> ↓
>
> (2) 遺産分割協議を解除する

(1) 履行請求をする ■■■■■■■■■■■■■■■■■■■■

遺産分割協議後、不動産や預貯金の取得について所有権移転登記手続や払戻手続が必要となり、代償金を定めた場合には金銭の支払、動産であれば引渡しなど、義務の履行を要します。義務者が任意に義務の履行をしない場合には、訴訟提起などを経て強制執行手続が必要となります。

(2) 遺産分割協議を解除する ■■■■■■■■■■■■■■■■■■

遺産分割協議において定めた義務を履行しない場合、遺産分割協議自体を解除できるかどうか問題となります。

第5　遺産分割後の紛争を解決する　　147

◆債務不履行解除

　例えば、代償金の支払期限を徒過したため、民法541条に基づき催告の上、遺産分割協議を解除できるかという問題があります。しかし、判例は、遡及効を有する遺産分割（民909）の再分割は法的安定性を害することから、遺産分割は性質上協議の成立とともに終了し、相続人間の債権債務が残るだけであると解すべきとして、法定解除を否定しています（最判平元・2・9判時1308・118）。

　したがって、遺産分割協議書に定めた相続人の債務不履行を理由として遺産分割協議自体を解除することはできないことになります。

◆合意解除

　各共同相続人は、遺産分割協議の成立とともに、相続開始時に遡って権利を取得したことになりますから（民909）、合意解除することも認められないように思われますが、判例は合意解除を認めています（最判平2・9・27判時1380・89）。学説も共同相続人全員が合意する以上、認められると考えています。

【参考書式21】遺産分割後の紛争調整調停申立書

3 遺産分割調停・審判の瑕疵

（1）　遺産分割調停や審判の前提問題に瑕疵がある場合を検討する
↓
（2）　遺産分割調停や審判に重大な瑕疵がある場合を検討する

（1）　遺産分割調停や審判の前提問題に瑕疵がある場合を検討する ■ ■

　共同相続人の1人の相続権の存否に争いがある場合や遺産であるかどうかについて争いがある場合であっても共同相続人全員が合意すれば調停は成立しますし、家庭裁判所は前提問題について審判を行うことができると解されています（最大決昭41・3・2判時439・12）。

　しかし、遺産分割調停が成立した後、相続人の範囲や遺産の範囲について誤りがあることが発見された場合、調停は共同相続人全員の合意により成立しますが、前提問題について既判力が生じないと考えられますから（ただし既判力を認める見解もあり

ます）、前提問題に瑕疵があった場合には錯誤無効等を理由に調停の無効確認請求訴訟を提起できると解されますし、審判の場合も前提問題について既判力は生じませんので、別途訴訟を提起することにより審判の無効確認請求訴訟を提起することができます。

(2)　遺産分割調停や審判に重大な瑕疵がある場合を検討する　■ ■ ■

調停や審判において、実体法上の強行法規に違反し、その違反の程度が重大である場合には調停や審判自体に瑕疵があるものとして、訴訟によって無効確認を求めることができると解されます。例えば、誤って相続人を除外して調停を成立させたり、審判がなされたり、重要な遺産を脱漏してなされた審判などの場合です。

もっとも、遺産分割審判には形成力や執行力（家事75）がありますので、重大な瑕疵に限られるものと考えられます。

アドバイス

〇調停・審判の無効主張

調停や審判に無効原因がある場合、調停や審判の無効確認請求訴訟を提起できますが、調停調書や審判書の給付条項（金銭の支払・物の引渡し・登記義務の履行など）には執行力がありますので、これを停止するために請求異議の訴えを提起することが考えられます。また、再調停や再審判の申立て、あるいは再審の訴えも考えられます。

第5　遺産分割後の紛争を解決する　149

4　遺産の瑕疵と担保責任

> **(1)　遺産の瑕疵についての対応策を確認する**
> ↓
> **(2)　担保責任を追及する**

(1)　遺産の瑕疵についての対応策を確認する　■■■■■■■■■■

　遺産分割協議や調停が成立し、また審判がなされた後に、その対象となった遺産自体に瑕疵が発見されることがあります。なお、平成29年民法改正（令和2年4月1日施行）により、条文上「瑕疵」という用語はなくなり、「契約の内容に適合しないもの」（新民562）に該当することになりますが、実質的な変更はないと解されています。

　この場合、各共同相続人は他の共同相続人に対して、売主と同じく、その相続分に応じて担保責任を負います（民911）。

　なお、ここでいう「相続分」とは法定相続分であるのか、具体的相続分であるのかは明らかではありませんが、公平の見地からすれば具体的相続分であると解すべきものと思われます。

　また、遺産である債権について、債務者が無資力であった場合や資力のない共同相続人がいる場合には特則をおいて担保責任を定めています（民912・913）。

┌─── アドバイス ───┐

○担保責任免除の定め

　遺言で別段の定めのあるときは担保責任に関する規定（民911・912・913）を適用できません（民914）。また、遺産分割協議において担保責任を免除する旨の合意をした場合にも適用はないと解されます。そこで、この点に関して遺言書や遺産分割協議書を確認しなければなりません。

---

(2)　担保責任を追及する　■■■■■■■■■■■■■■■■■■

　遺産の瑕疵が発見された場合、当該遺産を取得した共同相続人は他の共同相続人に

対し担保責任を追及することになりますが、売主の担保責任の効果としては、①損害賠償請求、②代金減額請求、③解除があります。

　このうち、代金減額請求については、例えば代償金を支払う対価として不動産を取得したが、当該不動産に瑕疵が発見され、価値が半減したような場合、代償金の半額の減額を求めることができると解されます。このことは遺産分割協議、調停・審判のいずれも同様の請求が認められるものと思われます。

　問題は解除です。まず、性質上、調停や審判については解除をすることはできないものと解されますので、代金減額請求や損害賠償請求にとどまるものと思われます。

　では、遺産分割協議はどうでしょうか。

　例えば、取得した土地に物質的な瑕疵（土壌汚染）があった場合、当該土地の遺産全体に占める重要性が高ければ、民法570条により遺産分割協議を解除できるものと解されます（平成29年民法改正により令和2年4月1日以降は民法562条、564条による解除権の行使となります）。ただし、遡及効を有する遺産分割（民909）の再分割は法的安定性を害することから、遺産分割は性質上協議の成立とともに終了し、相続人間の債権債務が残るだけであると解すべきとして、法定解除を否定した判例（最判平元・2・9判時1308・118）に照らしますと、解除を否定すべき場合も少なくないと考えられます。

5 遺産分割後の遺言書の発見

> (1) 遺言書の発見の経緯を確認する
> ↓
> (2) 遺産分割の無効を主張する

(1) 遺言書の発見の経緯を確認する ■■■■■■■■■■■■■■

　まず、発見の経緯を明確にします。遺言書の隠匿は欠格事由にもなっていますので（民891五）、自筆証書が後から発見されると大きな紛争になりかねません（なお、公正証書の場合は隠匿という概念は成り立ちません）。そこで、遺言書を発見した者から発見の経緯を明らかにしてもらい、次の対応策を協議します。

　通常、例えば、遺産分割終了後、共同相続人の誰もが存在を知らなかった貸金庫から遺言書が発見された場合、被相続人の死亡を知らなかった弁護士等が保管していた場合など、偶然性の高い場合には遺言書の内容に従って遺産分割について再協議するのが穏当ですが、隠匿行為があったような場合はもちろん、隠匿とまではいえなくとも遺言書の存在を秘して遺産分割が行われたような場合には遺言書の内容が遺産分割の結果よりも不利となる相続人にとっては抵抗が強いのが普通ですから、訴訟等の解決手段を用いざるを得ない場合もあります。

(2) 遺産分割の無効を主張する ■■■■■■■■■■■■■■■■■■

　遺言書の遺言内容が遺贈や特定財産承継遺言であり、個々の遺産の帰属が明確な場合、当該権利者は相続開始時において権利を承継していますので、その後になされた遺産分割はいったん取得した財産について交換や贈与が行われたような形になります。

　しかし、遺言の存在を知らないで遺産分割協議や調停を成立させた場合には錯誤を理由として無効確認訴訟を提起することが可能となりますし（遺産分割協議につき、最判平5・12・16判時1489・114）、遺産分割審判の場合においても前提問題について瑕疵のあるとして同様に無効確認訴訟を提起する余地があると思われます。また、家庭裁判所において職権で審判を取り消すことも可能であると解されます（家事78）。

152　第2章　遺産分割

【参考書式21】遺産分割後の紛争調整調停申立書

遺産分割後の紛争調整調停申立書

令和○年○月○日

○○家庭裁判所　御　中

申立人代理人弁護士　丁　川　賢　一　㊞

（当事者の表示　　略）

（被相続人の表示　　略）

申立ての趣旨

申立人と相手方間の遺産分割後の紛争を調整する調停を求める。

申立ての理由

1　被相続人は、令和○年○月○日死亡し、法定相続人は、長男である申立人と次男である相手方の2名である。

2　申立人と相手方間において、令和○年○月○日、相手方が別紙物件目録記載の不動産を取得し、申立人に対し遺産分割の代償として金○○○万円を令和○年○月○日限り支払う旨の遺産分割協議が成立した。

3　相手方は令和○年○月○日上記不動産の所有権移転登記を経由した。代償金の支払期日とされている令和○年○月○日は経過した。しかるに相手方は、上記代償金の支払をせず、居留守を使うなどして申立人と話合いをしようとしない。

4　よって、本申立てに及んだ。

添付書類（略）

物件目録（略）

第 3 章

遺　言

154

第1　遺言書を作成する

＜フローチャート〜遺言書の作成＞

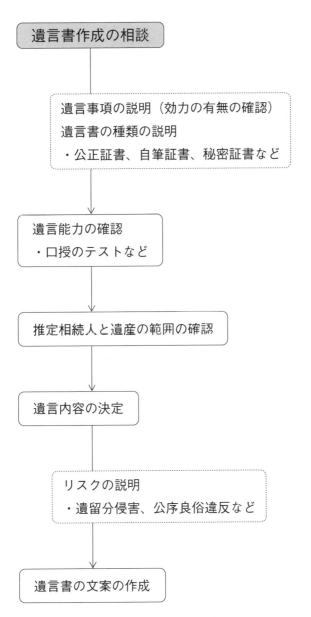

156　第3章　遺　言

1　遺言の概要

> （1）　遺言の意義と遺言事項を確認する
> ↓
> （2）　自筆証書遺言の方式を確認する
> ↓
> （3）　公正証書遺言の方式を確認する
> ↓
> （4）　秘密証書遺言の方式を確認する

（1）　遺言の意義と遺言事項を確認する　■■■■■■■■■■■■

　遺言とは、遺言者がその死後に一定の効果が発生することを意図してなす意思表示であり、法で定められた相続を修正するものです。この意思が効力を生ずるのが、遺言者の死後であることから、意思の内容や遺言が真意に基づくか否かの争いが起きることがあります。そのため、遺言については、法で厳格な方式が定められており、また、内容の実現を法が保障する事項も法で制限されています。

◆遺言事項

① 身分関係に関する事項
・認知（民781）
・未成年の後見人または後見監督人の指定（民839・848）
② 相続の法定原則の修正に関する事項
・推定相続人の廃除および取消（民892・893・894）
・相続分の指定またはその委託（民902）
・特別受益の持戻し免除（民903③）
・遺産分割方法の指定または指定の委託（民908）
（特定財産承継遺言（相続させる遺言。民1014②）を含む）
・遺産分割の禁止（民908）
・相続人間の担保責任の定め（民914）
・遺留分侵害額請求の方法の指定（民1047①二ただし書）

③　相続以外の財産処分に関する事項

・遺贈（民964）

・一般財団法人の設立（一般社団財団152②）

・信託の設定（信託2②二・3二）

④　遺言の執行に関する事項

・遺言執行者の指定またはその委託（民1006①）

⑤　その他の事項

・祭祀承継者の指定（民897）

・遺言の撤回（民1022）

・生命保険金の受取人の指定・変更（保険44①）

◆遺言の種類

遺言の種類には、下記のものがあります。

①　普通方式

自筆証書遺言（民968）、公正証書遺言（民969）、秘密証書遺言（民970）

②　特別方式

危急時遺言（民976・979）、隔絶地遺言（民977・978）

(2)　自筆証書遺言の方式を確認する　■■■■■■■■■■■■■■■

自筆証書遺言によって遺言をするには、遺言者自身が遺言書の全文、日付および氏名を自書し、これに押印することが必要とされています（民968①）。加除、修正する場合は、遺言者がその場所を指示し、これを変更した旨を付記して特にこれに署名し、かつ、その変更の場所に印を押さなければ効力を生じません（民968③）。

遺言書が数葉にわたる場合でも、「その数葉が一通の遺言として作成されたものであることが確認されれば、その一部に日附、署名、捺印が適法になされている限り、右遺言書を有効と認めて差支えないと解するを相当とする。」とされています（最判昭36・6・22民集15・6・1622）。

自筆証書遺言の方式緩和（平成30年民法改正）により、全文自書の例外として、自筆証書に相続財産の全部または一部の目録を添付する場合には、その目録については自書することを要しないとされましたが、この場合、その目録の毎葉（自書によらない記載がその両面にある場合にあっては、その両面）に署名押印することが必要とされています（民968②）。

158　第3章　遺　言

◆自書性

　他人の「添え手」による補助を受けた遺言証書について、最高裁昭和62年10月8日判決（判時1258・64）は、自筆証書遺言の本質的要件ともいうべき「自書」の要件については厳格な解釈を必要とするとしたうえで、「病気その他の理由により運筆について他人の添え手による補助を受けてされた自筆証書遺言は、(1)遺言者が証書作成時に自書能力を有し、(2)他人の添え手が、単に始筆若しくは改行にあたり若しくは字の間配りや行間を整えるため遺言者の手を用紙の正しい位置に導くにとどまるか、又は遺言者の手の動きが遺言者の望みにまかされており、遺言者は添え手をした他人から単に筆記を容易にするための支えを借りただけであり、かつ、(3)添え手が右のような態様のものにとどまること、すなわち添え手をした他人の意思が介入した形跡のないことが、筆跡のうえで判定できる場合には、「自書」の要件を充たすものとして、有効であると解するのが相当である。」と判示しています。

　また、カーボン複写の方法によって記載された遺言証書について、最高裁平成5年10月19日判決（判時1477・52）は、「本件遺言書は、○○○○が遺言の全文、日付及び氏名をカーボン紙を用いて複写の方法で記載したものであるというのであるが、カーボン紙を用いることも自書の方法として許されないものではないから、本件遺言書は、民法968条1項の自書の要件に欠けるところはない。」と判示しています。

アドバイス

○筆跡の同一性

　自筆証書遺言については、相続人から、筆跡の同一性に疑義が差し挟まれる（遺言者の書いたものではない）ことがあります。裁判で筆跡の同一性を判断するには、筆跡鑑定が必須となりますので、争われる可能性がある場合には遺言証書以外に遺言者が書き記した物（手紙、日記等）を収集しておく必要があります。実際、遺言書は遺言者が衰弱したときに書かれるケースも多く、一見した文字が健康なときのそれと相当に異なっていることもあり得ますし、遺言の内容が不自然かどうかという視点での検討も必要となります。より慎重を期するためには、私的の筆跡鑑定を行うことも検討するとよいでしょう。

◆日　付

　日付について、最高裁昭和54年5月31日判決（判時930・64）は、「自筆証書によつて遺

言をするには、遺言者は、全文・日附・氏名を自書して押印しなければならないのであるが（民法968条1項）、右日附は、暦上の特定の日を表示するものといえるように記載されるべきものであるから、証書の日附として単に「昭和四拾壱年七月吉日」と記載されているにとどまる場合は、暦上の特定の日を表示するものとはいえず、そのような自筆証書遺言は、証書上日附の記載を欠くものとして無効であると解するのが相当である。」と判示しています。

　また、最高裁昭和52年11月21日判決（裁判集民122・239）は、「自筆遺言証書に記載された日付が真実の作成日付と相違しても、その誤記であること及び真実の作成の日が遺言証書の記載その他から容易に判明する場合には、右日付の誤りは遺言を無効ならしめるものではない。」と判示しています。

　ほかに、日付誤記の遺言証書について、東京地裁平成3年9月13日判決（判時1426・105）、大阪地裁平成18年8月29日判決（判タ1235・282）などがあります。

◆押　印

　印章による押印がなく、拇印のみが押されていた遺言証書について、最高裁平成元年2月16日判決（判時1306・3）は、「同条項（民968①）が自筆証書遺言の方式として自書のほか押印を要するとした趣旨は、遺言の全文等の自書とあいまって遺言者の同一性及び真意を確保するとともに、重要な文書については作成者が署名した上その名下に押印することによって文書の作成を完結させるという我が国の慣行ないし法意識に照らして文書の完成を担保することにあると解されるところ、右押印について指印をもって足りると解したとしても、遺言者が遺言の全文、日附、氏名を自書する自筆証書遺言において遺言者の真意の確保に欠けるとはいえないし、いわゆる実印による押印が要件とされていない文書については、通常、文書作成者の指印があれば印章による押印があるのと同等の意義を認めている我が国の慣行ないし法意識に照らすと、文書の完成を担保する機能においても欠けるところがない」などとして、遺言を有効としました。

　また、遺言証書本文の自署名下に押印はなく、これを入れた封筒の封じ目に押印がされたケースについて、最高裁平成6年6月24日判決（裁判集民172・733）は、「遺言書本文の入れられた封筒の封じ目にされた押印をもって民法968条1項の押印の要件に欠けるところはない」として、遺言を有効としました。

　他方、印章による押印をせず、いわゆる花押が書かれていた遺言証書について、最高裁平成28年6月3日判決（判時2311・13）は、「我が国において、印章による押印に代えて花押を書くことによって文書を完成させるという慣行ないし法意識が存するものと

は認め難い。」として、花押を書くことは民法968条1項の押印の要件を満たさないと判示しています。

（3）　公正証書遺言の方式を確認する　■■■■■■■■■■■■■■■

公正証書遺言の作成に当たっては、以下の方式によらねばなりません（民969）。
・2名以上の証人が立ち会うこと
・遺言者が公証人に遺言の趣旨を口授すること
・公証人が遺言者の口授を筆記しこれを遺言者および証人に読み聞かせまたは閲覧させること
・遺言者および証人が公証人の筆記の正確であることを承認した後、遺言者および証人がこれに署名、押印すること
・公証人が、証書を上記に掲げる方式に従って作ったものである旨を付記して、これに署名し、押印すること

アドバイス

〇作成の実務

　実務においては、公正証書遺言は、おおむね、以下のような手順で作成されています。

　まず、公証人は、遺言者または遺言者の依頼を受けた近親者や弁護士などから遺言を作成したい旨および作成したい内容（遺言の趣旨）を聞き取り（ファックス等でやり取り）、これを筆記しておきます。そのうえで、遺言者と面談し、筆記の内容と遺言者の口授が同一であることを確認し、遺言者や証人に読み聞かせて、承認、署名を経て遺言書を完成させます。遺言者から筆記の訂正を求められれば、訂正されることは当然です。

　公正証書遺言は、法律の専門家である公証人の面前で作成されるものであり、同遺言が作成されている以上、一応は形式的要件を備えているといえそうですが、それでも形式的要件の存否が争われるケースも散見されます。

◆証　人

　未成年者や推定相続人および受遺者ならびにこれらの配偶者および直系血族、公証人の配偶者、四親等内の親族、書記および使用人は証人または立会人になることがで

きません（民974）。

　遺言者の押印の際に2人の証人のうち1人の立会いなく作成された遺言公正証書につき、その作成の方式に瑕疵があるがその効力を否定するほかはないとまではいえないとされたものとして、最高裁平成10年3月13日判決（判時1636・44）があります。

◆口　授

　口授とは、遺言の内容を遺言者が公証人に直接に口頭で伝えることです。

　遺言者が、公正証書によって遺言するに当たり、公証人の質問に対し言語をもって陳述することなく単に肯定または否定の挙動を示したにすぎないときには、民法969条2号にいう口授があったものとはいえないとしたもの（最判昭51・1・16裁判集民117・1）、公証人が、あらかじめ他人から聴取した遺言の内容を筆記し、公正証書用紙に清書したうえ、その内容を遺言者に読み聞かせたところ、遺言者が右遺言の内容と同趣旨を口授し、これを承認して右書面にみずから署名押印したときは、公正証書による遺言の方式に違反しないと判断したもの（最判昭43・12・20判時546・66）、公証人が、遺言者から公正証書の作成の嘱託を受け、あらかじめ弁護士が遺言者から聴取した遺言内容に従って準備した遺言書文案を遺言者に交付し、これを各項目ごとに読み聞かせ、その内容が遺言者の意思に合致することの確認を得ることにより、遺言者から公正証書遺言の趣旨の口授を受け、遺言者がその筆記内容の正確なことを承認の上、署名、捺印したときは、公正証書による遺言の方式に違反しないとした原審判決についての上告および上告受理申立てにつき、棄却・不受理としたもの（最判平16・6・8判時1867・50）、公正証書遺言に際し、立会証人は既に遺言内容の筆記が終った段階から立ち会ったものであり、その後公証人が筆記内容を読み聞かせたのに対し、遺言者はただうなずくのみであって、口授があったとはいえず、立会証人は遺言者の真意を十分に確認することができなかった場合には、公正証書遺言は民法969条所定の方式に反し無効であるとしたもの（最判昭52・6・14裁判集民121・1）があります。

◆手話通訳・筆談による公正証書遺言

　口がきけない者が公正証書によって遺言をする場合には、遺言者は、公証人および証人の前で、遺言の趣旨を通訳人の通訳により申述し、または自書して、口授に代えることができます（民969の2①）。

　遺言者や証人が耳が聞こえない者である場合には、公証人は、公証人の筆記内容を通訳人の通訳により遺言者または証人に伝えて、読み聞かせに代えることができます（民969の2②）。民法969条3号では、公証人の筆記の確認方法として、読み聞かせ以外

162 第3章 遺 言

に閲覧によることも可能とされています。

(4) 秘密証書遺言の方式を確認する ■■■■■■■■■■■■■■

　秘密証書遺言は、民法970条1項各号に定める以下の方式に従って作成される必要が
あります。
・遺言者が、その証書に署名し、印を押すこと（1号）
・遺言者が、その証書を封じ、証書に用いた印章をもってこれに封印すること（2号）
・遺言者が、公証人1人及び証人2人以上の前に封書を提出して、自己の遺言書である
　旨並びにその筆者の氏名及び住所を申述すること（3号）
・公証人が、その証書を提出した日付及び遺言者の申述を封紙に記載した後、遺言者
　及び証人とともにこれに署名し、印を押すこと（4号）
・秘密証書遺言に加除その他の変更をするに当たっては、自筆証書遺言と同様の方法
　によらなければなりません（民970②・968③）。
　なお、秘密証書による遺言は、民法970条に定める方式に欠ける場合でも、民法968
条に定める方式を具備しているときは、自筆証書による遺言としてその効力を有しま
す（民971）。

◆筆　者

　民法970条1項3号にいう秘密証書遺言の筆者とは、現実に筆記をした者を指します。
　これに関し、遺言者以外の者が、市販の遺言書の書き方の文例を参照し、ワープロ
を操作して、文例にある遺言者等の氏名を当該遺言の遺言者等の氏名に置き換え、そ
のほかは文例のまま遺言書の表題および本文を入力して印字したものに、遺言者が氏
名等を自筆で記載したという事実関係について、この場合の筆者は遺言者ではなく、
ワープロを操作して遺言書の表題および本文を入力し印字した者であるとした判例
（最判平14・9・24判時1800・31）があります。

2 遺言書の作成業務

```
(1)  弁護士の立場を確認する
        ↓
(2)  遺言能力の有無を確認する
        ↓
(3)  推定相続人と遺産の範囲を確認する
        ↓
(4)  遺言内容を決定する
```

(1)　弁護士の立場を確認する ■■■■■■■■■■■■■■■■■

　遺言書は、自筆証書の場合は遺言者自身が作成するものですし、公正証書の場合は公証人が作成するものですので、弁護士は文案を作成するにとどまります。したがって、弁護士は、遺言書の有効・無効について、本来、法的な責任を負うものではありません。しかし、遺言書の有効性が争われる場合に、文案を作成したことから、当該弁護士が、遺言者の意思に反して遺言書を作成させたとか、遺言によって利益を得る相続人・受遺者に加担したなどというクレームを受けることもありますし、稀ですが、法的責任を追及される場合もあります。また、遺言無効確認請求事件等の証人として紛争に巻き込まれることも少なくありません。

(2)　遺言能力の有無を確認する ■■■■■■■■■■■■■■■■

　遺言者本人から遺言書の文案の相談・作成の依頼を受ける場合には、通常、遺言能力に問題ないと思います。問題は、その遺言によって利益を得る推定相続人や受遺者から文案の相談・作成を依頼された場合です。相談者（推定相続人・受遺者）の話から、遺言者の遺言能力に疑問を持つこともあります。

◆遺言者との面談の要否
　自筆証書においては、弁護士が推定相続人や受遺者から遺言書の文案の作成を依頼される場合、たとえ、遺言能力に疑問があったとしても、弁護士業務としては文案を

164　第3章　遺　言

作成するだけなので遺言者と面談する必要性はないということもできます。公正証書の場合も、作成するのは公証人ですから、遺言者本人と面談しなければならないとは限りません。例えば、弁護士が公正証書遺言の立会証人として立ち会うのであれば、公証役場において初めて顔合わせすることも問題があるわけではありません。もっとも、特に遺言能力の問題について弁護士自身がトラブルに巻き込まれないよう注意しなければなりません。

アドバイス

○遺言能力に疑問がある場合の注意点

　自筆証書の場合、遺言者と面談して遺言書の文案を相談・作成することは、将来紛争に巻き込まれる危険性を増大させるものですので、あえて面談せず、推定相続人や受遺者に文案を交付するだけで弁護士業務として終了させるという考え方もあります。

　公正証書の場合、弁護士が立会証人の業務を兼ねることが多いと思います。そういう場合は、積極的に遺言者と面談し、弁護士自身が公証人になったつもりで遺言者をテストした方がよいでしょう。面談やテストの結果、遺言能力がないと判断できた場合には受任を断るしかありませんが、微妙な場合は次の3点に留意するとよいと思います。

① 　遺言者との応対メモを作成しておく。
② 　診断書などの健康状態や知的能力に関する資料を収集させる。
③ 　相談者に十分に訴訟リスクを説明する。

---

(3)　推定相続人と遺産の範囲を確認する　■■■■■■■■■■■■■

　推定相続人の確定や遺産の確認は必ずしも弁護士の責務とはいえませんが、相談者が誤解している場合も少なくありませんので、慎重を期すためには資料を整えるべきでしょう。

◆戸籍謄本（戸籍全部事項証明書）による推定相続人の確認

　遺言者が死亡した場合を想定して、法定相続人を確定し、身分関係図を作成しておきます。特に、相談を受けた弁護士自らが遺言執行者に指定される場合には後日の遺言執行を円滑に進めることができるため大事なことです。

◆**不動産登記簿謄本（登記事項証明書）、通帳などによる遺産の確認**

　遺産の範囲は変動し易いですが、特に弁護士自らを遺言執行者に指定する場合には遺産全体を把握しておくとよいでしょう。なお、公正証書遺言の場合、手数料の基準となりますし、弁護士報酬の基準とする場合もあります。

アドバイス

○遺言執行者の指定を伴う受任

　相談を受けた弁護士自身を遺言執行者に指定する遺言書の文案を作成する場合には一定のリスクがあります。すなわち、遺言能力などの遺言無効事由が明らかにない場合や遺留分を侵害しない内容の遺言の場合にはリスクは少ないですが、遺言の無効の主張がなされたり、遺留分侵害額請求がなされたりする可能性のある場合、次の点がリスクになります。

① 　遺言執行者が紛争の当事者となる可能性がある。

② 　特に立会証人でもある場合は、弁護士が、遺言者の遺言能力を無視して遺言書を作成させたとか、遺留分を侵害する内容の遺言書を作成させたなどのクレームを受けやすい。

③ 　遺言無効訴訟や遺留分侵害額請求訴訟（調停を含む）が提起された場合には、弁護士倫理上、特定の相続人の代理人として弁護士活動をすることができない。

---

(4)　遺言内容を決定する ■■■■■■■■■■■■■■■■■■■■■

　どの遺言事項に該当するかを明確に認識して遺言内容を決定します。相続分の指定であるのか、一部包括遺贈であるのか、遺産分割方法の指定であるのか（遺産分割の方針を定める内容）、あるいは特定財産承継遺言であるのか（特定の財産を特定の相続人に取得させる内容）、疑義が生じないように明確に記載します。

アドバイス

○遺言内容に関する留意点

① 　遺留分を侵害する遺言

　将来紛争が生ずることを遺言者、相談者である推定相続人や受遺者にあらかじめ説明しておきます。併せて、遺留分侵害額請求権について理解してもらいます。

② 推定相続人廃除（遺言廃除）の定め

　廃除事由を具体的詳細に記載します。なお、敗訴のリスクが十分にあることを説明しておきます。特に、弁護士自身を遺言執行者に指定する場合、遺言執行業務の負担も大きいことを遺言書作成の段階で説明します。

③ 特別受益の確認

　遺言事項ではありませんが（直ちに法的効果が生ずるものではありませんが）、遺言書に記載することによって特別受益の認定の重要証拠となります。この場合、持戻し免除もしない旨も明確に記載するとよいです。

④ 持戻し免除の意思表示

　これは法的効果が生じますので、特別受益の内容と持戻し免除の理由を具体的に記載します。なお、遺留分を侵害する遺言の場合、持戻し免除の意思表示も減殺の対象となり得ます（最決平24・1・26判時2148・61）。

⑤ 遺留分侵害額請求権を行使しない旨の定め

　遺言事項ではありませんので、付言事項として定めることが一般的ですが、遺留分侵害額請求をしようとする者に対する歯止めになることもあり、遺言者や相談者に記載することを勧めるとよいでしょう。

第2 遺言の有効性と効力を検討する

<フローチャート～遺言の有効性>

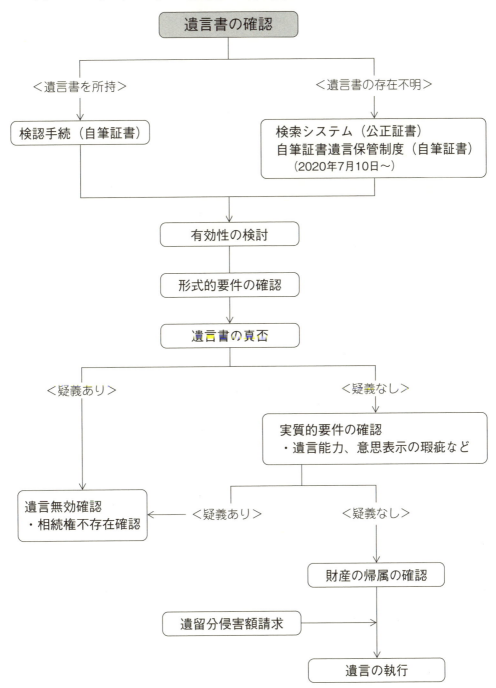

168　第3章　遺言

1 遺言書の入手と検認手続

> **(1) 遺言書の存否を確認する**
> ↓
> **(2) 検認手続を経る**

(1) 遺言書の存否を確認する ■■■■■■■■■■■■■■■■■■■

　相続事件の相談を受けたときには、まず、「被相続人が遺言を遺しているか否か」を確認する必要があります。

　遺言書は、相続人以外の第三者（親しい知人や弁護士・司法書士・税理士等の専門家、金融機関等）に預けられていることや金融機関の貸金庫に保管されていることもあります。被相続人宅の机の引き出しや預貯金通帳等を保管する書類棚、手提げ金庫や仏壇の物入れ等に収納されているかもしれません。公正証書遺言がある場合や自筆証書遺言が法務局に保管されている可能性（自筆証書遺言保管制度（2020年7月10日から））もあります。

　相談者が「遺言書のことは聞いていない」という場合でも、ひととおり探索（検索）するようアドバイスします。

◆貸金庫の開扉

　被相続人が契約をした金融機関の貸金庫に、遺言書や相続財産が明らかになる資料が保管されていることがあります。貸金庫契約は、金庫室の一定の区画の利用を目的とする賃貸借契約と解されていますので、民法の原則からすれば、共同相続人はこの契約の賃借人としての地位を相続するわけですが、貸金庫契約を規律する「貸金庫規定」では、借主に相続が生じたときは、金融機関側からいつでも貸金庫契約を解約できるものとされています。

　相続開始後、相続人が貸金庫の開扉を求めるためには、共同相続人全員（戸籍謄本（戸籍全部事項証明書）等により立証）が実印をもって金融機関が定めた書式に署名することが必要です。

　一部の相続人から、「せめて内容物を確認したい」と要請されることがありますが、金融機関は一部の相続人からの依頼しかない場合には貸金庫を開扉することに非常に慎重であり、実務的には共同相続人全員が開扉に合意しなければ開扉に応じないとい

えます。

　この場合、金融機関の職員の立会いとともに、公証人の立会いによる事実実験公正証書の作成を条件として、一部の相続人からの開扉依頼に応じてもらえることがあります。公証人への嘱託は、相続人、銀行の双方の申請によるとする意見もありますが（石井眞司ほか『相続預金取扱事例集〔第二版〕』213頁（銀行研修社、2003））、公証人への嘱託を相続人のみに行わせるケースもあるかもしれません。この点は、金融機関との協議を通じて柔軟に対応していくことになります。なお、公証人の費用は相続人が負担するのが原則です。

アドバイス

○事実実験公正証書

　公正証書としては、不動産賃貸借契約書、金銭消費貸借契約書、遺言書がよく用いられますが、これら意思表示を表すものと異なり、「公証人がその五感の作用により直接感得した事実に基づいて作成する公正証書」（公証35）があります。これが事実実験公正証書です。貸金庫の開扉に当たっては、公証人は、嘱託者が相続人であることを疎明させたうえで、貸金庫が備え付けられている金融機関に赴き、開扉点検をします。そして、開扉の結果を証書に記載し、嘱託人と共に証書に署名押印をし、これによって公正証書を作成します。

◆自筆証書遺言保管制度

　2020年7月10日から法務局における遺言書の保管等に関する法律が施行されますので、同日以降は、被相続人の自筆証書遺言が法務局（遺言書保管所）に保管されている可能性があります。相続人は、法務局に対し、自己（請求者）が相続人となっている遺言書（関係遺言書）が遺言書保管所に保管されているかどうかを証明した書面（遺言書保管事実証明書）の交付を請求することにより、自筆証書遺言の存否を探索（検索）すること（遺言保管10）、遺言書の画像情報等を用いた証明書（遺言書情報証明書）の交付請求および遺言書原本の閲覧請求をすることができます（遺言保管9）。

　遺言書保管所に保管されている遺言書については、遺言書の検認（民1004①）の規定は、適用されません（遺言保管11）。

◆公正証書遺言

　全国で公正証書遺言を登録するシステムが採用されており、当該公正証書遺言に利

170 第3章 遺 言

害関係を持つものの求めがあれば、どこの公証人役場でも検索することができます。

(2) 検認手続を経る ■■■■■■■■■■■■■■■■■■■■■■■■

遺言書を入手した後、遺言書を法務局に保管されている自筆証書遺言と公正証書遺言の場合を除き、遺言書の保有者は、相続開始後遅滞なく家庭裁判所に検認の請求をしなければなりません（民1004①）。

◆検認手続

検認とは、相続人に対して遺言の存在と内容を知らせるとともに、遺言施行前に遺言書を保全し、後日の変造や隠匿を防ぐために行う手続です。遺言が有効か否かを確定するものではありません。検認手続は、相続人全員に通知のうえで行われますので、相続人全員の住所を調査する必要があります。なお、知れたる受遺者がいる場合、その者にも通知がなされ、その受遺者も立会い可能のようです。

検認の場（検認期日）には、申立人、相続人および同人らの代理人以外は原則的に立ち会うことはできません。

最初に申立人、相続人らについて人定質問がなされ、その後、遺言の開封（封緘されているものの場合）、相続人らへの閲覧がなされます。このとき、相続人らに対し、封筒の表書きや遺言書の本体の筆跡、押印してある印について、遺言者のものと思うか等について、裁判官から質問がなされます。このやり取りは裁判所で調書として残されます（家事規114）。もっとも、質問に対する答えによってそれらの事実が確定されるわけではありません。

検認期日に相続人全員が出席することは必要とされていませんが、できるかぎり依頼者本人に出頭するようアドバイスします。依頼者本人がどうしても出頭できない場合には、検認調書を謄写して、当日の状況を説明してください。

【参考書式22】遺言書検認申立書

アドバイス

○一見して法定の方式を満たしていない遺言書も検認すべきか

遺言書があるとしても、法定の方式を満たしていなければ、当該遺言によって遺産を分けることはできません。このような遺言書については検認手続をする必要はない

第2 遺言の有効性と効力を検討する 171

との考え方もあるかもしれません。

　しかし、検認は遺言書の意思の片鱗を読み取る1つの機会にもなり、いずれは遺産分割協議をしなければならない相続人が同席する機会にもなります。また、「遺言書を隠した、変造した」とのいわれなき非難を避けるためにも、検認を申し立てるべきでしょう。

　日付が異なると思われる遺言書が複数ある場合にも、全部の遺言書について検認を申し立てるべきでしょう。遺言書は日付の新しいものが有効ですが、日付の新しい遺言書が法的の方式を満たしていない可能性もあるからです。

2 遺言の有効性

> (1) 形式的要件の有効性を検討する
>
> ↓
>
> (2) 遺言書の真否（偽造）を検討する
>
> ↓
>
> (3) 遺言能力の有無を検討する
>
> ↓
>
> (4) 意思表示の瑕疵の有無を検討する
>
> ↓
>
> (5) 公序良俗違反の有無を検討する
>
> ↓
>
> (6) 遺言特有の無効取消事由の有無を検討する

(1) 形式的要件の有効性を検討する　■■■■■■■■■■■■■

　まず、自筆証書、公正証書、秘密証書の各遺言の形式的要件を具備しているかどうかを確認します。

―――――――― アドバイス ――――――――

○自筆証書遺言の方式緩和（平成30年民法改正）

　民法968条2項は、「自筆証書にこれと一体のものとして相続財産（第997条第1項に規

定する場合における同項に規定する権利を含む。）の全部又は一部の目録を添付する
場合には、その目録については、自書することを要しない。この場合において、遺言
者は、その目録の毎葉（自書によらない記載がその両面にある場合にあっては、その
両面）に署名し、印を押さなければならない。」と規定していますが、「一体のものと
して」という概念は曖昧ですし、偽造の可能性も高まった部分もあるといえますから、
注意が必要です。

(2) 遺言書の真否（偽造）を検討する ■■■■■■■■■■■■■■■

　相続人が被相続人になりすまして遺言書を作成する場合が典型例ですが、文字を書
く能力（自書能力）に乏しい被相続人の運筆を補助（添え手）する場合もあります。
偽造された遺言は無効です。
　なお、被相続人の遺言書を偽造、変造、破棄、隠匿した者は相続権を喪失しますの
で（民891五）、共同相続人の権利に重大な効果をもたらします。

(3) 遺言能力の有無を検討する ■■■■■■■■■■■■■■■■■■

　遺言者が遺言をするときに意思能力（自分がしようとする遺言の内容およびこれに
よる法律効果を理解する能力）＝遺言能力を有していなければ、この遺言は無効です
（民963）。もっとも、この遺言が形式的要件を備えているのであれば、これを無効とす
るには、遺言無効確認訴訟を提起する必要があり、この遺言に基づいて既に権利移転
の登記がなされているのであれば、抹消登記手続請求訴訟等を提起することになりま
す。
　遺言を作成する人の多くが高齢者であることから、特に遺言によって利益を受けな
い相続人から、「この遺言は遺言能力を欠いているから無効である。」という主張がな
されることは少なくありません。相談者からこのような主張を聞いたときには、遺言
無効の主張を実現するためには遺言無効確認訴訟等の訴訟によらねばならないことを
説明し、訴訟での主張立証に必要な事情をよく聞き取る必要があります。
　遺言能力を争った裁判例は多く、比較的近年の例としては、大阪高裁平成19年4月26
日判決（判時1979・75）、東京高裁平成21年8月6日判決（判タ1320・228）、東京高裁平成22
年7月15日判決（判タ1336・241）、東京高裁平成25年3月6日判決（判時2193・12）、東京高裁
平成25年8月28日判決（判タ1419・173）、東京高裁平成27年8月27日判決（判時2352・61）等
があります。

第2　遺言の有効性と効力を検討する　173

```
┌─────────────── アドバイス ───────────────┐
```

○遺言能力の有無について

　　遺言能力の有無については、実務上、遺言者の判断能力の程度、年齢、健康状態、病状および医師の診断、生活状況、遺言時とその前後の状況、当事者の関係等を総合的に勘案して判断されており（東京高判平25・3・6判時2193・12）、その立証方法として、主治医、担当医の診断あるいはこれらを資料とする鑑定人の鑑定にかなりのウェイトが置かれているといえるでしょう（高知地判平24・3・29判タ1385・225）。

　　さらに、遺言者の判断能力の程度だけではなく、遺言内容の複雑性等を考慮して、当該遺言の内容につき遺言者が理解していたかを遺言能力の判断において検討している裁判例も見受けられます。

　　遺言能力を争う（争われる）場合には、医学的視点での証拠収集にウェイトを置きつつ、上記判断要素との関係における積極的（ないし消極的）事実をできるだけ具体的に主張することがポイントです。

(4)　意思表示の瑕疵の有無を検討する　■■■■■■■■■■■■■■■

　遺言も一種の法律行為ですので、法律行為の一般原則に従い、詐欺・強迫によってなされた遺言は取り消すことができます（民96）。ただし、身分行為を内容とする遺言は、身分法一般の原則が適用され、詐欺・強迫（民96）の適用の問題は生じません。

　公正証書遺言について詐欺による取消が争われた事例として、東京地裁平成17年11月29日判決（平14(ワ)19164）があります。

　なお、詐欺・強迫によって被相続人に相続に関する遺言をさせた者は、相続人となることができません（民891四）。

(5)　公序良俗違反の有無を検討する　■■■■■■■■■■■■■■■

　遺言も一種の法律行為ですので、法律行為の一般原則に従い、公序良俗に反する事項を目的とする遺言は無効です。身分行為を内容とする遺言は、身分法一般の原則が適用され、公序良俗（民90）の適用の問題は生じません。

　不倫関係にある女性に対する包括遺贈が公序良俗に反しないとされた事例として、最高裁昭和61年11月20日判決（判時1216・25）などがあります。

174　第3章　遺　言

(6)　遺言特有の無効取消事由の有無を検討する　■■■■■■■■■

　遺言特有の無効原因として、被後見人の遺言の制限（民966①）があります。また、遺贈についてですが、受遺者の死亡による遺贈の失効（民994）、相続財産に属しない権利の遺贈の無効（民996）があります。受遺欠格者（民965・891）に対する遺贈も当然に無効であり、取り消し得るものとみるべきではないと考えられています（中川善之助＝加藤永一編『新版注釈民法(28)相続(3)』補訂版389頁（有斐閣、2002））。

　遺言特有の取消事由として、負担付遺贈に係る遺言の取消を定めた民法1027条があります。

3　遺言の効力

　遺言は、遺言者死亡のときから、また遺言に停止条件が付けられていた場合は条件が成就したときから、その効力を生じます（民985）。

　遺言が存在すると、多くの場合、当該遺言を前提に遺産分割をしたり、あるいは遺産分割自体の必要性がなくなったりするなど、遺産分割に多くの影響が及びます。そのため、遺言の有効性や効力は、相続人ら利害関係人にとって遺産の帰属を左右する重大な問題ですので、慎重に有効性を検討していく必要があります。

> (1)　遺贈の効力を確認する
>
> ↓
>
> (2)　相続分の指定の効力を確認する
>
> ↓
>
> (3)　遺産分割方法の指定の効力を確認する
>
> ↓
>
> (4)　特定財産承継遺言（相続させる遺言）の効力を検討する
>
> (5)　遺言の解釈をする

(1)　遺贈の効力を確認する　■■■■■■■■■■■■■■■■■■■

◆遺　贈

　遺贈とは、被相続人が遺言によって他人に無償で自己の財産を与える処分行為です

（民964）。

◆遺贈の当事者

　遺贈をした被相続人を遺贈者、遺贈に伴う手続・行為（登記、株式の名義書換、目的物の引渡し等）を実行すべき義務を負う者（通常は相続人、遺言執行者がある場合には遺言執行者）を遺贈義務者、遺贈によって相続財産を与えられた者を受遺者といいます。受遺者は、第三者であると相続人であるとを問いませんし、自然人に限らず法人でも構いません。ただし、受遺者は遺言の効力が発生した時点で生存または存在している必要があります（民994・965・886）。

◆遺贈の種類

　遺贈の種類には、大きく分けて、特定遺贈、包括遺贈、条件付遺贈、期限付遺贈、負担付遺贈があります。

① 特定遺贈

　特定遺贈は、受遺者に与える目的物や財産的利益を具体的に特定した遺贈です。遺贈の対象は、特定物に限らず不特定物や債権であっても構いません。所有権の移転だけでなく地上権や通行地役権の設定も認められますし、配偶者居住権を設定することも可能です（民1028①二）。受遺者が遺言者に対して負担していた債務を免除することも、特定遺贈に当たります。

【特定遺贈の文例】

　遺言者は、遺言者の所有する次の土地を、遺言者の姪○○○○（平成○年○月○日生）に遺贈する。（不動産の表示　省略）

② 包括遺贈

　包括遺贈は、遺産の全部または一定割合で示された部分の遺産を受遺者に与える遺贈です。遺産の全部を対象とする場合を全部包括遺贈、一定割合で示された部分の遺産を対象とする場合を割合的包括遺贈といいます。

【全部包括遺贈の文例】

　遺言者は、遺言者の有する財産の全部を、遺言者の妻○○○○（昭和○年○月○日生）に包括して遺贈する。

【割合的包括遺贈の文例】

　遺言者は、遺言者の有する財産の全部を、遺言者の内縁の妻○○○○（昭和○年○月○日生）、長男○○○○（平成○年○月○日生）、長女○○○○（平成○年

○月○日生）の3名に対し、3分の1ずつの割合で包括して遺贈する。

③ 条件付遺贈・期限付遺贈

遺言には条件を付けることができますので、遺贈にも停止条件や解除条件を付けることができます（条件付遺贈）。また、始期や終期を定めた遺贈も有効です（期限付遺贈）。

④ 負担付遺贈

負担付遺贈は、受遺者に一定の行為を負担させることを内容とした遺贈です。負担の内容は遺贈の対象と関連している必要はありません。また、負担が履行されることによって利益を受ける者（受益者）は、相続人でも第三者でも構いません。受遺者は、負担の額が遺贈の対象の価額を上回るときは、その対象の価額を上限として負担を履行する義務を負います（民1002①）。負担の履行と遺贈の履行は同時履行の関係に立ちませんが、受遺者が負担を履行しない場合、相続人は、相当の期間を定めて催告し、その期間が経過したときに、遺贈の取消を裁判所に請求することができます（民1027）。

【負担付遺贈の文例】

第○条　遺言者は、遺言者の所有する次の土地を、遺言者の甥甲（平成○年○月○日生）に遺贈する。（金融資産の表示　省略）

第○条　受遺者甲は、前条の遺贈を受ける負担として、遺言者の長男乙（平成○年○月○日生）の生存中、同人に対し、生活費として毎月末日限り月額金○万円を支払わなければならない。

◆遺贈の効力

遺贈は、遺言の効力が生じたとき、つまり原則として遺言者が死亡したときから、その効力を生じます。特定遺贈では権利だけが受遺者に移転しますが、包括遺贈では、遺贈された遺産の全部または一定割合が、被相続人の一身に専属するものを除き、権利も義務も含めて包括的に受遺者に移転します（民990・899・896）。

特定遺贈の場合、遺贈の対象以外の相続財産については遺産分割の手続が必要になりますが、全部包括遺贈の場合は、すべての遺産が遺産分割の対象から外れますので、遺産分割の手続は不要になります。割合的包括遺贈の場合、通常、遺言者は、受遺者に対し相続財産全体から指定割合に応じた価値相当額を取得させることを意図しているにとどまり、個々の具体的財産それぞれについて指定割合に応じた共有持分を取得させることまでは想定していないはずですから、遺産の具体的な分割方法は遺産分割

手続によって決定されると考えるべきでしょう（司法研修所編「遺産分割事件の処理をめぐる諸問題」61頁以下（法曹会、1994））。

◆遺贈による権利変動の時期

　特定遺贈・全部包括遺贈を問わず遺贈により権利変動の効果を生じますが、その具体的時期は遺贈の対象によって異なります。例えば、遺贈の目的物が特定物の場合は、遺贈の効力が発生するのと同時に所有権が受遺者に移転します（大判大5・11・8民録22・2078）。債権の場合も同様で、受遺者は、遺贈の効力が発生するのと同時に債権の取立てをすることができます。他方、不特定物の場合は、対象を特定するという遺贈義務者の行為が必要になりますので（民401②）、遺贈の効力が発生した時点では未だ受遺者に所有権は移転しません。

◆遺贈義務者の担保責任

　遺贈の目的物が遺言者の死亡時に相続財産に属していなかったときは、遺贈は原則として無効です（民996本文）。

　しかし、遺言者が相続財産に属するかどうかを問わず遺贈の目的としたときは例外的に有効となり（民996ただし書）、遺贈義務者は、その権利を取得して受遺者に移転する義務を負い、権利を取得することができない場合等にはその価額を弁償しなければなりません（民997）。また、遺贈の目的物が不特定物の場合、遺贈義務者は、受遺者が第三者から追奪を受けたときには売主と同様の担保責任（損害賠償責任）を負いますし、不特定物に瑕疵があったときには瑕疵のない物を給付する必要があります（民998）。

＜アドバイス＞

○平成30年民法改正

　2020年4月1日以降になされた遺贈（遺贈が記載された遺言の作成日が同日以降のもの）については、債権法の改正にあわせ、遺贈義務者は、特定物であると不特定物であるとを問わず、原則として、相続開始時（その後に目的物が遺贈の目的として特定した場合はその特定時）の状態で引渡しまたは移転すれば足り（改正民998、平30法72改正附則1三）、改正前の民法998条のような担保責任を負いません。

178　第3章　遺　言

◆遺贈による権利変動と対抗問題

　受遺者は、遺贈により目的物の所有権を取得したとしても、これを第三者に対抗するためには、遺贈による物権変動につき対抗要件を具備する必要があります（特定遺贈について最判昭39・3・6判時369・20）。

　目的物が不動産の場合は登記が必要となり、登記権利者（受遺者）と登記義務者（通常は相続人）が共同して所有権移転登記を申請しなければなりません（不登60。昭和33年4月28日民甲779号民事局長通達）。

　債権が遺贈された場合は、民法899条の2第2項の適用はされませんので、受遺者からの通知ではなく、遺贈義務者から債務者に通知する必要があります（民467。最判昭49・4・26民集28・3・540）。

$$\boxed{\text{ケーススタディ}}$$

Q　遺言執行者が選任されている場合、誰が登記義務者になるか？

A　特定遺贈・包括遺贈を問わず、遺言執行者が選任されている場合、遺贈の履行は遺言執行者のみが行うことができますので（民1012②）、目的物が不動産の場合、遺言執行者だけが登記義務者になります。相続人が、遺贈の目的物を第三者に売却し所有権移転登記をするなど、相続財産の処分その他遺言の執行を妨げる行為をした場合、当該行為は原則として無効です（民1013①②）。

◆遺贈の承認・放棄・取消

① 特定遺贈の場合

　特定遺贈の受遺者は、遺言者の死亡後いつでも遺贈を放棄することができます（民986①）。ただ、放棄の時期に制限がないとすると、遺贈義務者その他の利害関係人（相続債権者など）は、その地位が不安定になりますので、受遺者に対し相当期間を定めて遺贈の承認または放棄をすべき旨の催告をすることができ、その期間内に遺贈義務者に回答がなければ受遺者は遺贈を承認したものとみなされます（民987）。特定遺贈の放棄は、遺贈義務者または遺言執行者に対する意思表示により行われ、家庭裁判所での申述を必要としません。放棄の効力は遺言者の死亡の時にさかのぼって生じ（民986②）、特定遺贈による受遺者への権利の移転は最初から生じなかったことになります。遺贈の承認や放棄の意思表示は撤回することができませんが（民

989①)、行為能力の制限や錯誤、詐欺、強迫を理由として取り消すことは可能です（民989②・919②）。

② 包括遺贈の場合

包括遺贈の受遺者は、相続人と同一の権利義務を有することから（民990）、相続放棄・承認に関する規定（民915・938・939・921）が適用され、包括遺贈を放棄するためには3か月の熟慮期間内に家庭裁判所での申述が必要になります。

◆遺贈の無効・取消

遺贈も法律行為ですから、法律行為一般の無効・取消事由（意思無能力、公序良俗違反、強行規定違反、行為無能力、錯誤、詐欺、強迫など）が妥当します。

また、遺贈は、遺言により行われるものですから、方式違反の遺言に記載された遺贈は無効です（民960）。遺言が取消・撤回された場合（民1022～1027）も遺贈の効力は失われます。

遺贈に特有の無効事由としては、①遺言者が死亡する以前に受遺者が死亡した場合（民994①）、②停止条件付遺贈で条件成就前に受遺者が死亡し、遺言者が遺言に別段の意思を表示していない場合（民994②）、③遺贈の目的物が遺言者の死亡時点で相続財産に属していなかった場合（民996）があります。

遺贈が無効、取消により効力を生じなかった場合や、放棄によって効力を失った場合には、受遺者が受けるべきであった財産は、遺言者が遺言に別段の意思を表示していない限り、相続人に帰属します（民995）。

$$\boxed{\text{ケーススタディ}}$$

Q 甲が乙に不動産を遺贈をする旨の遺言をしたが、甲が死亡する前に受遺者乙が死亡した場合、乙の子丙は乙を代襲して不動産を承継することができるか。

A 遺贈は無効となりますので（民994①）、丙は原則として遺贈の目的物である不動産を取得することはできません。丙が当該不動産を取得するためには、遺言書に「遺言者の死亡以前に乙が死亡したときは、これをその子丙に遺贈する」という別段の意思表示がされている必要があります。

180　第3章　遺言

(2)　相続分の指定の効力を確認する　■■■■■■■■■■■■■■

◆相続分の指定

　相続分の指定とは、被相続人が遺言によって、共同相続人の相続分について法定相続分と異なる割合を定め、またはその定めを第三者に委託することです（民902①）。

　相続分の指定は、一般に、相続すべき割合を相続財産全体に対する分数的割合で示されます。

【相続分の指定の文例】

　　遺言者は、次のとおり相続分を指定する。

　　　妻　　　○○○○（昭和○年○月○日生）　　8分の5

　　　長男　　○○○○（平成○年○月○日生）　　8分の2

　　　長女　　○○○○（平成○年○月○日生）　　8分の1

　一部の相続人についてのみ相続分を指定している場合、他の共同相続人の相続分は、法定相続分に従います（民902②）。

ケーススタディ

【ケース1】

Q　被相続人甲には妻乙と子丙、丁、戊がいるが、遺言で丙の相続分を3分の1と指定した場合、乙、丁、戊の相続分はどうなるか。

A　丙は全財産の3分の1を相続し、乙は3分の2×2分の1＝3分の1、丁と戊はそれぞれ3分の2×2分の1×2分の1＝6分の1の割合で相続します。

【ケース2】

Q　被相続人が、ある相続人の相続分を1とし、他のすべての相続人の相続分をゼロと指定した場合、遺言の趣旨は相続分の指定と考えるべきか。

A　遺言者の意図するところからみると、相続分の指定ではなく全部包括遺贈また

は特定財産承継遺言の趣旨と解するのが妥当（司法研修所編「遺産分割事件の処理をめぐる諸問題」43頁（法曹会、1994））と考えられています。

◆相続分の指定の効力

　相続分の指定は、被相続人自身が相続分の割合を定めたときは遺言の効力が生じたときから、その効力を生じます。第三者に指定を委託したときは、遺言が効力を生じた後第三者が指定をすることにより、相続開始の時に遡及して効力を生じます。

　相続分の指定により、法定相続分の割合は修正され、共同相続人間の遺産分割の割合の基準が定まります。相続分の指定は、遺産共有の状態に変更を加えるものではなく、各相続人に対し個々の相続財産に対する具体的権利を取得させる効果はありません。

◆相続分の指定による権利の承継と対抗問題

　共同相続人は、法定相続分に相当する共有持分については、対抗要件なくして相続による承継を第三者に対抗することができます（最判昭38・2・22判時334・37）。

　しかし、相続分の指定により法定相続分を超える割合を取得することになった相続人は、法定相続分を超える部分については、登記と実体の一致および取引の安全を図るため、その権利全体にかかる登記、登録その他の対抗要件を備えなければ権利の承継を第三者に対抗することができません（民899の2①）。

　相続により承継する権利が債権の場合は、原則として共同相続人全員で債務者に対する通知（民467）が必要になりますが、遺贈等の特定承継の場合と異なり、受益相続人以外の共同相続人は対抗要件具備に協力する義務がないので、共同相続人全員の協力が得られないときのことを考え、法定相続分を超える部分を承継する相続人が債務者に対して通知をすれば共同相続人の全員が通知したものとみなすとされています（民899の2②）。

アドバイス

○対抗要件主義の導入

　民法899条の2は平成30年民法改正で新設されたものですが、改正相続法の施行日（2019年7月1日）前に開始した相続については原則として改正前の法律によるところ（平30法72改正附則2・3）、改正前は相続分の指定により法定相続分を越える権利を取得する相続人は、対抗要件なくしてその取得を第三者に対抗することができると考えら

れており（最判平5・7・19判時1525・61）、改正の前後で取扱いが全く異なりますので、新法・旧法の適用関係には注意が必要です。

○**遺言の内容または遺産分割の内容を明らかにする通知**（民899の2②）

民法899条の2第2項は、虚偽の通知を防止するため、受益相続人が通知をするに当たって遺言の内容または遺産分割の内容を明らかにすることを要求しています。具体的には、債務者が客観的に遺言や遺産分割の内容を判断できるよう、公正証書遺言の正本・謄本、自筆証書遺言の原本・検認調書の謄本添付の遺言書写し、遺産分割協議書の原本、遺産分割の調停調書・審判書の謄本等の提示や写しの交付が必要になります。

◆**相続分の指定による債務の承継と相続債権者**

共同相続人は、相続分の指定により相続人間では指定の割合に応じて債務を承継しますが、相続債権者は、各共同相続人に対し、法定相続分に応じて権利を行使することができます（民902の2本文）。

ただし、相続債権者は、指定された相続分に応じた債務の承継を承認し、指定相続分に応じた権利行使をすることもできます（民902の2ただし書）。相続債権者は、法定相続分に応じた権利行使をした後でも、この承認をすることができますが、承認をした後においては撤回は許されず指定相続分に応じた権利行使しかできません。

(3) 遺産分割方法の指定の効力を確認する ■■■■■■■■■■■

◆**遺産分割方法の指定**

遺産分割方法の指定とは、被相続人が遺言によって、遺産の分割方法を定め、またはその定めを第三者に委託することです（民908）。

遺産分割方法の指定は、法定相続分をそのままにしておく場合もありますが、指定にしたがって分割することにより相続分の変更（相続分の指定）を伴うと解釈される場合もあります。

【遺産分割方法の指定の文例】

遺言者は、別紙遺産目録記載の遺産を、遺産分割協議において次のとおり分割するよう、分割の方法を指定する。

① 不動産（土地および建物）は、長男○○○○（平成○年○月○日生）が取得する。

② 有価証券は、次男○○○○（平成○年○月○日生）が取得する。

③ 預貯金ならびに①および②以外の遺産は、妻○○○○（昭和○年○月○日生）が取得する。

◆遺産分割方法の指定の効力

遺産分割方法の指定は、相続財産をどのように配分するかについての方法（現物分割、換価分割、代償分割またはこれらの組合せ）を指定するものにすぎず、これによって当然に分割の効果が生じるわけではありません。個々の遺産の具体的な配分は遺産分割の手続が必要であり、分割方法の指定は遺産分割の協議ないし審判を事実上拘束する準則として機能します。ただし、共同相続人が協議によって指定と異なる分割をすることは妨げられません。

なお、遺産分割方法の指定の中には、遺産に属する特定の財産の承継先となる相続人を指定し、直接権利移転の効力を有すると解釈されるものが多く見られますが（特定財産承継遺言）、その効力については後述します。

◆遺産分割方法の指定による権利の承継と対抗問題

遺産分割方法の指定により法定相続分を超える割合を取得することになった相続人は、相続分の指定の場合と同様、法定相続分を超える部分については、登記、登録その他の対抗要件を備えなければ権利の承継を第三者に対抗することができません（民899の2）。

直接権利移転の効力を有する遺産分割方法の指定（特定財産承継遺言）の対抗問題については、後述します。

(4) 特定財産承継遺言（相続させる遺言）の効力を検討する　■ ■ ■

◆特定財産承継遺言の定義

特定財産承継遺言とは、遺産の分割方法の指定として遺産に属する特定の財産を共同相続人の1人または数人に承継させる旨の遺言を言います（民1014②）。

遺言実務（ことに公正証書遺言の実務）では、かねてから「特定の財産を、特定の相続人に、相続させる」旨の遺言が、特定遺贈と同様即時の権利移転を生じさせつつ、登記手続において相続人に有利な取扱いを受けさせる目的で用いられてきました。その性質には争いがありましたが、最高裁は、遺言者の意思の合理的解釈として、「遺言

184　第3章　遺　言

書の記載から、その趣旨が遺贈であることが明らかであるか又は遺贈と解すべき特段の事情がない限り、・・・遺産の分割方法を定めた遺言であり、・・・特段の事情がない限り、何らの行為を要せずして、被相続人の死亡の時（遺言の効力が生じた時）に直ちに当該遺産が当該相続人に相続により承継される」と判断しました（最判平3・4・19判時1384・24）。

　平成30年民法改正では、この「相続させる」旨の遺言の原則的な場合を特定財産承継遺言と定義し、権利・義務の承継などの面で規律を加えています。

　【特定財産承継遺言の文例1】
　　　遺言者は、遺言者の有する一切の財産を、遺言者の妻〇〇〇〇（昭和〇年〇月〇日生）に相続させる。

　【特定財産承継遺言の文例2】
　　　遺言者は、遺言者の有する次の建物を遺言者の長女〇〇〇〇（平成〇年〇月〇日生）に相続させる。

　【特定財産承継遺言の文例3】
　　　遺言者は、別紙遺産目録記載の不動産を、遺言者の妻〇〇〇〇（昭和〇年〇月〇日生）、長男〇〇〇〇（平成〇年〇月〇日生）および次男〇〇〇〇（平成〇年〇月〇日生）に共有持分3分の1の割合にて相続させる。

◆特定財産承継遺言の法的性質
　特定財産承継遺言は、遺産分割の方法を定めたものです（民1014②）。
　相続させる特定の遺産の価額が承継する相続人の法定相続分を超える場合は、相続分の指定を伴うものと考えられます（最判平3・4・19判時1384・24、最判平14・6・10判時1791・59）。

ケーススタディ

【ケース1】

Ｑ　特定財産承継遺言で配偶者居住権を定めた場合の効力はどうなるのか。

Ａ　配偶者居住権の設定は遺贈によると明記されていること（改正民1028①二）、また特定財産承継遺言（遺産分割方法の指定）による取得を認めれば、配偶者は配偶

者居住権の取得を希望しない場合には配偶者居住権だけの放棄ができず相続放棄をせざるを得ないことなどがあげられていますから、改正民法1028条1項2号を特定財産承継遺言に類推適用することはできず、配偶者居住権の定めは無効と考えざるを得ません。

しかし、これでは配偶者を保護しようとする遺言者の意図に反する結果となりますから、遺言者の意思の合理的解釈として、配偶者居住権に関する部分は遺贈の趣旨と考えるべきです。

【ケース2】

Q 居住用不動産を配偶者に相続させる旨の特定財産承継遺言がなされた場合、持戻し免除の意思表示の推定（民903④）がおよぶのか。

A 民法903条4項は、明文で遺贈または贈与がされた場合を対象としているので、特定財産承継遺言の場合には直接適用されません。

ただ、遺言者は、特定財産承継遺言の場合でも、通常、残余の遺産の分割において配偶者の取り分を特定承継財産（居住用不動産）の分だけ減らす意図は有していないでしょうから、特段の事情がない限り、遺産分割方法の指定と併せて相続分の指定がされているものとして取り扱い、民法903条4項を適用したのと同様の結果になる場合が多いであろうとの指摘があります（堂薗幹一朗＝野口宣大『一問一答　新しい相続法－平成30年民法等（相続法）改正、遺言書保管法の解説』62頁（商事法務、2019））。

◆特定財産承継遺言の効力

特定財産承継遺言により、当該遺産を当該相続人に帰属させる旨の遺産分割がなされたのと同様の承継関係が生じ、特段の事情が無い限り、何らの行為を要せずして、被相続人の死亡のとき（遺言の効力が生じたとき）に直ちに特定の遺産が特定の相続人に承継されます（最判平3・4・19判時1384・24）。

そのため、特定の遺産を相続させる旨の特定財産承継遺言がなされた場合、当該遺産は遺産分割の対象ではなくなります。また、すべての遺産を相続させる旨の特定財産承継遺言がなされた場合は、遺産分割の対象となる財産が全く存在しないことになります。

他の共同相続人は、特定財産承継遺言に拘束され、理論上はこれと異なる遺産分割の協議をすることはできないと考える余地もあります。

186　第3章　遺　言

　特定財産承継遺言により遺産を相続させるものとされた推定相続人が遺言者の死亡
以前に死亡した場合には、遺贈の場合と同様、遺言者が当該推定相続人の代襲者その
他の者に遺産を相続させる旨の意思を有していたとみるべき特段の事情がない限り、
当該遺言は無効になります（最判平23・2・22判時2108・52）。

$$\boxed{\text{ケーススタディ}}$$

Q　特定の遺産を数名の相続人に割合的に相続させる旨の遺言がなされた場合前記
　　(3)、指定された相続人らは指定割合に応じた共有持分を取得するのか。

A　「共有持分は・・・の割合」、「共有持分・・・割合にて」、「持分均等の割合で」
　　という文言が用いられている場合には、当該財産について直接共有持分を取得さ
　　せる趣旨（特定財産承継遺言）と考えることができます（片岡武＝菅野眞一『第3版
　　家庭裁判所における遺産分割・遺留分の実務』472頁以下（日本加除出版、2017））。

◆特定財産承継遺言による権利変動と対抗問題

　特定財産承継遺言により法定相続分を超える割合を取得することになった相続人
は、相続分の指定の場合と同様、法定相続分を超える部分については、登記、登録そ
の他の対抗要件を備えなければ権利の承継を第三者に対抗することはできません（民
899の2①）。

　特定承継財産が不動産のときは登記が必要になりますが、遺贈とは異なり、登記権
利者（受益相続人）が単独で登記申請することができます（不登63②、昭47・4・17民甲1442
民事局長通達）。このように承継する相続人が単独で登記申請できることから、従前は、
遺言執行者が行うべき職務は顕在化せず、遺言執行者には登記をすべき権利も義務も
ないと考えられていましたが（最判平11・12・16判時1702・61）、平成30年民法改正により
対抗要件具備の必要性が高まったことから、遺言執行者も、受益相続人のために対抗
要件を具備する権限があることが明記されました（民1014②）。なお、遺言執行者がい
る場合であっても、特定財産を承継する相続人が単独で登記申請をすることは妨げら
れません（民1013①には該当しません）。

　承継する権利が債権の場合も同じく対抗要件（民467）が必要であり、共同相続人全
員で債務者に対する通知を行うべきですが、相続分の指定の場合と同様、特則が設け
られています（民899の2②）。

第2 遺言の有効性と効力を検討する 187

アドバイス

○対抗要件主義の導入

　平成30年の民法改正前は、相続させる遺言により権利を取得する相続人は、対抗要件なくしてその取得を第三者に対抗することができると考えられていました（最判平14・6・10判時1791・59）が、改正により法定相続分を超える部分については対抗要件を備えなければ第三者に対抗することができなくなりました。このように平成30年民法改正の前後で取扱いが全く異なりますので、新法・旧法の適用関係には注意が必要です（平30法72改正附則2）。

◆特定財産承継遺言による債務の承継と相続債権者

　すべての遺産を特定の相続人に相続させる遺言がなされた場合、遺言の趣旨等から当該相続人に相続債務をすべて相続させる意思がないことが明らかでない限り、相続人間においては、当該相続人が相続債務をすべて承継します（最判平21・3・24判時2041・45）。

　もっとも、債務について相続分の指定が含まれる場合であっても、相続債権者は、各共同相続人に対し、法定相続分の割合で債権を行使することができますし、相続分の指定割合に応じた債務の承継を承認して相続債務全部の履行を請求することもできます（民902の2）。

(5) 遺言の解釈をする ■■■■■■■■■■■■■■■■■■■■■■■■

◆遺言者の最終意思の尊重

　遺言の内容が不明確な場合、解釈によって遺言の意味を確定し、その効力を判断する必要があります。遺言は相手方のない単独行為であり、契約の場合と異なって相手方の信頼保護や取引の安全を考慮する必要はありませんから、もっぱら遺言者の意思を尊重して合理的に解釈し、可能な限り有効となるようにすべきです（最判平5・1・19民集47・1・1）。また、遺言書の文言を形式的に判断するだけでなく、遺言書の全記載との関連、遺言書作成当時の事情および遺言者の置かれた状況などを考慮して、遺言者の真意を探求し、遺言の趣旨を確定すべきです（最判昭58・3・18判時1075・115、最判平17・7・22判時1908・128）。

　しかし、他方で、遺言は要式行為ですから、自ずから遺言者の意思の補充的解釈に

188　第3章　遺　言

は限界があり、遺言書の記載・表示からかけ離れた解釈が許されるわけではありません。例えば、遺言の記載自体から遺言者の意思を合理的に解釈し得る場合には、遺言書に表れていない事情をもって遺言の意思解釈とすることは認められないでしょう（最判平13・3・13判時1745・88）。

◆遺言の解釈の例

遺贈や相続分の指定などの遺言の効力に関する解釈の一例です。

① 特定の財産を特定の相続人に「相続させる」趣旨の遺言は、遺言書の記載から、その趣旨が遺贈であることが明らかであるかまたは遺贈と解釈すべき特段の事情がない限り、遺贈ではなく、遺産分割の方法を定めたものであり、当該遺産は被相続人の死亡時に直ちに当該相続人に相続により承継される。

② 割合的包括遺贈の場合、遺言者は、特段の事情がない限り、受遺者に対し相続財産全体から指定割合に応じた価値相当額を取得させることを意図しているにとどまり、個々の具体的財産それぞれについて指定割合に応じた共有持分を取得させることまでは意図していない。

③ 被相続人が、ある相続人の相続分を1とし、他のすべての相続人の相続分をゼロと指定した場合、遺言者の意図するところからみると、相続分の指定ではなく、全部包括遺贈または包括全部「相続させる」遺言（特定財産承継遺言）の趣旨と解するべきである。

④ 特定財産承継遺言で相続させる特定の遺産が法定相続分の割合を下回る場合、通常、被相続人としては残りの遺産の取得を禁止する意思まではなく、相続分の指定を伴わないと解するのが合理的である。

⑤ 相続させる旨の遺言において、「共有持分は・・・割合」、「共有持分・・・割合にて」、「持分均等の割合で」の語が用いられている場合は、当該財産について直接共有持分を取得させる趣旨（特定財産承継遺言）であると解される。

⑥ 特定財産承継遺言で配偶者居住権が定められた場合、配偶者居住権に関する部分は遺贈の趣旨と解するのが遺言者の合理的意思と合致するものと考えられる。

第2　遺言の有効性と効力を検討する　189

4 遺言無効確認請求訴訟

　遺言の有効・無効に関する争いは、各共同相続人の取得額に多大な影響を与えますので、通常、話合いは困難です。したがって、遺言無効確認請求訴訟により解決する場合が多いです。なお、遺言の有効を主張する者が原告となって遺言有効確認請求訴訟を提起する場合もあります。

> **(1)　遺言無効確認の手続を確認する**
> ↓
> **(2)　訴えの内容を確認する**

(1)　遺言無効確認の手続を確認する ■■■■■■■■■■■■■■

◆調停前置

　遺言の無効確認請求は、家庭に関する事件ということから、形式上は訴えを提起する前に、まずは家庭裁判所に家事調停の申立てをするということになります（家事257①・244）。そこで、理論上は訴えが提起された場合に、裁判所の職権で家事調停に付されることもあり得ます（家事257②本文）。ただし、裁判所が事件を調停に付するのが相当でないと認めるときは、この限りではないと定められています（家事257②ただし書）。しかし、遺言の無効に関する争いは対立が激しいことから、実質的には調停に馴染みませんので、むしろ、最初から訴え提起をすることが通例だと思われます。

> ケーススタディ

Q　どのような場合が調停前置の例外（家事257②）に当たるか。

A　紛争の状態、程度等に照らしてその時点で家事調停を実施しても解決する見込みがないと考えられるような場合、具体的には、被告が所在不明の場合、事前交渉に全く応ぜず調停期日に欠席することが明白な場合などは、合意成立の見込みが全くないと言ってよいでしょうから、調停前置の例外に当たると思われます。このような場合には、訴えを提起するに当たって、上申書等で事情を説明し、裁

判所に家事事件手続法257条2項ただし書による処理をするよう求めるべきでしょう。

アドバイス

○調停を前置した場合の訴え提起の手数料

　調停手続を前置した場合、調停不成立の通知を受けた日から2週間以内に訴えを提起したときは、訴え提起の手数料から調停申立てで納めた手数料の額を控除することができます（民訴費5①、家事272③）。

◆管　轄

　調停が成立しないときは、調停に代わる審判（家事284）がなされない限り、訴訟を提起するほかありません。

　遺言無効確認請求訴訟の管轄は、被告の普通裁判籍の所在地（民訴4）と相続開始時における被相続人の普通裁判籍の所在地（民訴5十四）のいずれかです（民訴7）。

◆当事者

　遺言無効確認請求訴訟の当事者となり得る者は、相続人および受遺者とその承継人ならびに遺言執行者です。遺言無効確認請求の実質は遺言により被告が承継する財産について所有権または共有持分権を有しないことの確認を求めるものですから、原則として合一にのみ確定すべき場合には当たらず固有必要的共同訴訟ではありません（最判昭56・9・11判時1023・48）。

◆確認の利益

　遺言の無効確認は、過去の法律行為の確認を求めるものですが、それにより現在の特定の法律関係の効力を解決することができるものですので、原則として確認の利益が認められます（最判昭47・2・15判時656・21）。他方、既に遺言の内容が実現された後には確認の利益が否定される場合があり、例えば遺贈義務の履行として受遺者に対する所有権移転登記がなされているときは、確認の利益がなく、端的に受遺者に対する所有権移転登記の抹消登記手続請求の訴えを提起することになります（最判昭51・7・19判時839・69）。

第2 遺言の有効性と効力を検討する　191

(2) 訴えの内容を確認する　■■■■■■■■■■■■■■■■■■

◆請求の趣旨

遺言無効確認請求訴訟の請求の趣旨の記載例は以下のとおりです。

【公正証書遺言の場合】

　○○地方法務局所属公証人乙が平成○年○月○日に作成した平成○年第○○○
○号遺言公正証書による亡甲の遺言が無効であることを確認する。

【自筆証書遺言の場合】

　亡甲が平成○年○月○日にした別紙記載の自筆証書遺言が無効であることを確
認する。

◆請求原因

　遺言無効確認請求の実質は、通常、消極的確認訴訟ですから、その請求原因は、権
利または法律関係の発生原因事実ではなく（これらは後述のように抗弁になります）、
訴訟物の特定と確認の利益を基礎づける事実にとどまります。具体的には、①被告が
遺言により財産を承継したと主張していること、②遺言者が死亡したこと、③遺言者
が死亡当時、遺言の目的財産を所有していたこと、④原告が遺言者の相続人またはそ
の承継人であること、となります。

```
┌─────────────── アドバイス ───────────────┐

○争点（遺言無効原因）の具体的明示
　　請求原因の記載には原告が主張しようとする遺言の無効原因が含まれていないの
　で、そのままでは裁判所は争点を早期に把握することができず、被告も実質的な認否
　反論をすることができません。そこで、原告は、訴訟進行に資するため、請求原因と
　は別に、予想される争点や訴訟に至る経緯を記載したり、無効原因（再抗弁事実）を
　先行して主張したりするのが望ましいと言えるでしょう。

└─────────────────────────────────────┘
```

◆抗　弁

　抗弁は、遺言書が成立要件を備えていることです。成立要件の詳細は本章第1 1
遺言の概要を参照してください。争点が遺言の方式違反や偽造の場合は、この抗弁

192　第3章　遺　言

の否認という形で現れます。

◆再抗弁

　再抗弁は遺言の無効原因であり、主なものとしては、①遺言時に遺言能力がなかったこと、②遺言内容が公序良俗に違反すること（民90）、③錯誤（民95）、④詐欺、強迫（民96）、⑤公正証書遺言における証人・立会人に欠格事由があったこと（民974）、⑥遺言が撤回されたこと（民1022〜1024）、⑦遺言者の死亡以前に相続人、受遺者が死亡したこと（民994）、⑧相続人・受遺者に相続欠格事由があること（民965・891）、⑨同一の証書に他人が遺言をしていること（民975）があります。

【参考書式23】訴　状（遺言無効確認請求）

第2 遺言の有効性と効力を検討する　193

【参考書式22】遺言書検認申立書

遺言書検認申立書

令和○年○月○日

○○家庭裁判所　御　中

申立人代理人弁護士　乙　山　春　男　㊞

（申立人の表示　略）

（遺言者の表示　略）

申立ての趣旨

遺言者の自筆証書による遺言書の検認を求める。

申立ての理由

1　申立人は、遺言者の子である。

2　遺言者は、令和○年○月○日死亡した。

3　申立人は、平成○年ころ、申立人が遺言者の自宅の引出しの中から、封印されている状態の遺言書と記載された書類を発見した。

4　申立人はその遺言書を申立人名義の貸金庫で保管している。

5　よって、遺言書の検認を求める。

なお、遺言者の相続人は、別添相続人目録のとおりである。

添付書類（略）

相続人目録（略）

194 第3章 遺言

【参考書式23】訴 状（遺言無効確認請求）

訴 状

令和○年○月○日

○○地方裁判所　御　中

原告訴訟代理人弁護士　乙　川　冬　男　㊞

（当事者目録）別紙のとおり

遺言無効確認及び更正登記手続請求事件

訴訟物の価格　　○○円

貼用印紙額　　　○○円

第1　請求の趣旨

　1　別紙第1目録に記載した遺言者甲野太郎の平成○年○月○日付け自筆証書遺言
　　は無効であることを確認する。

　2　被告らは原告に対し、別紙第2目録記載の土地につき、東京法務局令和○年○
　　月○日受付第○○号所有権移転登記中、遺贈を原因として権利者被告らが持分各
　　2分の1とあるのを、相続を原因として原告の持分2分の1、被告らの持分各4
　　分の1とする所有権移転登記に更正する登記手続をせよ。

　3　訴訟費用は被告らの負担とする。

第2　請求の原因（略）

第3 遺言執行者を選任する

＜フローチャート〜遺言執行者＞

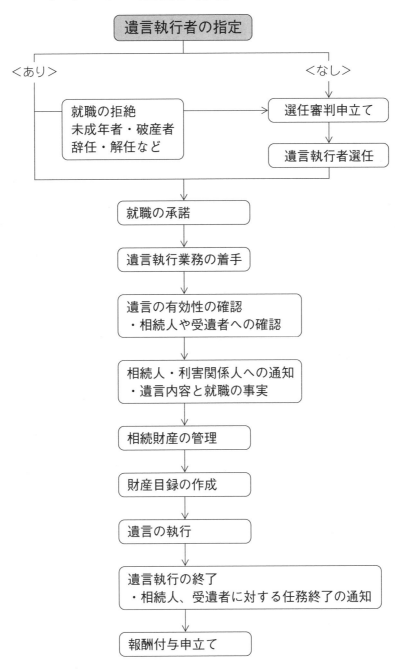

196　第3章　遺言

1　遺言執行者選任申立て

> **(1)　選任審判の申立てをする**
> ↓
> **(2)　申立手続を確認する**

(1)　選任審判の申立てをする　■■■■■■■■■■■■■■■■■■■■

　遺言執行者は、遺言内容を実現するため、遺言の執行に必要な一切の行為をする権利義務を有する者をいいます（民1012①）。

　遺言者は、遺言によって遺言執行者を指定し、またはその指定を第三者に委託することができますが（民1006①）、遺言執行者の指定がないときや、被指定者が委託を辞退したとき（民1006③）、就職を拒絶したとき（民1008）、未成年者・破産者であるとき（民1009）、遺言執行者が解任・辞任したとき（民1019）等、遺言執行者がなくなったときに、遺言の内容を実現するために、遺言執行者を選任する必要がある場合があります。そのような場合、利害関係人（相続人、相続債権者、受遺者等）は、家庭裁判所に遺言執行者選任の審判を申し立てることができます（民1010）。

(2)　申立手続を確認する　■■■■■■■■■■■■■■■■■■■■■

　遺言執行者の選任の申立ては、相続開始地を管轄する家庭裁判所にします（家事209①）。

　申立てに当たっては、遺言者の死亡の記載のある戸籍謄本（戸籍全部事項証明書）、遺言執行者候補者の住民票、遺言書の写し、利害関係を基礎付ける資料の書類を添付する必要があります。

　申立人は、遺言執行者候補者を挙げることができますが、誰を遺言執行者とするかは、最終的に家庭裁判所の判断に委ねられています。家庭裁判所は、遺言執行者の選任の審判に当たって、遺言執行者候補者の意見を聞かなければならないため（家事210②）、それによって就職の諾否や適格性を判断して遺言執行者を選任します。

【参考書式24】遺言執行者選任審判申立書

2 遺言執行者の業務

```
(1) 遺言執行者の地位を確認する
        ↓
(2) 遺言執行者の権利義務を確認する
        ↓
(3) 遺言の有効性を検討する
        ↓
(4) 遺言執行者の業務を確認する
```

(1) 遺言執行者の地位を確認する ■■■■■■■■■■■■■■■

◆遺言執行者の地位（遺言執行者の行為の効果）

遺言執行者の地位について、平成30年改正前民法は、「遺言執行者は、相続人の代理人とみなす。」としていましたが（改正前民1015）、遺言執行者の法的地位を明確にするため、平成30年改正民法は、「遺言執行者がその権限内において遺言執行者であることを示してした行為は、相続人に対して直接にその効力を生ずる。」とし、遺言執行者の行為の効果が相続人に帰属することを明示しました（民1015）。

◆遺言執行者の訴訟上の地位

遺言執行者は、相続財産に対し、排他的管理処分権限を取得し、他方、相続人はそれらの財産に対する権限を失うことから（民1013①）、遺言執行に関する訴訟（受遺者の遺贈の目的不動産の所有権移転登記手続請求訴訟等）においては、遺言執行者のみが当事者適格をもつと解されています（最判昭31・9・18判タ65・78、最判昭43・5・31判時521・49）。

(2) 遺言執行者の権利義務を確認する ■■■■■■■■■■■■■■

◆遺言執行者の権利義務

遺言執行者は、遺言の内容を実現するため、相続財産の管理その他遺言の執行に必要な一切の権利義務を有します（民1012①）。執行に必要な権利には、相続財産の保存、

利用等の管理権の他、相続財産の売却等の処分権も含まれます。

　遺言執行者がある場合、遺言執行者のみが遺贈の履行をすることができます（民1012②）。また、特定財産承継遺言がされた場合、遺言執行者は、その遺言によって不動産等を取得する受益相続人のために、登記、登録等の対抗要件の具備に必要な行為をすることができます（民1014②）。預貯金債権について特定財産承継遺言がなされた場合には、遺言執行者は、預貯金の払戻しや解約の申入れをすることができます（民1014③）。

　遺言執行者には、委任の規定が準用されます（民1012③）。したがって、遺言執行者は、善管注意義務（民644）、報告義務（民645）、受取物の引渡義務（民646）、受領した金銭についての責任（民647）を負う他、費用償還請求権（民650）を有します。

　遺言執行者は、自己の責任で第三者にその任務を負わせることができます（民1016①本文）。ただし、遺言者が遺言に別段の意思を表示したときは、その意思に従います（民1016①ただし書）。第三者に任務を負わせることについてやむを得ない事由があるときは、遺言執行者は、相続人に対し、その選任および監督についての責任のみを負います（民1016②）。

◆遺言執行の妨害行為の効力

　遺言執行者がいる場合、相続人は、相続財産の処分その他遺言執行を妨げる行為をすることができません（民1013①）。これに違反する行為の効力については、従来、絶対無効とされていました（大判昭5・6・16民集9・550）。

　しかし、平成30年改正民法では、取引の安全を図るため、違反行為については、原則として無効としつつ、善意の第三者には対抗できないとしました（民1013②）。

　もっとも、相続人の債権者は、相続財産についてその権利を行使することは妨げられません（民1013③）。

(3)　遺言の有効性を検討する　■■■■■■■■■■■■■■■■■■

　遺言が無効であればそもそも遺言の執行の余地はないので、遺言執行者は、就職後、まず、遺言の有効性を確認します。遺言の有効性を確認するには、遺言書が必要なので、遺言執行者は、就職後、家庭裁判所で申立書類を謄写し、遺言書を入手する必要があります。

　遺言の有効性については、自筆証書遺言の形式的要件（民968）や遺言能力の有無が問題になりますが、署名の偽造や遺言能力の有無は、一見して明らかではないので、遺言執行者としては、明らかに無効といえる場合を除いて、遺言が有効であることを

前提として対応することになります。

アドバイス

○相続人や受遺者に対する確認

　遺言の有効性について、相続人間あるいは相続人と受遺者間で紛争になることは少なくありません。そのような場合、遺言執行者自身が紛争に巻き込まれる可能性があります。そこで、遺言執行者としては遺言執行に着手するに当たり（財産目録を交付する際など）、相続人や受遺者に対して遺言の有効性について疑義があるかどうか確認するとよいです。

---

(4)　遺言執行者の業務を確認する　■■■■■■■■■■■■■■■■

　遺言執行者の業務は、遺言の内容によって決まるので、遺言執行者は、遺言の内容を確認する必要があります。その上で、遺言の内容が執行を要するか否かについて検討します。

　遺言事項のうち、①認知（民781）、②推定相続人の廃除または取消（民893・894②）、③遺贈（民964）、④財団法人の設立のための寄附行為（一般社団財団152②）、⑤信託の設定（信託3三）については、遺言執行者による執行が必要となりますが、中心となる業務は、不動産の所有権移転登記手続・売却、預貯金の名義書換・払戻し・解約、株式の名義書換、動産の引渡し、自動車の登録手続・引渡し等の相続財産の処分です。

3 遺言の執行

> (1) 相続人および利害関係人に対し通知する
> ↓
> (2) 相続財産を管理する
> ↓
> (3) 財産目録を作成する
> ↓
> (4) 遺言内容を執行する

(1) 相続人および利害関係人に対し通知する ■■■■■■■■■

　遺言執行者は、就職を承諾したときは、直ちにその任務を行わなければなりませんが（民1007①）、さらに、平成30年改正民法では、任務を開始したときは、遅滞なく、遺言の内容を相続人に通知しなければならない旨の規定が追加されました（民1007②）。

　したがって、遺言執行者としては、すべての相続人に対して、遺言執行者に就職したことを通知するとともに、遺言書の写しを添付して遺言の内容を通知する必要があります。

アドバイス

○遺言内容の通知

　相続債権者、受遺者、相続財産の保管者、相続債務者等の利害関係人に対する通知は、法律上要求されているわけではありません。しかし、これらの利害関係人は、遺言の存在や内容、遺言執行者の存在を知らないことも多く、無用な紛争を回避するためにも、相続人と同様、遺言執行者に就職したこと及び遺言書の写しを添付して遺言の内容を通知するのがよいでしょう。

---

(2) 相続財産を管理する ■■■■■■■■■■■■■■■■■■■■■

　遺言執行者は、相続財産の管理その他遺言の執行に必要な一切の権利義務を有し、

就職を承諾後、直ちに任務を開始しなければなりません。そこで、遺言執行者として
は、遺言の執行に備えるため、就職後、早期に相続人から事情を聴取し、相続財産の
存否を調査してその状況を把握し、相続財産を自己の管理下に移す必要があります。
　具体的な管理方法は、次のとおりです。

◆不動産

　保管者から権利証、登記識別情報通知書の引渡しを受け、全部事項証明書を取得し
て権利関係を確認します。不動産が賃貸されている場合であれば、賃貸借契約書の引
渡しを受けるとともに、賃料の管理状況について確認します。また、必要があれば鍵
を預かります。

◆預貯金

　保管者から通帳や印鑑の引渡しを受け、相続人による払戻しがされないよう、金融
機関に遺言執行者に就職した旨を通知します。

◆貸金庫

　相続人に開閉されないよう、金融機関等の貸金庫の設置者に遺言執行者に就職した
旨を通知します。

◆株式等の有価証券

　保管者から証書、証券、株券あるいは配当金通知書などの株式情報が記載された書
類、保護預り証、印鑑等の引渡しを受け、証券会社等の口座管理会社に遺言執行者に
就職した旨を通知します。

◆貸金等の債権

　保管者から契約書等の引渡しを受け、債務者に就職した旨を通知します。

◆貴金属等の動産

　保管者から現物、保証書、鑑定書等の引渡しを受けます。

◆自動車

　保管者から車検証、ローン契約書等の引渡しを受け、運輸支局または自動車検査登
録事務所に申請して登録事項等証明書を取得します。また、自動車の存在と保管場所
を確認します。

202　第3章　遺　言

(3)　財産目録を作成する　■■■■■■■■■■■■■■■■■■■■■

　遺言執行者は、遅滞なく、相続財産の目録を作成して、相続人に交付しなければいけません（民1011①）。財産目録の作成は、遺言執行者の管理処分権の対象であることが特定され、現在の状態が明らかになっていれば足り、個々の相続財産の価額を調査して記載する必要はありません。また、家財道具等は、一括して概算の合計価額を記載すれば足ります。

　債務については、債務が執行に関係している場合には記載する必要がありますが、執行に関係ない場合には、記載する必要はありません。

(4)　遺言内容を執行する　■■■■■■■■■■■■■■■■■■■■■

◆認　知

　認知は、戸籍法の定めるところにより届出をし（民781①）、遺言によってもすることができます（民781②）。この場合、遺言執行者は、就職の日から10日以内に認知の届出をする必要があります（戸64）。認知の届出に当たっては、市区町村の役所にある認知届出書に必要事項を記載し、遺言書謄本（自筆証書遺言の場合、検認が必要）、遺言執行者の資格証明書（選任執行者の場合は選任書、指定執行者の場合は遺言書）を添付して、遺言者の本籍地か、遺言執行者の所在地の役所に届出をします（戸25①）。

◆推定相続人の廃除・廃除の取消

　被相続人は、遺言で推定相続人を廃除し、あるいは、廃除を取り消すことができます。この場合、遺言執行者は、就職後遅滞なく、推定相続人の廃除・廃除の取消を家庭裁判所に請求しなければいけません（民893・民894②）。

　推定相続人の廃除審判・廃除取消審判の申立ては、相続開始地の家庭裁判所にします（家事188①ただし書）。申立てに当たっては、被相続人・推定相続人の戸籍謄本（戸籍全部事項証明書）、遺言書の写し、遺言執行者の資格証明書を添付します。

　審判が確定すると、廃除あるいは廃除の取消は、被相続人の死亡時にさかのぼって効力を生じます。遺言執行者は、審判が確定した日から10日以内に役所に届出をしなければいけません（戸97・63①）。

◆特定財産承継遺言（いわゆる「相続させる」遺言）

　判例は、特定財産承継遺言は、当該遺言において相続による承継を当該相続人の意

思表示にかからせたなどの特段の事情のない限り、何らの行為を要せずして、当該遺産は被相続人死亡のときに直ちに相続により承継されるとしつつも（最判平3・4・19判時1348・24）、これによって当該遺言の内容を具体的に実現するための執行行為が当然に不要となるものではなく、当該不動産の所有権移転登記を取得させることは、民法1012条1項「遺言の執行に必要な一切の行為」に当たり、遺言執行者の職務権限に属し、ただ、登記実務上、当該相続人が単独で登記申請することができるので、当該不動産が被相続人名義である限りは、遺言執行者の職務権限は顕在化せず、遺言執行者は、登記手続をすべき権利も義務もないとしていました（最判平7・1・24判時1523・81）。

　他方、当該相続人への所有権移転登記がされる前に、他の相続人が当該不動産につき自己名義の所有権移転登記を経由したため、遺言の実現が妨害される状態が出現したような場合には、遺言執行者は、遺言執行の一環として、その妨害を排除するため、所有権移転登記の抹消登記手続を求めることができ、さらには、当該相続人への真正な登記名義の回復を原因とする所有権移転登記手続を求めることもできるとしていました（最判平11・12・16判時1702・61）。

　平成30年改正民法は、取引安全の見地から、相続による権利承継は、法定相続分を超える部分については、対抗要件を備えなければ、第三者に対抗できないとし（民899の2①）、特定財産承継遺言があったときは、遺言執行者は、対抗要件を備えるために必要な行為をすることができるとして、遺言執行者の権限を明確化しました（民1014②）。

アドバイス

○不動産の執行の場合

　平成30年改正前民法において、判例は、特定財産承継遺言によって不動産を取得した場合、登記なくして第三者に対抗できるとしていました（最判平14・6・10判時1791・59）。しかし、平成30年改正民法において、相続による権利承継は、法定相続分を超える部分については、対抗要件を備えなければ、第三者に対抗できないとされました（民899の2①）。したがって、改正後においては、遺言執行者は、できる限り速やかに対抗要件を具備する手続を取る必要があります。

○預貯金債権の執行の場合

　平成30年改正民法は、預貯金債権について特定財産承継遺言があったときは、遺言執行者は、民法899条の2第1項の対抗要件を備えるために必要な行為の他、預貯金の払戻しや預貯金契約の解約の申入れをすることができるとして、遺言執行者の権限を明確化しました（民1014③本文）。

ただし、預貯金債権の一部が特定財産承継遺言の目的になっている場合に全額の払戻しを認めると、受益相続人以外の相続人の利益を害するので、預貯金契約の解約の申入れは、預貯金債権の全部が特定財産承継遺言の目的となっている場合しかできません（民1014③ただし書）。

◆遺　贈

遺言者は、包括または特定の名義で、その財産の全部または一部を処分することができます（民964）。これを遺贈といい、遺産の全部または割合をもって遺贈する場合を包括遺贈、特定の物または権利を遺贈する場合を特定遺贈といいます。包括遺贈の場合、受遺者は、相続人と同一の権利義務を有するので（民990）、共同相続人や他の包括受遺者と共有関係になります。他方、特定遺贈の場合、遺言者の意思表示によって物権変動の効果を生じるにすぎないので、目的物の引渡しや登記による対抗要件の具備が必要になります。

平成30年改正民法は、「遺言執行者がある場合には、遺贈の履行は、遺言執行者のみが行うことができる。」（民1012②）としていますので注意が必要です。

① 不動産の執行

包括遺贈による不動産の所有権移転登記は、実務上、遺言執行者と受遺者の共同申請によるとされているので、遺言執行者は、受遺者と共同で登記手続をしなければいけません。

また、特定遺贈の場合、遺贈を原因とする所有権移転登記がなされない間は、完全に排他的な権利変動を生じません。したがって、遺言執行者としては、受遺者と共同で登記手続をする必要があります。また、相続人が特定遺贈の対象となる不動産の相続登記をしている場合には、遺言執行者は、登記の抹消を請求することができます（大判明36・2・25民録9・190）。

アドバイス

〇遺贈における対抗要件

平成30年改正前民法において、判例は、遺贈によって不動産を取得した場合、登記なくして第三者に対抗できないとしていました（最判昭39・3・6判時369・20）。平成30年改正民法では、相続による権利承継は、法定相続分を超える部分については、対抗要件を備えなければ、第三者に対抗できないとしており、これは遺贈にも適用されます（民

899の2①)。したがって、改正前と同様、遺言執行者は、できる限り速やかに対抗要件を具備する手続を取る必要があります。

② 預貯金債権の執行

全部包括遺贈および特定遺贈の場合、遺言執行者は、預貯金の名義を受遺者に変更し、通帳を引き渡します。

割合的包括遺贈の場合は、遺言執行者は、預貯金を解約して払戻しを受け、割合に応じて、受贈者に金銭を交付します。

③ 株式の執行

全部包括遺贈および特定遺贈の場合、遺言執行者は、会社、信託銀行などの株主名簿管理人、株券あるいは配当金通知書などの株式情報が記載された書類を保護預かりする証券会社等に対して、受遺者への名義書換手続をします。

④ 動産の執行

全部包括遺贈および特定遺贈の場合、遺言執行者は、受遺者に動産を引き渡します。

⑤ 自動車の執行

全部包括遺贈および特定遺贈の場合、遺言執行者は、運輸支局または自動車検査登録事務所で、受遺者への名義変更手続をし、車検証を引き渡します。

⑥ 一般財団法人設立のための寄附行為

設立者は、遺言で一般財団法人を設立する意思表示をすることができます。この場合、遺言執行者は、就職後、遅滞なく遺言で定めた事項を記載した定款を作成し、これに署名または記名押印した後（一般社団財団152②）、公証人の認証を受けます（一般社団財団155）。認証後、遅滞なく、財産の拠出を履行し（一般社団財団157）、主たる事務所の所在地において設立の登記を行います（一般社団財団163）。

⑦ 信託の設定

信託とは、特定の者が一定の目的に従って財産の管理または処分およびその他の当該目的の達成のために必要な行為をすべきものをいい（信託2①）、遺言によってすることができます（信託3二）。この場合、遺言執行者は、遺言に受託者として指定された者に信託を引き受けるか否か回答するよう催告します（信託5①）。受託者の指定がない場合や受託者に指定された者が信託を引き受けなかったときは、受託者の選任の申立てをします（信託6①）。受託者が指定された後、遺言執行者は、受託者に信託財産を引き渡します。信託財産が不動産の場合、登記手続をします。

206　第3章　遺言

⑧　生命保険金の受取人の変更

　生命保険契約の保険契約者は、遺言によって保険金受取人を変更することができます（保険44①）。この場合、遺言執行者は、遺言の効力発生後、保険者に通知しなければいけません（保険44②）。保険金受取人の変更は、被保険者の同意がなければ効力を生じないため（保険45）、遺言執行者は、被保険者の同意を得る必要があります。被保険者が死亡している場合には、同意を得る必要はありません。

4　遺言執行の終了

　遺言の内容をすべて実現した時点で、遺言の執行は、終了します。

　遺言執行の終了後、遺言執行者は、相続人および受遺者に対し、任務が終了した旨を通知します（民1012③・民645）。

　任務終了後、遺言執行者は、遺言において報酬の定めがない場合は、家庭裁判所に報酬付与の申立てをします（民1018①）。

【参考書式24】遺言執行者選任審判申立書

遺言執行者選任審判申立書

令和○年○月○日

○○家庭裁判所　御　中

申立人代理人弁護士　乙　野　次　郎　㊞

（申立人の表示　略）

（遺言者の表示　略）

申立ての趣旨

遺言者の平成○年○月○日にした遺言につき遺言執行者を選任するとの審判を求める。

申立ての理由

1　申立人は遺言者の遺言に基づく受遺者である。

2　この遺言書は遺言公正証書である（○○地方法務局所属公証人丙山一郎作成平成○年第○号）が、遺言執行者の指定がないので、その選任を求める。

なお、遺言執行者として、弁護士である次の者を選任することを希望する。

住所（自宅）　　東京都○○区○○

連　絡　先　　東京都○○区○○　　○○法律事務所

電　話　03（1234）5678

ＦＡＸ　03（9876）5432

氏　　名　　乙　川　太　郎　（昭和○年○月○日生）

職業　　弁護士

3　遺産の概要（略）

添付書類（略）

第4 遺留分侵害額請求を検討する

＜フローチャート～遺留分侵害＞

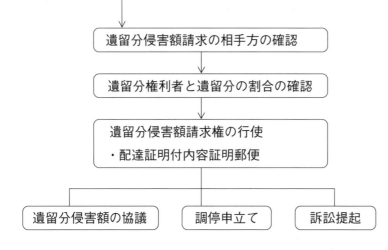

＜遺留分侵害額の算定＞

遺留分侵害額の計算
　＝遺留分額－（遺留分権利者が受けた遺贈又は特別受益の額）－（遺留分権利者が相続によって取得すべき財産の額）＋（遺留分権利者が承継する相続債務の額）

遺留分額の計算
　＝（遺留分算定の基礎となる財産の価額）×（個別的遺留分の割合）

※（遺留分算定の基礎となる財産の価額）
　＝（被相続人が相続開始時において有した財産の価額）＋（被相続人の贈与財産の価額）
　　－（被相続人の債務の全額）

（個別的遺留分の割合）
　＝（民法1042条1項1号又は2号に規定する遺留分の割合）×（遺留分権利者の法定相続分）

1 遺留分侵害額請求権の行使

```
┌─────────────────────────────────┐
│ (1)  遺言による遺留分の侵害          │
└─────────────────────────────────┘
                ↓
┌─────────────────────────────────┐
│ (2)  生前贈与による遺留分の侵害       │
└─────────────────────────────────┘
                ↓
┌─────────────────────────────────┐
│ (3)  遺留分侵害額請求の相手方         │
└─────────────────────────────────┘
                ↓
┌─────────────────────────────────┐
│ (4)  遺留分権利者と遺留分の割合        │
└─────────────────────────────────┘
                ↓
┌─────────────────────────────────┐
│ (5)  遺留分侵害額請求権の行使         │
└─────────────────────────────────┘
```

(1)　遺言による遺留分の侵害　■■■■■■■■■■■■■■■■■■

　遺留分とは、一定の相続人のために、遺産に対して法律上必ず留保されなければならない一定の割合のことを言います。民法は、一定の相続人に遺留分を認め、被相続人による自由な処分（贈与・遺贈）に対して、一定の制限を加えています。

　被相続人の遺言がある場合、この遺言が相続人の遺留分を侵害していないか検討する必要があります。具体的には、相続分の指定、特定財産承継遺言（相続させる遺言）、包括遺贈、特定遺贈の4つが考えられます。

◆相続分の指定

　遺言者は、法定相続分と異なる相続分を指定し、相続人の相続分を変更することができます（民902①）。

　この相続分の指定によって、相続人の遺留分が侵害されていることがあります。

◆特定財産承継遺言（相続させる遺言）

　公正証書遺言では、ある特定の相続人に対し、「相続させる」という文言がよく使われます。平成30年民法改正により、条文上、特定財産承継遺言という用語が使用されることになりましたが、この遺言は、「相続させる遺言」を意味し、特定の遺産を対象にするものもあれば、一切の財産を相続させるというものもあります。

210　第3章　遺　言

　この特定財産承継遺言（相続させる遺言）の法的意味について、最高裁平成3年4月19日判決（判時1384・24）は、原則として民法908条の遺産分割方法の指定と解釈すべきで、何らの行為を要せずして被相続人の死亡時に直ちに特定の遺産が特定の相続人に相続により承継される旨判示しました。他方、一切の財産を相続させるという文言は、この最高裁判例の事案の場合と異なりますが、一切の財産は特定の個々の財産の集合体であることから、原則として前記の最高裁判例と同じ考えをしてよく、何らの行為を要せずして一切の財産について権利が移転するものと理解されています。

　特定財産承継遺言は、遺贈でも生前贈与でもありませんが、遺留分を侵害する行為として、遺留分侵害額請求をすることができると解釈されています。

◆包括遺贈

　遺言者は、包括または特定の名義で、その財産の全部または一部を処分することができます（民964）。

　包括遺贈は、遺産の全部または一部を割合を示してするものです。その受遺者は遺産の全部または一部を割合として取得するので、相続人と同一の権利義務を有します（民990）。したがって、例えば、4分の1の割合の包括遺贈があった場合、他に共同相続人が3人いた場合は、共同相続人が4人いるのと同じ結果になります。

　この包括遺贈によって、相続人の遺留分が侵害されていることがあります。

◆特定遺贈

　遺言者の特定の財産を贈与したり、受遺者の債務を免除したりするのが特定遺贈です。この特定遺贈によって、相続人の遺留分が侵害されていることがあります。

アドバイス

○遺言書が手元にない場合の対処方法

　まず、遺言書の所持者に対して、写しの交付を求めます。遺言の内容が分からなければ、遺留分が侵害されているかどうか分かりません。もっとも、自筆証書遺言は、相続開始地の家庭裁判所に検認の申立てをしなければならず（民1004）、検認を経ていなければ遺言を執行することができません。家庭裁判所は、検認期日を指定して申立人や相続人に通知をしますから、相続人には遺言の内容を知る機会が与えられています。また検認後は、家庭裁判所に対して、検認調書の謄写を請求することができますので、それによって遺言の内容も分かります。

第4　遺留分侵害額請求を検討する　211

　公正証書遺言の場合には、公証役場に遺言の原本が保管されており、相続人などの承継人は、証書の原本の閲覧・謄写を請求できます。平成元年以降に作成された公正証書遺言であれば、どの公証役場でも検索することができます。ただし、それ以前の遺言は、実際に作成した公証役場でしか検索できません。ちなみに、公証人は自己が所属する法務局・地方法務局の管轄外で職務を行うことはできないので、例えば遺言者が入院中に公証人が出張して遺言を作成したような場合であれば、その病院所在地を管轄する公証役場の公証人が公正証書遺言を作成したと考えられますので、その公証役場に問い合わせてみるとよいでしょう。

　また、遺言で遺言執行者の選任されていることが分かっている場合には、遺言執行者に対して、遺言書の写しの交付を求めます（民1011・1012）。遺言執行者がこれを拒否した場合には、家庭裁判所に遺言執行者解任の申立てを行い（民1019）、新たに遺言執行者選任の審判を申し立て（民1010）、新任の遺言執行者に遺言書の写しを請求するとよいでしょう。

(2)　生前贈与による遺留分の侵害　■■■■■■■■■■■■■■■■

　遺言以外にも、生前贈与によって遺留分が侵害されている場合があります。具体的には、以下のような場合が問題になります。

◆相続人以外の者に対する贈与

　相続人以外の者になされた贈与は、相続開始前の1年間にしたものに限って、その価額を遺留分算定の基礎財産に算入します（民1044①前段）。

◆相続人に対する贈与

　これに対して、相続人に対する贈与は、相続開始前10年間にしたもので、かつ、特別受益に該当するものが対象になります（民1044③）。

　したがって、同じ相続開始前1年間になされた贈与であっても、相続人以外の者に対する贈与は、その価額がすべて遺留分算定の基礎財産に算入されるのに対して、相続人に対する贈与は、特別受益に限られることになります。

◆当事者双方が遺留分権利者に損害を加えることを知ってなされた贈与

　当事者双方が遺留分権利者に損害を加えることを知って贈与したときは、期間の制

限はありません。すなわち、このような贈与は、相続人以外の者に対する贈与の場合は、1年前の日より前にした贈与も算入され（民1044①後段）、相続人に対する贈与の場合は、10年前の日より前の贈与も算入されます（民1044③）。

「損害を加えることを知って」とは、遺留分権利者に損害を加えるという認識があれば足り、加害の意思は必要なく、誰が遺留分権利者であるかを知る必要もありません（大判昭4・6・22民集8・618）。法律の知、不知は問わず、客観的に損害を加えるべき事実関係を知れば足ります（大判昭9・9・15民集13・1792）。なお、損害を加えることを知っていたことの立証責任は、遺留分侵害額請求権者が負います（大判大10・11・29新聞1951・20）。

◆負担付贈与

負担付贈与がなされた場合には、その目的の価額から負担の価額を控除した額を遺留分を算定するための財産の価額に算入します（民1045①）。

◆不相当な対価でなされた有償行為

不相当な対価でなされた有償行為は、当事者双方が遺留分権利者に損害を与えることを知ってしたものに限り、当該対価を負担の価額とする負担付贈与とみなされています（民1045②）。

(3) 遺留分侵害額請求の相手方 ■■■■■■■■■■■■■■■■

遺留分侵害額請求は、受遺者または受贈者に対して行います（民1046①）が、実際に請求を行うには、その前に相続人を確定させる必要があります。

◆相続関係図の作成

入手した戸籍謄本（戸籍全部事項証明書）等を精査して、相続関係図を作成します。なお、戦災で、戸籍が消失して除籍謄本（除籍全部事項証明書）等が発行されない場合があります。そのようなときには、廃棄証明書を取り寄せます。それもできないときには、関係者の記憶、お寺の過去帳などで立証することもあります。朝鮮半島出身者で、日本に帰化して日本法の適用がある場合、大韓民国出身者の場合は除籍謄本（除籍全部事項証明書）の取寄せが可能ですが、朝鮮民主主義人民共和国出身者の場合は取寄せが不可能ですので、上申書で代替することが考えられます。

◆相続欠格、相続放棄、推定相続人廃除の確認

① 相続欠格

故意に被相続人や相続の先順位者を死亡させたり、遺言書を偽造した者等は、相続人となることができません（民891）。これが相続欠格の制度です。この相続欠格事由があったことは戸籍に載りません。相続欠格者がいる場合、この者を除外して不動産の相続登記などをしようとする場合、当該相続欠格者自身が作成した「相続欠格に該当することを証明する書面」と印鑑証明書が必要です。しかし、このような書面作成を相続欠格者に期待することはできないので、相続欠格に関する相続権不存在確認請求訴訟などの確定判決の謄本を入手することによって確認します。

② 相続放棄

相続放棄の事実も、戸籍謄本（戸籍全部事項証明書）には載りません。通常は、相続放棄をした人が証明することになります。相続放棄は、被相続人の最後の住所地（相続開始地）を管轄する家庭裁判所が手続を行いますので、その裁判所に相続放棄申述受理証明書を申請することになります。債権者も利害関係を証明して、相続放棄申述受理証明書を申請することができます。

③ 推定相続人の廃除

被相続人または遺言執行者は、家庭裁判所に推定相続人廃除の申立てができます（民892・893）。廃除の審判が確定すると、10日以内に市町村役場に「推定相続人廃除届」を提出することが必要になります。この届出に基づき、戸籍の身分事項欄に、（推定）相続人から廃除された旨記載されますので、廃除の事実が分かります。なお、家事事件手続法では、廃除は調停事項から除外されています。

```
┌─────────────── アドバイス ───────────────┐
```

○受贈者・受遺者が共同相続人以外の第三者である場合

第三者への遺贈が遺留分を侵害している場合、遺言書によって第三者を特定することは容易です。これに対して、第三者への生前贈与が遺留分を侵害していると考えられる場合は、共同相続人等からの事情聴取により生前贈与の目的物（不動産、預貯金等）を把握した上で、不動産登記簿謄本（登記事項証明書）、金融機関の取引履歴を取り寄せ、第三者の特定に努めます。最終的には、住民票によって特定する必要があります。

○受贈者・受遺者が法人である場合

当該の法人の存否について分からないこともあります。その場合、法務局に対し、法

人登記情報の調査をします。登記情報は、現に効力を有する情報のほか、請求する日の3年前の日の属する年の1月1日から、請求の日までの間に抹消された情報などを提供しています。それより前の情報については、管轄する登記所に請求する必要があります。

(4) 遺留分権利者と遺留分の割合

　遺留分権利者となり得るのは、兄弟姉妹以外の相続人、すなわち、配偶者、子、直系尊属です（民1042①）。子の代襲相続人も被代襲者である子と同じ遺留分を持ちます。
　相続財産全体に占める遺留分権利者に留保される割合を総体的遺留分といいます。直系尊属のみが相続人である場合の総体的遺留分の割合は、被相続人の財産の3分の1です（民1042①一）。それ以外の場合は、被相続人の財産の2分の1です（民1042①二）。
　遺留分権利者とされる相続人には、被相続人から贈与・遺贈された者に対し、遺留分侵害額請求権が与えられています（民1046①）。このとき、遺留分権利者個々人に留保された相続財産上の持分的割合を個別的遺留分といいます。遺留分権利者である相続人が複数存在する場合、この個別的遺留分は、総体的遺留分の割合に法定相続分を乗じた割合です（民1042②・900・901）。

ケーススタディ

【ケース1】

Q　被相続人Aが死亡し、相続人は妻Bと子CとA死亡前に死亡した子Dの子EとFの4人です。この場合、遺留分権利者は誰になりますか。また遺留分の割合はどうなるのでしょうか。

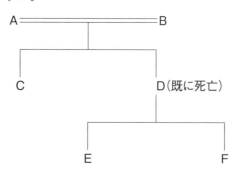

A 遺留分権利者は、B、C、E、Fです。個別的遺留分の割合は以下のとおりです。

妻B　　総体的遺留分1／2×法定相続分1／2＝1／4
子C　　総体的遺留分1／2×法定相続分1／2×1／2＝1／8
孫EF　総体的遺留分1／2×法定相続分1／2×1／2×1／2＝1／16

【ケース２】

Q 被相続人Aが死亡しました。相続人は妻BとAの兄弟姉妹C、D、Eの4人です。遺留分権利者は誰になりますか。また遺留分の割合はどうなるのでしょうか。

A 遺留分権利者はBのみです。兄弟姉妹に遺留分はありません（民1042①）。
そこで、妻Bの個別的遺留分の割合は総体的遺留分と同じく、1／2です。

(5) 遺留分侵害額請求権の行使

　遺留分権利者およびその承継人は、受遺者または受贈者に対し、遺留分侵害額に相当する金銭の支払を請求することができ（民1046①）、これを遺留分侵害額請求権といいます。遺留分侵害額請求権は、平成30年民法改正前の遺留分減殺請求権と同じく形成権ですので、遺留分権利者がこれを行使することによって遺留分侵害額に相当する金銭債権が発生します。

　遺留分侵害額請求権の行使は、意思表示で足りますので、口頭ですることも可能です。しかしながら、遺留分侵害額請求権には1年の消滅時効がありますので、いつ行使したのか証明できるようにしておく必要があります。したがって、遺留分侵害額請求権は、配達証明付内容証明郵便を送付する方法によって行使すべきです。請求の内容としては、具体的な請求金額まで明記する必要はなく、「遺留分侵害額に相当する金銭の支払いを請求する。」といった記載で足ります。

216　第3章　遺　言

【参考書式25】遺留分侵害額請求権行使の通知書

◆遺産分割協議の申入れと遺留分侵害額請求権の行使

　遺産分割と遺留分侵害額請求は、その要件や効果を異にしますので、遺産分割協議の申入れに、当然遺留分侵害額請求の意思表示が含まれているということはできません。そのため、もし、遺産分割協議がまとまらず、一方で遺留分侵害額請求権が消滅時効にかかったら、遺留分権利者に不利な結果となります。この問題について、最高裁は、被相続人の全財産が相続人の一部の者に遺贈された場合には、遺贈を受けなかった相続人が遺産の配分を求めるためには、法律上、遺留分減殺によるほかないのであるから、遺留分減殺請求権を有する相続人が、遺贈の効力を争うことなく、遺産分割協議の申入れをしたときは、特段の事情のない限り、その申入れには遺留分減殺の意思表示が含まれていると解するのが相当であるとしました（最判平10・6・11判時1644・116）。もっとも、この最高裁の判例も遺産分割の申入れには必ず遺留分減殺の意思表示が含まれていると判示しているわけではないことに注意が必要です。したがって、遺産分割の申入れとは別に、書面をもって遺留分侵害額請求の意思表示をしておくべきです。

◆遺産分割調停の申立てと遺留分侵害額請求権の行使

　遺産分割調停の申立てには、原則として、遺留分減殺の意思表示を含むものとは認められないと解されます（東京地判平4・8・31金法1375・116）。東京高裁平成4年7月20日判決（判時1432・73）も、特定の不動産の生前贈与の効力を否定して同不動産を遺産として遺産分割調停を申し立てていたところ、別件訴訟で生前贈与の有効性が確定したため、遺留分減殺請求権を行使したものの、生前贈与の存在を認識してから既に1年の消滅時効期間が経過していたという事案で、遺産分割協議の申入れ又は遺産分割調停の申立てが遺留分減殺の意思表示を含むものとは認められないと判示しています。

　したがって、遺産分割調停の申立てとは別に、書面をもって遺留分侵害額請求の意思表示をしておくべきです。

◆一般調停の申立てと遺留分侵害額請求権の行使

　遺留分侵害額請求事件の解決方法として、家庭裁判所への家事一般調停（家事244）を申し立てることも考えられます。遺産分割調停の申立てに比べれば遺留分侵害額請求をすることが明確であるといえますが、その意思表示が不明確となりかねませんので、一般調停の申立てとは別に、前述のように書面をもって遺留分侵害額請求の意思

表示をすべきです。

◆遺留分侵害額請求訴訟の提起と遺留分侵害額請求権の行使

遺留分侵害額請求を原因とする金銭の支払を求める訴訟の提起は、当然に遺留分侵害額請求権の行使となります。

アドバイス

○通知書の到達

遺留分侵害額請求権行使の意思表示は、相手に到達することによってその効力を生じます。相手が内容証明郵便による通知を受領しないこともありますので、併せて、別の方法で送付しておくことも考えるべきです。例えば、内容証明と同内容の書面を特定記録郵便にて送付する、といったことです。なお到達とは相手が了知できる状態になることですので、相手の郵便受箱への配達や同居人が受け取った場合は到達になります。

なお、内容証明郵便の受取拒否の場合は、意思表示は了知可能であったと考え、意思表示は到達したと判断されます（大判昭11・2・14民集15・158　内縁の妻が複数回にわたり受領を拒否した事案）。また、最高裁平成10年6月11日判決（判時1644・116）は、差出人の表示から意思表示の内容を推認可能であるような事案について、郵便局の留置期間が満了した時点で到達したと認められる旨判示しました。したがって、留置期間の7日を踏まえて、通知をすることが安全です。

消滅時効の完成直前まで遺留分侵害額請求の通知ができなかったという場合は、相手の居所に遺留分侵害額請求書を持参して、直接手渡しして受領印をもらったり、受領印をもらえない場合に備えて証人となるような者を同伴したり、ポストに投函する場面を写真（日付入り）に撮るといった方法も考えられます。海外在住者に対しては、国際郵便には内容証明郵便がないので、国際書留、ＥＭＳ（国際スピード郵便）を利用することが考えられます。これらは、配達状況の確認ができます。

○遺言執行者がいる場合

遺留分侵害額請求の相手は、遺留分を侵害する遺贈・贈与の受遺者、受贈者およびその包括承継人です。したがって、通知書も遺言執行者ではなく、その受遺者、受贈者、包括承継人に出すべきです。

218 第3章 遺 言

2 遺留分侵害額の算定

> (1) 遺留分算定の基礎となる財産の調査
> ↓
> (2) 遺留分算定の基礎となる財産の確定
> ↓
> (3) 遺留分算定の基礎となる財産の評価
> ↓
> (4) 遺留分侵害額の算定

(1) 遺留分算定の基礎となる財産の調査 ■■■■■■■■■■■■■

　遺留分侵害額は、遺留分を算定するための財産の額（民1043）に個別的遺留分の割合（民1042）を乗じた金額から、遺留分権利者が受けた遺贈または特別受益の額（民1046②一）と遺留分権利者が相続によって取得すべき財産の額（民1046②二）を控除したうえ、遺留分権利者が承継する相続債務の額（民1046②三）を加算して求めます（民1046②柱書）。

　そして、遺留分を算定するための財産の価額は、被相続人が相続開始の時において有した財産の価額にその贈与した財産の価額を加えた額から債務の全額を控除した額とするとされています（民1043①）。以下のような算定式になります。

　遺留分算定の基礎となる財産の価額

　　＝（被相続人が相続開始時において有した財産の価額）＋（被相続人の贈与財産の価額）－（被相続人の債務の全額）

　したがって、遺留分侵害額を算定するに当たって、その前提となる財産の調査をする必要があります。

◆相続開始時において有した財産の調査

　遺言により遺留分が侵害されている場合、遺言書に記載されている財産を確認するところから調査を始めることになります。しかし、必ずしも遺産すべてが遺言書に記載されているとは限りません。特に包括遺贈や全部相続させる遺言（特定財産承継遺言）のような場合は、記載されていない遺産があることも少なくありません。

　事案ごとにどのような遺産があるかの見通しをつけることが必要となります。

まず、依頼者に資産についての情報をよく聴取することが重要です。依頼者が所持している被相続人の資産に関する資料や被相続人から聞いている事実などを確認します。また、被相続人が税務申告を依頼していた税理士等、被相続人が財産について相談していたような人等から聴取することで財産の存在を知ることがあります。さらに、被相続人の自宅にある郵便物等から、取引銀行やその他の財産の存在が判明することもあります。

　被相続人の資産の概略についてある程度目途がついたら具体的に調査をしていきます。

① 不動産

　自宅に送られてくる固定資産税納付通知書などから被相続人の所有不動産を調査します。また、名寄帳を取得して、当該自治体の範囲内で被相続人が所有している不動産を確認することもできます（名寄帳は当該不動産所在地の市区町村役場資産税課で入手できます）。

　そして、登記簿謄本（登記事項証明書）を取得し、当該不動産の名義人が被相続人であるか等を確認します。登記簿謄本（登記事項証明書）には乙区欄に担保の記載がありますが、共同担保目録の欄に記載がある場合には、新たに被相続人名義の不動産が見つかる場合もあります。

　当該不動産の位置や形状を確認するために、公図の閲覧、謄写することも必要です（公図は法務局で閲覧、謄写できます）。

② 預貯金

　被相続人の通帳を探すだけでなく、金融機関からの郵便物等を確認することにより、預貯金の存在を確認することができるときがあります。被相続人の生活圏内にある金融機関に照会をすることで判明することもあります。預貯金の存在が判明したら、通帳を確認したり、金融機関から残高証明書を取得することで、相続開始時における被相続人名義の預貯金の内容を調査することができます。生前の贈与などを確認するため、取引履歴を取得することも有益です。

　なお、残額証明書や取引履歴を金融機関に請求すると、被相続人の死亡および依頼者がその相続人であることの確認を求められることが多いので、あらかじめ戸（除）籍謄本（全部事項証明書）等を用意しておくとよいでしょう。相続人であることが確認できれば、金融機関は取引履歴等を開示しなければならないとされています（最判平21・1・22判時2034・29）。

③ 現　金

　現金は、管理している書類などがあるとは限らず、保管場所も決まっていません

ので調査するのは困難です。まずは、被相続人が生前財産を保管していた場所（自宅など）を確認することが考えられます。

④ 有価証券

有価証券には株式や投資信託、社債、国債、ゴルフ会員権などがあります。まずは相続人等の関係者から聴取することが重要です。

また、通帳の入出金に配当金や利息の記載がある場合、有価証券の存在がうかがわれます。また、自宅などに金融機関から配当通知等の郵便物が送られてきていることがあります。ゴルフ会員権は、ゴルフバックについている名札から判明することもあります。そのため、依頼者に被相続人の自宅を捜索してもらうことも有益です。

⑤ 動 産

動産は、通常、遺留分算定において問題となることはありませんが、貴金属や書画等財産的価値の高いものは遺留分算定を基礎づける財産になりますので調査が必要となります。

被相続人が貸金庫等に貴重な動産を保管していることもありますので、貸金庫の有無も調査する必要があります。

◆遺産が変動している場合の取扱い

遺産を調査していく中で、預貯金が引き出されていたり、遺産となる財産が売却されているということがありますが、遺留分を算定するための財産の価額は、被相続人が相続開始の時において有した財産を基礎として算定されますので、相続開始後に変動したとしても、相続開始時に存在していれば遺留分の算定において存在することとなります（民1044②）。

アドバイス

〇特定の財産が遺産であるか否かに争いがある場合

特定の財産が被相続人の遺産であるかが争われ、その結果、遺留分算定の基礎財産となること自体が争われることがあります。

この場合は、遺留分侵害額請求訴訟においてその前提問題となりますので、既判力との関係から、遺産確認請求訴訟を提起して、当該財産が遺産であることを確認しておくことを考える必要があります。

◆贈与財産の調査

遺留分算定の基礎となる財産に加えるべき贈与は、具体的には、以下のものとなります。

① 相続人に対する贈与については、相続開始前の10年間にしたもので、かつ、特別受益に該当するもの（民1044③）

② 相続人以外の贈与については、相続開始前の1年間にしたもの（民1044①前段）

③ 当事者双方に害意がある場合は、①および②より前になされたもの（民1044①後段）

【 アドバイス 】

○生前贈与の調査方法

一般的には、まず相続税申告書が考えられます。申告書（第4表）に、生前贈与の記載があることがあります。また、関係者への質問によって、さらに古い贈与が判明することもあります。不動産については、登記簿謄本（登記事項証明書）を見て、贈与の有無を確認します。このような調査をする際、ブルーマップ（社団法人民事法情報センター作成、住居表示地番対照住宅地図）があると、地番と住居表示が併記されており、便利です。地番が分かれば、法務局に対して登記情報を調査します。調査の結果、遺留分を侵害する可能性のある売買を発見し、当事者にその価格を質問し、証拠資料の提出を受け、不相当な対価でなされた有償行為であることが判明する場合もあります。

預貯金については、金融機関から過去の取引履歴を入手し検討します。出金あるいは送金について、関係者に質問したり、その取引の証拠書類を弁護士法23条の2に基づく照会で問い合わせたりして、贈与が判明する場合もあります。なお、取引履歴の開示には、1か月当たり数百円から1,000円程度が必要となる金融機関もありますので、長期間の開示を求めると費用が大きく膨らむ恐れがありますので、あらかじめ確認しておく必要があります。

被相続人の生前の取引履歴を確認して、例えば、特定の個人名宛の振込があったり、臨時の大きな払戻しがあったような場合、その当時の事情などを勘案して推測することが可能です。

不動産を贈与したか否かについては、不動産の登記簿謄本（登記事項証明書）を取得して名義が変更されていないかを確認することになります。

◆不相当な対価による有償行為の調査

　不相当な対価による有償行為は、当事者双方が遺留分権利者に損害を加えることを知ってなされた場合、当該対価を負担の価額とする負担付贈与とみなされます（民1045②）。

　負担付贈与の場合と同様の方法で調査をすることが考えられます。

◆債務の調査

　遺留分額を確定するためには、前記のとおり、債務を控除することになります。被相続人が負担する債務のすべてをいうとされ、私法上の債務のみならず、公法上の債務（公租公課や罰金等）も含まれます。

① 借入金

　借入金には、金融機関からの借入金だけではなく、友人や知人、取引先など様々な関係先からのものも存在することがあります。

　借入金については、相続人等関係者らの事情聴取や、預貯金の通帳の出入金から定期的に支払われているものがないかなどにより確認することが考えられます。被相続人の自宅などに郵便物が届いていないか、請求書や契約書が保管されていないかを確認することも重要です。金融機関から借入金残高証明書を入手する方法も考えられます。ほかには、同族会社の決算書に記載されていることもあります。

② 未払金

　未払金とは、被相続人が生存している間に物品等の購入や役務の提供などを受け、被相続人が死亡時点において支払義務を負っているものをいいます。例えば、借家に住んでいる場合の賃料や施設に入所している場合の利用料などが考えられます。

　これらも相続の対象となり、遺留分を算定する際に控除することになります。

　未払金を調査するには、借入金の場合と同様、預貯金の取引履歴や被相続人の自宅に請求書等があるかを確認したり、生前の生活状況から推測していくことになります。

③ 公租公課

　遺留分算定の際に差し引かれる対象となる公租公課は、被相続人の死亡時において既に納税義務が発生し、確定しているものです。本税のほかに延滞税や利子税が発生していた場合には、これも差し引くことになります。

　公租公課の状況を把握するには、被相続人の自宅に納税通知書等がないかを調査したり、被相続人の生活状況から推測して負担が予想される公租公課を行政機関に

第4　遺留分侵害額請求を検討する　223

確認するなどして行います。

(2)　遺留分算定の基礎となる財産の確定　■ ■ ■ ■ ■ ■ ■ ■ ■ ■ ■ ■ ■

◆相続開始時に有していた財産の確定

相続開始時に有していた財産は、前記の調査により確定させます。

◆贈与財産の確定

① 　相続人以外の贈与

相続人以外の者になされた贈与は相続開始前1年間にしたものに限って、遺留分算定の基礎財産となります（民1044①前段）。1年間は、贈与契約の成立時期をもって判断すべきと考えられます。停止条件付贈与については、贈与の意思表示がなされた時点を基準に1年間になされたかを判断すべきとした判例があります（仙台高秋田支判昭36・9・25下民12・9・2373）。

② 　相続人に対する贈与

相続人に対する贈与は、相続開始前の10年間にしたもので、かつ、特別受益に該当するもの（民1044③）が対象となります。

相続人に対する贈与は、特別受益に限られることとなったため、相続人以外の者に対する贈与については相続開始前1年間になされた贈与はすべて算入されますが、相続人に対する贈与は相続開始前10年間になされた贈与であっても特別受益に限られることとなります。

③ 　遺留分権利者に損害を与えることを知ってなされた贈与

当事者双方が遺留分権利者に損害を与えることを知って贈与したときは、相続人以外の者については1年前の日より前の贈与も算入され、相続人に対する贈与は10年前の日より前の贈与も算入されます（民1044①後段・③）。

「遺留分権利者に損害を加えることを知って」とは、誰が遺留分権利者であるかの認識や、価額目的・加害意思までは要求されず、加害の事実関係の認識で足りると解されています。この価額の事実関係の認識について、大審院昭和11年6月17日判決（民集15・1246）は、贈与時点で遺留分を侵害することのみならず、将来の財産の増加がないことの予見まで必要と判示しており、古い判例ですが、これが通説と考えられています。

④ 　特別受益財産

遺留分を算定する財産の価額に算入される相続人に対する贈与は、原則的に相続

開始前の10年間にされた特別受益に限られます（民1044③）。当事者双方に害意がある場合の特別受益は10年に限定されません（民1044①後段）。

なお、各相続人が、遺留分侵害額を算定する際に控除される「遺留分権利者の特別受益の額」は、相続開始前の10年間にされたものに限定されず、それ以前にされたものも控除されます（民1046②二・903）。

平成30年民法改正以前は、贈与は相続開始前の1年間になされたものについてのみ遺留分算定の際に算入されるとされていましたが（改正前民1030）、この要件を充たさない場合でも、特別受益について、特段の事情のない限り、相続開始1年前であるか否かを問わず、また、当事者双方が損害を加えることを知っていたかを問わず、遺留分の基礎財産に加えられていました（最判平10・3・24判時1638・82）。平成30年の改正により、上記のようになりましたので、注意が必要です。

⑤　持戻し免除された特別受益

持戻し免除の意思表示があった特別受益も、遺留分算定の基礎として参入されます。改正前の判例も、同様の結論をとっています（最決平24・1・26判時2148・61）。

⑥　負担付贈与

負担付贈与がなされた場合、目的物の価額から負担の価額を控除した残額を「遺留分を算定するための財産の価額」に算入します（民1045①）。

⑦　不相当な対価による有償行為

不相当な対価による有償行為は、当事者双方が遺留分権利者に損害を加えることを知ってなされた場合、当該対価を負担の価額とする負担付贈与とみなされます（民1045②）。そのため、目的物の価額から負担の価額（当該対価）を控除した残額を算入します。

⑧　無償処分等

贈与は、広く無償処分全般を指し、寄附行為や債務免除行為なども含まれると解されます。そのため、貸付金の免除などの無償処分は、贈与と同様のものとして扱われます。

⑨　贈与目的物が滅失した場合

贈与目的物が滅失またはその価額が増減した場合でも、相続開始時の価値を基準に算定します。民法1044条2項は、遺留分算定の基礎財産に算入される贈与について、民法904条を準用しており、民法904条は特別受益者の受けた贈与の価額について、目的物が滅失またはその価額が増減した場合でも「相続開始の時」に原状のままであるとみなしており、遺留分算定の基礎財産に算入される贈与は相続開始時の価額を基準にしていると解されるからです。

第4　遺留分侵害額請求を検討する　225

　ただし、受贈者の責めに帰さない事由により滅失した場合は、その評価額はゼロとすると解されています。もっとも、受贈者が保険金や補償金などの対価を得た場合等の特段の事情があれば、当該利益を特別受益として評価することが考えられます（大阪地判昭40・1・18判時424・47）。

ケーススタディ

【ケース1】

Q　生命保険金の受取人の変更は、遺留分侵害額請求の対象となる遺贈または贈与に当たるのでしょうか

A　被相続人を被保険者とする生命保険契約の契約者が、死亡保険金の受取人を変更する行為は、遺留分侵害額請求の対象となる遺贈または贈与に当たらないと解されます。平成30年民法改正前の判例に同様に解したものがあります（最判平14・11・5判時1804・17）。

　この判例は、死亡保険金請求権は、①指定された保険金受取人が自己の固有の権利として取得するのであって、保険契約者や被保険者から承継取得するものではなく、相続財産を構成するものではないこと（最判昭40・2・2判時404・52）、②被保険者の死亡時に初めて発生するもので、保険契約者の払い込んだ保険料と等価の関係に立つものではなく、被保険者の稼働能力に代わるものでもないから、実質的に保険契約者や被保険者の財産に属していたということはできないことを理由にしています。

　もっとも、最高裁平成16年10月29日決定（判時1884・41）は、生命保険金の受取人が特別受益に準じて持戻しの対象となる場合があることを判示しています。生命保険金の受取人の変更が遺留分侵害額請求の対象となる遺贈または贈与に当たらないとしても、生命保険金の受取りが特別受益に準じるものとして持戻しの対象となる場合には、通常の特別受益と同様に遺留分侵害額請求の対象となる余地があると考えられます。

【ケース2】

Q　死亡退職金の受取人の指定は、遺留分侵害額請求の対象となる遺贈または贈与に当たるのでしょうか

A 　死亡退職金については、遺産性が認められるかどうかにより、相続財産を構成するかどうかを考える必要があります（東京家審昭47・11・15家月25・9・107）。遺産性が認められる場合には、遺留分侵害額請求の対象となる遺贈または贈与に当たると考えられます。

　死亡退職金については、その支給根拠が法律・条例・その他各企業の就業規則にあり、個別性が強いので、個々の事例ごとの判断とならざるを得ません。

　多くの判例は、死亡退職金については、支給について規定があり、受給権者たる遺族固有の権利であるとして、その遺産性を否定しています（最判昭55・11・27判時991・69、最判昭58・10・14判時1124・186、最判昭60・1・31裁判集民144・75）。死亡退職金の支給につき全く規定がない場合については、下級審では相続性を肯定しているものもありますが、最高裁で否定しているものがあります（最判昭62・3・3判時1232・103）。

　遺産性が否定された場合、共同相続人間の公平を維持するために特別受益性を認め、持戻し計算をすべきかどうかを考える必要があります。遺留分侵害の観点から明確に判示したものはありませんが、持戻しを否定した例（東京高決昭55・9・10判タ427・159、広島高岡山支決昭48・10・3家月26・3・43）と、肯定した例（大阪家審昭51・11・25家月29・6・27）があります。

【ケース3】

Q 　特別受益を受けた者が相続放棄をした場合、遺留分侵害額請求の対象となる贈与に当たるのでしょうか

A 　相続放棄者はもはや共同相続人ではありません。そのため贈与を受けた者が相続放棄した場合、当該贈与は民法1044条3項の適用は受けないことになります。もっとも、この場合でも、民法1044条1項の要件を充足する場合には、遺留分侵害額請求は可能と考えます。

◆債務の確定

　遺留分額を確定するためには、債務を控除することになります。被相続人が負担する債務のすべてをいうとされ、私法上の債務のみならず、公法上の債務（公租公課や

罰金等）も含まれます。

相続財産に関する費用は、その財産の中から支出するとされています（民885①）ので、遺留分算定において控除すべき債務に当たりません。例えば、相続財産の固定資産税、地代、賃料、上下水道、鑑定・換価・弁済その他清算に必要な費用、財産目録作成費用、管理・清算のための訴訟費用等が当たります。

遺言書の検認費用、相続財産目録作成費用、遺言執行者の報酬等の遺言執行費用は、相続財産の負担とするとされています（民1021本文）。そのため、遺留分算定において控除すべき債務に当たりません。

また、相続税についても、遺留分算定の際に控除される債務に当たらないと解されています。ただし、遺留分侵害額請求により取得した相続分に変化が生じた場合、相続税の更正請求の対象となると解されています。

葬儀費用は、相続債務ではないので、原則として遺留分算定の際に控除される債務に当たらないと解されています。もっとも、被相続人が相続に対し遺言書等で葬儀の方法や内容を定め、その費用を相続財産から支出することを求めていた場合や、相続人全員が葬儀の執行について合意している場合には、遺留分算定の際に、相続財産の評価額から控除するとされています。

寄与分については、遺留分侵害額請求により取り戻された財産に対して主張することはできないとされています。

ケーススタディ

【ケース1】

Q 保証債務は、遺留分の算定において控除すべき被相続人の債務に含まれるのでしょうか。

A 原則として含まれません。保証債務は、債務者に資力がある場合には、債務を履行する可能性は低く、また、保証債務を履行したとしても、主債務者に対して求償権を行使して、自らの出捐を回復することができるためです。ただし、主債務者が弁済不能の状態にあるため、保証人がその保証を履行しなければならず、かつ、その履行による出捐を主債務者に求償しても返還を受けられる見込みがないような特段の事情が存在する場合には、債務に含まれる余地があるとした判例があります（東京高判平8・11・7判時1637・31）。

228　第3章　遺　言

【ケース2】

Q　連帯債務は、遺留分の算定において控除すべき被相続人の債務に含まれるのでしょうか。

A　被相続人の負担部分については「債務」として控除されますが、負担部分以外については保証債務と同様、原則として含まれないと考えられます。

　連帯債務については、遺留分の算定において控除すべき被相続人の債務に含まれると判断した裁判例が見当たりません。

　そこで、連帯債務の性質を考えると、債権者に対しては各債務者が全額を支払うことになるものの、連帯債務者相互の間では、負担部分に応じた負担をするという性質を有しており、内部の求償という点において保証債務に近い部分があります。

　したがって、負担部分については、通常の債務と同様、民法1043条1項の「債務」として控除されると考えられます。

　そして、負担部分以外の部分については、基本的には保証債務の場合と同様に考えればよいと思われます。その結果、他の連帯債務者の全部または一部が求償に応じられないというような事情が認められる場合にのみ民法1043条1項の「債務」に含まれ、遺留分の算定の際に控除することになりますが、それ以外の場合には、基本的には控除されないと解されます。

【ケース3】

Q　抵当権付債務は、遺留分の算定において控除すべき被相続人の債務に含まれるのでしょうか。

A　抵当権付債務は全額について控除されると考えられます。

　もっとも、抵当権が設定されている場合、当該債務については弁済が担保されているため、その点をどう評価するかを考える必要があります。

　その際、抵当権が設定されている不動産が被相続人の相続財産である場合と相続財産でない場合に分けて検討することになります。

　まず、相続財産である場合には、担保不動産は債務の分だけ評価が下がりそうですが、他方で下がった分だけ債務が軽減される関係になります。したがって、

不動産の評価に際してはプラスマイナスゼロとして、当該不動産を無担保の状態で評価するとともに、債務については全額を控除するということになります。

次に、相続財産ではない場合、債務全額を遺留分の算定に際して控除することになります。この点、他者の不動産の抵当権により担保されていることで負担が軽減されているように見えますが、物上保証人から求償されることになりますので、結果的には、物上保証がなされているということは債務の控除に影響を及ぼさないと考えられます。

(3) 遺留分算定の基礎となる財産の評価 ■■■■■■■■■■■■■

◆各種財産の資料収集

遺留分の算定は、財産の「価額」によって行うことになります。そのため、事前の調査によって知った財産について、価額を示す客観的な資料を収集する必要があります。例えば、預貯金であれば、残高証明書あるいは通帳、株式や投資信託であれば、証券や証券保管振替機構の通知、不動産であれば、登記事項証明書や固定資産評価証明書などを事前の資料として用意しておくとよいでしょう。

◆評価の基準時・評価方法の決定

預貯金など額面がはっきりしているものは、基本的には財産の評価が時期によって変わるということはありませんが、不動産や有価証券などは、時期によってその評価額が異なりますし、評価の方法によっても、金額が大きく変わります。

そのため遺留分の算定の基礎となる財産の価額の評価の基準時が重要となりますが、相続開始時を基準とするとされています（民1044②・904）。平成30年民法改正前の判例にも同様の結論のものがあります（最判昭51・3・18判時811・50等）。

金銭が生前に贈与され、その後に貨幣価値の変動があった場合には、消費者物価指数を用いて相続開始時の貨幣価値に換算することになります。

◆財産の評価方法

① 不動産

不動産を評価する方法には、土地の場合、公示価格、路線価、固定資産税評価額など様々な評価方法があります。

公示価格とは、国土交通省の土地鑑定委員会が特定の標準値について毎年1月1日

を基準日として公示する価格で、3月下旬頃に公表されるものです。この価格は一般的には取引価格または市場価格に近いとされていますが、対象となる土地が少なく、現実的に利用することが難しいとされています。

路線価は、財産評価基本通達により、相続税や贈与税の基準として、利用されるもので、毎年8月頃に公表されます。相続税の算出の基準として用いられることなどから、多くの事例で参考とされます。

固定資産税評価額とは、地方税法349条による土地家屋台帳等に登録された基準年度の価格または比準価格です。

このほかに、不動産会社に簡易査定書を作成してもらい、これを基準に主張することも考えられます。

実務においては、これらの評価方法について、当事者が合意すれば、その評価額、評価方法に基づいて価額を算定することになります。

また、抵当権が設定されている不動産は、不動産の取引価格から抵当債権額を差し引いた価格で評価すべきものといえます。もっとも、当該不動産を取得した相続人は、仮に抵当権が実行されて不動産を失った場合には債務者に求償権を取得しますので、求償して返還を受けられる見込みがないような場合を除き、不動産取引価格から抵当債権額を控除すべきでないという考え方も可能と思われます。

② 預貯金

預貯金の場合は金額が明らかですので、残高証明書により相続開始時の残高を基準に評価します。

③ 現　金

現金は、現存する額面がそのまま算入されます。

もっとも、生前贈与された現金については、その後に貨幣価値の変動があった場合には、相続開始時の貨幣価値に換算した価格をもって評価されます（最判昭51・3・18判時811・50）。貨幣価値の換算は、消費者物価指数（ＣＰＩ、総務省統計局）によるのが一般的です。

④ 株　式

上場株式の場合には、取引相場がありますので、相続開始時の取引価格を基準にすることにより評価が可能です。

非上場株式の場合、会社法上の株式買取請求における価格の算定方法（純資産価額方式、収益還元方式、類似業種比準方式、混合方式）により評価したり、相続税の算定の際の方式（財産評価基本通達）により評価する方法があります。実務においては、これらの方式を参考に、当事者間の合意を図っています。合意が困難な場

合、鑑定によることもありますが、費用の問題もありますので鑑定はあまり使われることはないようです。

⑤　債　権

　債権については、額面上明らかなものであっても、債務者の資力や担保の有無などによって回収可能性を考慮して、評価額が決められると考えられます（大判大7・12・25民録24・2429）。

　なお、担保物権については、被担保債権額が遺産に算入される場合には、二重の評価を避けるため担保物件の価額は算入されないものと考えられています。

⑥　負担付贈与

　負担付贈与がなされた場合、目的物の価額から負担の価額を控除した残額を算入します（民1045①）。なお、遺留分侵害額の受贈者の負担は、遺留分を算定するための財産の価額に限られている（民1047①柱書）ので、受遺者が遺留分侵害額請求を受けるのは、目的物の価額から負担を差し引いた額に限られます。

⑦　不相当な対価による有償行為

　不相当な対価による有償行為は、当事者双方が遺留分権利者に損害を加えることを知ってなされた場合、当該対価を負担の価額とする負担付き贈与とみなされます（民1045②）。そのため、目的物の価額から負担の価額（当該対価）を控除した残額を算入します。

◆鑑定人選任審判の申立て

　遺留分の算定は、上記の評価方法などを使って、当事者双方の合意を基準に行うことになりますが、当事者双方が自己の主張する評価額から譲らない場合には、裁判所に鑑定人を選任してもらうことになります（家事216・別表第一109）。また、条件付権利や存続期間の不確定な権利の贈与・遺贈がある場合、家庭裁判所が選任した鑑定人の評価に従って、その価格を定められます（民1043②）。この場合の管轄は、相続開始地を管轄する家庭裁判所です。鑑定人の選任を申し立てる場合は、鑑定の対象となる条件付権利等を目録において特定する必要があります。

(4)　遺留分侵害額の算定　■■■■■■■■■■■■■■■■■■■■■■

　遺留分侵害額を算定するために、前記の方法によって遺留分を算定するための財産の額を算定して、次いで遺留分額を算定します。

◆遺留分額の算定

遺留分額は、遺留分を算定するための財産の価額に、個別的遺留分の割合を乗じて計算します（民1042）。

具体的な計算式は以下のとおりです。

① 遺留分算定の基礎となる財産の価額

遺留分算定の基礎となる財産の価額

＝（被相続人が相続開始時において有した財産の価額）＋（被相続人の贈与財産の価額）－（被相続人の債務の全額）

② 個別的遺留分の割合

個別的遺留分の割合

＝（民法1042条1項1号または2号に規定する遺留分の割合）×（遺留分権利者の法定相続分）

③ 遺留分額の算定

遺留分額

＝① 遺留分算定の基礎となる財産の価額 × ② 個別的遺留分の割合

＝｛（被相続人が相続開始時において有した財産の価額）＋（被相続人の贈与財産の価額）－（被相続人の債務の全額）｝×｛（民法1042条1項1号または2号に規定する遺留分の割合）×（遺留分権利者の法定相続分）｝

◆遺留分侵害額の算定

遺留分侵害額は、算定した遺留分額から、遺留分権利者が受けた遺贈または特別受益の額（民1046②一）と遺留分権利者が相続によって取得すべき財産の額（民1046②二）を控除したうえ、遺留分権利者が承継する相続債務の額（民1046②三）を加算して求めます（民1046②柱書）。

遺留分侵害額を算定する際は、遺留分権利者が受けた遺贈または特別受益の額については、遺留分を算定するための財産の額を算定するときとは異なり、10年に限定されていません。また、遺留分権利者が相続によって取得すべき財産の額は、寄与分を考慮しない具体的相続分によります。

これを計算式にすると、以下のとおりとなります。

遺留分侵害額

＝遺留分額－（遺留分権利者が受けた遺贈または特別受益の額）－（遺留分権利者が相続によって取得すべき財産の額（寄与分による修正はしない））＋（民法899条により遺留分権利者が承継する相続債務の額）

第4　遺留分侵害額請求を検討する　233

　なお、平成30年民法改正前は、遺留分侵害額の算定式が条文に明示されておらず、最高裁平成8年11月26日判決（判時1592・66）に基づき、上記と同様の解釈がなされていました。また、同判決では、遺留分権利者が受けた遺贈または特別受益の額を遺留分の額を算定する際に控除していましたが、改正後は遺留分侵害額の計算過程で控除されることになりました。ただ、いずれの段階で控除しても、遺留分侵害額に差は生じません。

◆相続債務がある場合の処理

　遺留分侵害額の算定において、遺留分権利者が承継する相続債務の額が加算されます（民1046②三）。

　また、受遺者または受贈者が相続債務を消滅させる行為をした場合、消滅した債務額の限度で、遺留分権利者への意思表示により負担した債務の消滅を請求することができます（民1047③前段）。遺留分侵害額の算定に当たり、遺留分権利者が承継する相続債務を加算したままとすると、被相続人の事業を承継した受遺者等が弁済した場合、遺留分権利者に求償することは迂遠だからです。

　もっとも、積極的に債務消滅行為を行っておらず、相続分の指定や包括遺贈に起因して相続債務の対内的な承継割合が変更された場合は、議論の余地があります。

　平成30年民法改正前の判例には、遺留分権利者の負担する相続債務の額（相続債務分担額）を加えて侵害額を算定する方法について、一定の場合にこれを制限し、相続人のうちの1人に対して財産全部を相続させる旨の遺言がされた場合には、遺言の趣旨等から相続債務については当該相続人にすべて相続させる意思のないことが明らかであるなどの特段の事情のない限り、相続人間においては、当該相続人が相続債務もすべて承継したと解され、遺留分の侵害額の算定に当たり、遺留分権利者の法定相続分に応じた相続財産の額を遺留分の額に加算することは許されないものと解するのが相当であると判示したものがあります（最判平21・3・24判時2041・45）。改正によっても、この判例の意義は失われていないと考えられます。

ケーススタディ

【ケース1】

Q　被相続人Ａの法定相続人として妻Ｂと長男Ｃ、次男Ｄがいます。

　相続財産として、不動産7,000万円、預金2,000万円あり、Ａは、不動産をＢに、預金をＣ、Ｄに2分の1ずつ相続させる遺言を作成していました。

234　第3章　遺　言

また、AはCの結婚資金として20年前に2,000万円を贈与していました。

Aには相続債務はありませんでした。

この場合において、Dが遺留分侵害額請求をした場合、遺留分侵害額はいくらと計算されることになるのでしょうか。

A　Aが相続開始時に有していた財産として不動産と預金があります。Cへの結婚資金として贈与は特別受益としての贈与に当たります。Aに相続債務はありませんので、この点は考慮しません。

① 遺留分を算定する基礎となる財産

　（Aが相続開始時に有していた財産7,000万円＋2,000万円）＝9,000万円

　AからCへの贈与は10年を超えるので、遺留分算定の基礎となる財産の価額に算入しません。

② 遺留分額

　Dは直系尊属ではありませんので、遺留分割合は全体の2分の1、法定相続分は4分の1となります。

　9,000万円×1／2×1／4＝1,125万円

③ 遺留分侵害額

　また、遺留分権利者であるDが相続により得た財産額は預金の半分の1,000万円となります。Dが特別受益や遺贈を受けたという事情はありません。

　1,125万円－1,000万円＝125万円

　なお、Cの遺留分侵害額を算定する際には、20年前の特別受益の2,000万円を控除することになりますので、Cには遺留分侵害額はないことになります。

【ケース2】

Q　被相続人Aの法定相続人として長男Bと長女Cがいます。

　相続財産として、預金500万円を残して死亡しました。Aは、住宅資金として、Bに8年前3,000万円、Cに4年前に400万円を贈与していました。

　この場合において、Cが遺留分侵害額請求をした場合、遺留分侵害額はいくらと計算されることになるのでしょうか。

A　Aが相続開始時に有していた預金として500万円があり、特別受益としてB、Cへの贈与があります。

① 遺留分を算定する基礎となる財産

（Aが相続開始時に有していた財産500万円）＋（Bへの特別受益3,000万円＋Cへの特別受益400万円）＝3,900万円

② 遺留分額

Cは直系尊属ではありませんので、遺留分割合は全体の2分の1、法定相続分は2分の1となります。

3,900万円×1／2×1／2＝975万円

③ 遺留分侵害額

CがAから相続により取得した財産は、特別受益の計算をした具体的相続分です（民1046②）。

（500万円＋3,000万円＋400万円）×1／2＝1,950万円

もっとも、超過持戻しはありませんので、Cは遺産分割により受け取ることができる相続分は500万円となります。

975万円－500万円（具体的相続分）－400万円（特別受益額）＝75万円

Cは、Bに対して75万円の遺留分侵害額請求権を行使できます。

【ケース3】

Q 被相続人Aの法定相続人として妻Bと長男C、次男Dがいます。

相続財産は、銀行預金4,000万円がありました。また、Aには、負債が1,000万円残っていました。

Aは、Bに対し、亡くなる直前に5,000万円の不動産を贈与していました。

Aは、預金のうち3,000万円はBに、1,000万円をDに残すという遺言を作成していました。

この場合、Dが遺留分侵害額請求をした場合、遺留分侵害額はいくらと計算されるのでしょうか。

A Aが相続開始時に有していた預金として4,000万円があり、特別受益としてBへの贈与があります。また、Aは債務を負っていました。

① 遺留分を算定する基礎となる財産

（Aが相続開始時に有していた財産4,000万円）＋（Bへの特別受益5,000万円）－（Aの相続債務1,000万円）＝8,000万円

② 遺留分額

Dは直系尊属ではありませんので、遺留分割合は全体の2分の1、法定相続分

は4分の1となります。

　　8,000万円×1／2×1／4＝1,000万円

　③　遺留分侵害額

　　遺留分権利者であるDが相続により得た財産額は預金のうち1,000万円となります。Dが相続により承継する債務額は250万円です。

　　1,000万円－1,000万円＋250万円＝250万円

　　Dの遺留分侵害額は250万円となります。

　　なお、Cの遺留分侵害額は相続により得た利益がなく、相続により承継する債務額が250万円なので、1,000万円＋250万円＝1,250万円となります。

【ケース4】

Q　被相続人Aの相続人として妻Bのみがいます。

　相続財産は、預金500万円のみでした。

　被相続人は個人事業主でしたが、半年前に先妻の連れ子Cに事業を承継させるために事務所として利用していた土地建物3,000万円を、滞納税金1,000万円を支払うのと引き換えに贈与していました。

　この場合、Bが遺留分侵害額請求をした場合、遺留分侵害額はいくらと計算されることになるのでしょうか。

A　Aが相続開始時に有していた預金として500万円があります。AのCに対する贈与は半年前になされたものです。また、いわゆる負担付贈与です。この場合、遺留分算定の基礎となる財産額の算定には負担部分を差し引いて算入します。

　①　遺留分を算定する基礎となる財産

　　（Aが相続開始時に有していた財産500万円）＋（Cへの贈与額3,000万円）

　　－（負担部分1,000万円）＝2,500万円

　②　遺留分額

　　Bは直系尊属ではありませんので、遺留分割合は全体の2分の1です。

　　2,500万円×1／2＝1,250万円

　③　遺留分侵害額

　　遺留分権利者であるBが相続により得た財産額は預金500万円となります。

　　1,250万円－500万円＝750万円

　　（Bの遺留分侵害額は750万円となります。）

第4　遺留分侵害額請求を検討する　237

```
┌─────────────── アドバイス ───────────────┐
```

○遺留分侵害額請求の相手方が複数いる場合の受遺者・受贈者の負担額

① 　まず、遺留分権利者の遺留分侵害額を計算します。

遺留分侵害額

＝遺留分額−遺留分権利者が受けた遺贈または特別受益の額−遺留分権利者
が相続によって取得すべき財産の額＋遺留分権利者が承継する相続債務の
額

② 　受遺者と受贈者とでは、受遺者が先に負担します。

③ 　遺贈が複数ある場合や、同時になされた贈与が複数ある場合は、遺言者に別段の
意思表示がない限り、その目的物の価額割合で按分して負担します。

④ 　贈与が複数ある場合は、後に贈与を受けた受贈者から順次負担します。

死因贈与は生前贈与より先に負担するとされています。

⑤ 　遺留分侵害額請求の相手方が共同相続人または受遺者（共同相続人を除きます）
の場合は、その相手方の遺留分超過額を計算し（受遺者には遺留分はありません）、
全体の遺留分超過額の合算額に対する各人の遺留分超過額を算出します。

⑥ 　最後に、遺留分侵害額に対し、遺留分侵害額請求の相手方の遺留分超過額割合を
乗じ、各人の負担額を算定します。

3　消滅時効

```
┌─────────────────────────────────┐
│ (1)　時効期間を確認する                           │
└─────────────────────────────────┘
                        ↓
┌─────────────────────────────────┐
│ (2)　遺言無効確認請求との関係を検討する              │
└─────────────────────────────────┘
```

(1)　時効期間を確認する ■■■■■■■■■■■■■■■■■■■■■

　遺留分侵害額請求権は、遺留分権利者が、相続の開始および遺留分を侵害する贈与
または遺贈のあったことを知った時から1年で、時効により消滅します（民1048前段）。
この1年の消滅時効は、形成権としての遺留分侵害額請求権それ自体の消滅時効です。
遺留分侵害額請求権を行使することによって発生する金銭債権は、一般の債権と同様

の消滅時効（民166①）にかかり、1年の消滅時効にかかるわけではありません。

また、遺留分侵害額請求権は、相続開始の時から10年を経過すると消滅します（民1048後段）が、これは除斥期間であり、時効の中断は認められないと解されています。

いずれにしても、遺留分権利者としては、遺留分侵害額請求権の行使に当たっては、この1年の消滅時効を意識しておく必要があります。

(2) 遺言無効確認請求との関係を検討する ■■■■■■■■■■■

遺言が法律上の要件を欠く場合、遺言内容が不明確である場合、遺言書が偽造されている場合、遺言書作成当時遺言者に遺言能力がなかった場合等には、遺言の無効を主張することになります。

遺言の無効を確定するためには、遺言無効確認請求訴訟を提起しなければなりませんが、この訴訟を提起したからといって、遺留分侵害額請求の意思表示がなされたとはいえません。前述のように、遺留分侵害額請求権の消滅時効は1年ですので、遺言無効を争っているうちに時効が完成してしまう可能性があります。

したがって、遺言無効を主張する場合においても、予備的に遺留分侵害額請求の意思表示を行うべきです。

アドバイス

〇予備的な遺留分侵害額請求権の行使

依頼者の中には、遺言が無効であることを確信して疑わないため、遺留分侵害額請求をすることに反対する場合があります。また、弁護士としても、予備的であるにしても遺留分侵害額請求の意思表示をすることによって、遺言無効の主張が弱まってしまうのではないかと懸念することがあり得ます。しかしながら、遺留分侵害額請求権の消滅時効は1年であり、しかも、弁護士が受任している場合には、法律専門家であることから、消滅時効の要件が厳格に解されますので、依頼者を十分に説得して、予備的主張として、遺留分侵害額請求の意思表示をしておくべきです。

〇遺言の無効を主張する場合の消滅時効の起算点

通説は、贈与または遺贈の事実と、遺留分侵害の事実の双方を認識した時と解しています。しかし、この考え方では、遺言書が偽造されていると信じて遺贈の効力を争っている間は遺留分を侵害する遺贈があったことを知ったものとはいえないというこ

とになりかねません。

　この点、最高裁昭和57年11月12日判決（民集36・11・2193）は、「民法が遺留分減殺請求権につき特別の短期消滅時効を規定した趣旨に鑑みれば、遺留分権利者が訴訟上無効の主張をしさえすれば、それが根拠のない言いがかりにすぎない場合であっても時効は進行を始めないとするのは相当でないから、被相続人の財産のほとんど全部が贈与されていて遺留分権利者が右事実を認識しているという場合においては、無効の主張について、一応、事実上及び法律上の根拠があって、遺留分権利者が右無効を信じているため遺留分減殺請求権を行使しなかったことがもっとも首肯しうる特段の事情が認められない限り、右贈与が減殺することのできるものであることを知っていたものと推認するのが相当というべきである。」と判示しています。

4　紛争解決手続の選択

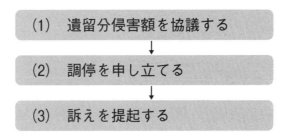

(1)　遺留分侵害額を協議する

　遺留分侵害額を算定した後、遺留分権利者としては、遺留分侵害額に相当する金銭の支払を請求することになります。すなわち、受遺者あるいは受贈者に対して、具体的な金額を示して、その支払を申し入れます。また、このような場合に、遺留分を侵害している者の側から積極的に一定の金額の支払を申し出ることも可能です。

　いずれにしても、これらの申入れは、正確を期すために書面をもって行うべきです。相手方との協議によって遺留分の侵害が認められ、遺留分権利者に対して支払われる具体的な金額について合意が成立した場合には、その合意内容を明確にするため、合意書を作成することになります。

240 第3章 遺 言

```
┌─────────────── アドバイス ───────────────┐

○合意内容

　遺言の有効無効が問題になっている場合には、後日遺言の無効を主張されることの
ないよう、「本件遺言が有効であることを確認する」といった条項を設けます。また、
遺留分権利者に対して支払われる具体的な金額、支払期限、期限を徒過した場合の損
害金などを明確にします。

　なお、相続税や譲渡所得税の負担について合意した場合には、その調整内容につい
ても具体的に明記します。

○合意の当事者

　遺留分侵害額請求権を行使するかどうかは、遺留分権利者の自由な意思に委ねられ
ています。したがって、遺留分に関する合意書を作成するに当たっては、相続人全員
が合意する必要はなく、遺留分侵害額請求をした者とその相手方との間で合意すれば
足りることになります。

└──────────────────────────────────────┘
```

(2) 調停を申し立てる ■■■■■■■■■■■■■■■■■■■■

　相手方との協議がまとまらず、交渉が決裂した場合には、裁判手続によって解決す
るほかありません。遺留分侵害額請求に関する紛争は、相続に関する紛争であり、「家
庭に関する事件」(家事244) に当たるので、遺留分権利者は、調停の申立てを行うこと
ができます。

　また、遺留分侵害額請求を受けた受遺者・受贈者の側からも、遺留分権利者を相手
方として、調停を申し立てることができると解されます。

(3) 訴えを提起する ■■■■■■■■■■■■■■■■■■■■■

　遺留分に関する訴えは、訴訟事項なので、遺留分権利者は、相続開始時の被相続人
の住所地を管轄する地方裁判所または簡易裁判所に訴えを提起することができます
(民訴5十四)。

　もっとも、調停前置主義により、訴訟を提起する前に、まず家庭裁判所の調停を申
し立てなければなりません (家事257①)。

【参考書式26】訴　状（遺留分侵害額請求）

アドバイス

○調停前置主義

　家事事件手続法257条1項は、調停前置主義を採用しています。調停前置主義は、家庭に関する事件は、家庭・親族生活の平和を維持し、また、家庭裁判所のもとで柔軟な解決を図るべきであるという見地から適用されるもので、遺留分侵害額請求事件についても調停前置主義が妥当するとされています。そのため、調停を申し立てることなく訴えを提起した場合には職権で調停に付さなければならないとされています（家事257②）。もっとも、家事事件手続法257条2項ただし書は、「裁判所が事件を調停に付することが相当でないと認めるときは、この限りでない。」として、調停前置主義の例外を認めています。例えば、当事者間の感情的対立が激しく、調停の成立する見込みがないような場合には、訴訟経済の観点から、そのような事情を訴状に記載して、直接地方裁判所に遺留分侵害額請求訴訟を提起することも可能であると考えられています。

242　第3章　遺言

【参考書式25】遺留分侵害額請求権行使の通知書

通　知　書

　当職は、亡甲野太郎（以下「被相続人」といいます。）の法定相続人である甲野一郎（以下「通知人」といいます。）より委任を受けましたので、通知人の代理人として、貴殿に対して、以下のとおり通知します。

　被相続人は、平成○年○月○日付け東京法務局所属公証人○○○○作成同年第○○○号遺言公正証書により、被相続人が有する不動産、預貯金等、全ての財産を貴殿に相続させる旨の遺言をなし、令和○年○月○日亡くなりました。

　しかし、被相続人には、相続人として、妻である貴殿のほか、通知人がいますので、前記「遺言」によって、通知人の遺留分4分の1が侵害されています。

　よって、通知人は、貴殿に対し、本書面をもって、遺留分侵害額の請求をします。

　　　　　令和○年○月○日

〒○○○－○○○○　東京都○○区○○町○丁目○番○号
甲　野　花　子　殿

　　　　　　　〒○○○－○○○○　東京都○○区○○町○丁目○番○号
　　　　　　　　　　　　　通知人　甲　野　一　郎

　　　　　　　〒○○○－○○○○　東京都○○区○○町○丁目○番○号
　　　　　　　　　　　　　○○ビル○○○号　丁川法律事務所
　　　　　　　　　　　TEL　03（○○○○）○○○○
　　　　　　　　　　　FAX　03（○○○○）○○○○
　　　　　　　　　通知人代理人弁護士　丁　川　賢　一　㊞

第4　遺留分侵害額請求を検討する　　243

【参考書式26】訴　状（遺留分侵害額請求）

訴　　状

令和○年○月○日

○○地方裁判所　民事部　御中

原告訴訟代理人弁護士　丁　川　賢　一　㊞

〒○○○－○○○○　東京都○○区○○町○丁目○番○号
原　告　甲　野　一　郎

（送達場所）〒○○○－○○○○　東京都○○区○○町○丁目○番○号
○○ビル○○○号　丁川法律事務所
ＴＥＬ　03（○○○○）○○○○
ＦＡＸ　03（○○○○）○○○○
上記原告訴訟代理人
弁護士　丁　川　賢　一

〒○○○　○○○○　東京都○○区○○町○丁目○番○号
被　告　甲　野　花　子

遺留分侵害額請求事件
　　　訴訟物の価額　　　　金○○○万円
　　　貼用印紙額　　　　　金○万○○○○円

第1　請求の趣旨
　1　被告は、原告に対し、金○○○万円およびこれに対する本訴状送達の日の翌日
　　から支払済みに至るまで年5分（3分）の割合による金員を支払え。
　2　訴訟費用は、被告の負担とする。
　3　仮執行宣言

第2　請求の原因

244 第3章 遺 言

1 原告は、訴外甲野太郎（以下「被相続人」という。）の長男であり、被告は、被相続人の妻である（別紙「相続関係図」参照）。

被相続人は、令和○年○月○日、死亡した。

2 被相続人は、死亡当時、以下の財産を保有していた。

(1) 別紙「物件目録」1および2記載の不動産（以下「本件各不動産」という。）

(2) 別紙「預金目録」1および2記載の預金（以下「本件各預金」という。）

3 被相続人は、平成○年○月○日、被告に全遺産を相続させる旨の公正証書遺言をした。

4 被告は、前記遺言に基づき、令和○年○月○日、本件各不動産の所有権移転登記手続を行った。また、被告は、令和○年○月○日、本件各預金につき全額の払戻しを受けた。

本件各不動産の評価額と本件各預金の相続開始時の残高の合計は、○○○○万円になる。

5 被相続人の法定相続人は、原告と被告の2名であり、原告の遺留分は、4分の1である。

6 原告は、被告に対し、令和○年○月○日、内容証明郵便をもって遺留分侵害額請求の意思表示を行い、同月○日、被告はこれを受領した。

7 よって、原告は、被告に対し、請求の趣旨記載のとおりの判決を求める。

第3 証拠方法
（略）

第4 付属書類
（略）

第 4 章

配偶者保護制度と特別寄与制度

246

第1 配偶者保護制度を確認する

＜フローチャート～配偶者保護制度を確認＞

配偶者保護制度（平成30年改正民法）

遺産分割や遺贈で配偶者居住権を取得

財産評価（鑑定等の算定）

配偶者居住権（長期居住権）
居住建物の使用収益

存続期間および登記、譲渡禁止、居住建物の修繕等、居住建物の費用負担、居住建物所有者の損害賠償請求権・費用償還請求権

存続期間満了、居住建物の所有者による消滅請求、配偶者死亡、居住建物の全部滅失、配偶者による配偶者居住権取得（短期の場合）

配偶者短期居住権
居住建物の使用のみ

存続期間の確認（遺産分割の場合、それ以外の場合）、譲渡禁止、居住建物の修繕等、居住建物の費用負担、居住建物取得者の損害賠償請求権・費用償還請求権

配偶者居住権の消滅

特別受益に関する持戻し免除の推定
・婚姻期間20年以上の夫婦
・居住用不動産の贈与または遺贈

持戻し免除

248　第4章　配偶者保護制度と特別寄与制度

1 配偶者保護制度

　平成30年改正前民法では、遺産分割において特に配偶者を保護する規定はありませんでした。しかし、平成30年民法改正は、相続の際に配偶者、とりわけ高齢化社会に伴う高齢の配偶者の居住権を保護し、生活を保障する必要性から、①配偶者居住権（長期居住権）（改正民1028）、②配偶者短期居住権（改正民1037）、③特別受益に関する持戻し免除の推定（民903④）の規定を設けました。

　なお、配偶者居住権に関する法律（前記①、②）の施行日は2020年4月1日です。

2 配偶者居住権（長期居住権）

　(1)　制度趣旨を確認する

　↓

　(2)　配偶者居住権の内容を確認する

　↓

　(3)　遺産分割における配偶者居住権の価額を算定する

(1)　制度趣旨を確認する　■■■■■■■■■■■■■■■■■■■■■

　被相続人の配偶者は、被相続人の死亡後も、住み慣れた住居で生活を続け、老後の生活資金としてある程度の預貯金を確保したいと考えるのが通常ですが、遺産分割において、配偶者が居住建物を取得する場合、その評価額が高額になり、生活資金を確保できないという不都合が生じることもあります。

　そこで、民法は、配偶者が被相続人の財産に属した建物に相続開始時に居住していた場合、遺産分割あるいは遺贈によって、配偶者が居住建物の全部について無償で使用収益する権利を取得することとしました（改正民1028①本文）。

　ただし、被相続人が居住建物を配偶者以外の者と共有していた場合には、配偶者居住権を認めると、他の共有持分権者の利益を害するので、配偶者居住権は認められません（改正民1028①ただし書）。

　なお、配偶者居住権は、死因贈与に遺贈の規定が準用される（民554）ことから、死因贈与によって取得させることもできますが、特定財産承継遺言（いわゆる「相続させ

る遺言」）によることはできません。特定財産承継遺言による取得を認めると、配偶者が配偶者居住権の取得を希望しない場合に、配偶者居住権の取得のみを拒絶できないため、相続放棄をするほかなくなり、かえって配偶者の利益を害すると考えられるという理由によります。

(2) 配偶者居住権の内容を確認する ■■■■■■■■■■■■■■

◆居住建物の使用収益

配偶者は、無償で居住建物を使用収益することができますが（改正民1028①本文）、使用収益に当たっては、従前の用法に従って、善良な管理者の注意をもってしなければなりません（改正民1032①）。

また、居住建物の所有者の承諾を得なければ、改築・増築し、第三者に使用収益させることはできません（改正民1032③）。

◆存続期間および登記

配偶者居住権の存続期間は、原則として配偶者の終身ですが（改正民1030本文）、別に存続期間を定めることもできます（改正民1030ただし書）。

居住建物の所有者は、第三者に対抗するため、配偶者居住権の設定登記をしなければなりません（改正民1031①）。

◆譲渡禁止

配偶者居住権は、帰属上の一身専属権なので、配偶者はこれを譲渡できません（改正民1032②）。

◆居住建物の修繕等

配偶者は、居住建物の使用収益に必要な修繕をすることができます（改正民1033①）。配偶者が必要な修繕をしない場合には、居住建物の所有者が修繕することができます（改正民1033②）。

◆居住建物の費用負担

配偶者は、居住建物の通常の必要費を負担します（改正民1034①）。通常の必要費には、居住建物の保存に必要な通常の修繕費の他、固定資産税が含まれます。

250   第4章　配偶者保護制度と特別寄与制度

◆居住建物所有者の損害賠償請求権・費用償還請求権

　居住建物の所有者は、配偶者に対して、善管注意義務違反等による損害賠償請求や居住建物についての費用償還請求をすることができますが、これらの請求は、居住建物の返還を受けた時から1年以内に請求しなければなりません（改正民1036・600）。

◆配偶者居住権の消滅

　配偶者居住権は、①存続期間の満了（改正民1036・597①）、②居住建物の所有者による消滅請求（改正民1032④）、③配偶者の死亡（改正民1036・597③）、④居住建物の全部滅失等（改正民1036・616の2）によって消滅します。

　配偶者居住権が消滅した場合には、配偶者は、居住建物を返還しなければなりません（改正民1035①本文）。ただし、配偶者が居住建物の共有持分を有する場合は、居住建物の所有者は、配偶者居住権の消滅を理由に居住建物の返還を求めることはできません（改正民1035①ただし書）。

　また、配偶者は、相続開始後に居住建物に附属させた物について収去する権利・義務を負う他（改正民1035②・599①②）、通常の使用によって生じた居住建物の損耗および経年劣化を除いて、原状回復義務を負います（改正民1035②・621）。

(3)　遺産分割における配偶者居住権の価額を算定する　■■■■■■■

　配偶者が遺産分割において配偶者居住権を取得する場合、財産価値の評価をする必要があります。財産評価について争いがある場合、最終的には不動産鑑定士による鑑定評価をすることになりますが、相続人全員の合意がある場合には、簡易な算定方法によって算出します。

◆鑑定による場合

　日本不動産鑑定士協会連合会は、以下の算定式によるとしています。
　（配偶者居住権の価額）＝〔（居住建物の賃料相当額）－（配偶者が負担する通常の必要費）〕×（存続期間に対応する年金現価率）

◆簡易な算定方法による場合

　法制審議会民法（相続関係）部会第19回会議部会資料19－2「長期居住権の簡易な評価方法について」（以下、「部会資料」といいます。）を参照しました。
①　マンションの場合と一戸建ての場合に分け、以下の算定式によるとしています。

一戸建ての場合に土地の配偶者居住権を加えるのは、居住建物の土地を排他的に使用するため、土地利用権について借地権等と同様に評価する必要があるからです。

【マンションの場合】
　配偶者居住権の価額＝建物の配偶者居住権の価額

【一戸建ての場合】
　配偶者居住権の価額＝建物の配偶者居住権の価額＋土地の配偶者居住権の価額
②　建物の配偶者居住権の価額
　　以下の算定式によるとしています。なお、建物の評価額について固定資産税評価額と時価が乖離する場合には、時価を使用することも考えられます。

【建物の配偶者居住権の価額】
　建物の配偶者居住権の価額
　　＝建物の評価額〔固定資産税評価額〕－配偶者居住権付建物所有権の価額

【配偶者居住権付建物所有権の価額】
　配偶者居住権付建物所有権の価額

$$= \begin{matrix}建物の評価 \\ 〔固定資産税評価額〕\end{matrix} \times \left(\frac{法定耐用年数－（経過年数＋存続年数）}{法定耐用年数－経過年数} \right) \times \begin{matrix}存続年数の \\ ライプニッツ係数\end{matrix}$$

なお、経過年数が法定耐用年数を超えている場合には、配偶者居住権付建物所有権の価額は0円になります。
③　土地の配偶者居住権の価額
　　以下の算定式によるとしています。

【土地の配偶者居住権の価額】
　土地の配偶者居住権の価額
　　＝土地の評価額〔固定資産税評価額〕－配偶者居住権付土地所有権の価額

【配偶者居住権付土地所有権の価額】
　配偶者居住権付土地所有権の評価方法には、次の2つの方法が考えられます。
　（甲説）ライプニッツ係数を利用する方法
　　　　配偶者居住権付土地所有権の価額
　　　　　＝土地の評価額〔固定資産税評価額〕×存続年数のライプニッツ係数
　　これは、配偶者居住権の存続期間中、土地所有者が土地の利用を制限されるこ

とに着目し、存続期間満了後に得られる負担のない土地所有権の価額を現在価値に引き直すことによって、その価額を算出する方法です。

（乙説）土地利用権割合を利用する方法

　　配偶者居住権付土地所有権の価額

　　　　＝土地の評価額〔固定資産税評価額〕×（1－土地利用権割合）

　ここで使う土地利用権割合は、借地権割合ではなく、地上権割合です。借地権割合では、存続期間の長さが反映されないため、残存期間に応じて評価される地上権を使用します（相税23）。

　なお、土地については、固定資産税評価額と実勢価格に乖離がありますので、より適正な評価額（公示価格等）を利用することが考えられます。

$$\boxed{\text{ケーススタディ}}$$

Q　マンションの場合で、次の条件の配偶者居住権の価額はどうなりますか。
　（部会資料参照）
　　築20年、鉄筋コンクリート造、固定資産税評価額1,000万円、配偶者居住権利の存続期間終身、妻の年齢70歳

A　次のように計算します。
　　鉄筋コンクリート造の耐用年数－47年（減価償却資産の耐用年数等に関する省令）
　　70歳女性の平均余命－19.81年≒20年
　　法定利率年3％（債権法改正後）の20年のライプニッツ係数－0.554
　　ア　配偶者居住権付建物所有権の価額

$$1,000万円 \times \frac{47-(20+20)}{47-20} \times 0.554 = 143万6,296円$$

　　イ　建物の配偶者居住権の価額

$$1,000万円 - 143万6,296円 = 856万3,704円$$

Q　一戸建ての場合で、次の条件の配偶者居住権はどうなりますか。
　（部会資料参照）
　　築10年、木造、建物固定資産税評価額1,000万円、土地固定資産税評価額4,000万円、配偶者居住権の存続期間15年

A 次のように計算します。

木造の耐用年数—22年（減価償却資産の耐用年数等に関する省令）

法定利率年3％（債権法改正後）の15年のライプニッツ係数—0.642

残存期間が15年の場合の地上権割合—100分の10

ア　配偶者居住権付建物所有権の価額

　　0円

イ　建物の配偶者居住権の価額

　　1,000万円（建物の価格と同じ）

ウ　配偶者居住権付土地所有権の価額

　　甲説　4,000万円×0.642＝2,568万円

　　乙説　4,000万円×（1−0.1）＝3,600万円

エ　土地の配偶者居住権の価額

　　甲説　4,000万円−2,568万円＝1,432万円

　　乙説　4,000万円−3,600万円＝400万円

オ　配偶者居住権の価額

　　甲説　1,000万円（イ）＋1,432万円（エ）＝2,432万円

　　乙説　1,000万円（イ）＋400万円（エ）＝1,400万円

　この場合、甲説と乙説では、乙説の方が配偶者居住権の価額が低くなります。したがって、配偶者は、遺産分割において、乙説の方が甲説より多くの現預金を取得することができ、より配偶者の生活保障に資することになります。

254　第4章　配偶者保護制度と特別寄与制度

3 配偶者短期居住権

> (1)　制度趣旨を確認する
> ↓
> (2)　配偶者短期居住権の内容を確認する

(1)　制度趣旨を確認する ■■■■■■■■■■■■■■■■■■■

　建物が夫名義で、妻（配偶者）が夫（被相続人）の占有補助者として居住していた場合、妻は、夫の死亡により占有補助者の地位を失い、無償で建物を使用することができなくなります。この点、最高裁平成8年12月17日判決（判時1589・45）は、相続人の1人が被相続人の許諾を得て被相続人所有の建物に同居していた場合には、特段の事情のない限り、被相続人とその相続人との間で、相続開始時を始期とし、遺産分割時を終期とする使用貸借契約が成立していたものと推認されるとしていましたが、被相続人が異なる意思を表示していた場合等には、配偶者の居住権が保護されません。

　そこで、改正民法は、被相続人の意思にかかわらず、配偶者の短期的な居住権を保護するため、配偶者が相続開始時に被相続人名義の建物に無償で居住していた場合、一定の期間、居住建物を無償で使用する権利を有するとしました（改正民1037）。

(2)　配偶者短期居住権の内容を確認する ■■■■■■■■■■■■■

◆居住建物の使用

　配偶者は、無償で居住建物を使用することができますが（改正民1037①本文）、配偶者居住権と異なり、収益することはできません。

　配偶者は、使用に当たり、従前の用法に従って、善良な管理者の注意をもってしなければなりません（改正民1038①）。また、居住建物の所有者の承諾を得なければ、第三者に使用させることはできません（改正民1038②）。

　他方、居住建物取得者は、第三者への譲渡等により、配偶者の居住建物の使用を妨げてはなりません（改正民1037②）。

◆存続期間

配偶者短期居住権の存続期間は、居住建物について配偶者を含む共同相続人間で遺産分割をする場合とそれ以外の場合とで異なります。

遺産分割の場合、遺産分割によって居住建物の帰属が確定した日または相続開始の時から6か月を経過する日のいずれか遅い日まで存続します（改正民1037①一）。

それ以外の場合（他の者が居住建物を遺言または死因贈与により取得した場合や配偶者が相続放棄をした場合など）、居住建物取得者が配偶者に配偶者短期居住権の消滅の申入れをした日から6か月を経過する日まで存続します（民1037①二）。

◆配偶者居住権の規定の準用

配偶者短期居住権は、配偶者居住権の規定が準用されています（改正民1041）。そのため、配偶者は、配偶者短期居住権の譲渡が禁止され（改正民1032②）、居住建物の使用に必要な修繕をすることができ（改正民1033①）、通常の必要費を負担します（改正民1034①）。

◆居住建物取得者の損害賠償請求権・費用償還請求権

居住建物取得者は、配偶者に対して、善管注意義務違反等による損害賠償請求や居住建物についての費用償還請求をすることができますが、これらの請求は、居住建物の返還を受けた時から1年以内に請求しなければなりません（改正民1041・600）。

◆配偶者短期居住権の消滅

配偶者短期居住権は、①存続期間の満了、②居住建物取得者による消滅請求（改正民1038③）、③配偶者による配偶者居住権の取得（改正民1039）、④配偶者の死亡（改正民1041・597③）、④居住建物の全部滅失等（改正民1041・616の2）によって消滅します。

配偶者短期居住権が消滅した場合には、配偶者は、居住建物取得者に居住建物を返還しなければなりません（改正民1040①本文）。ただし、配偶者が居住建物の共有持分を有する場合は、居住建物取得者は、配偶者居住権の消滅を理由に居住建物の返還を求めることはできません（改正民1040①ただし書）。

また、配偶者は、相続開始後に居住建物に附属させた物について収去する権利・義務を負う他（改正民1040②・599①②）、通常の使用によって生じた居住建物の損耗および経年劣化を除いて、原状回復義務を負います（改正民1040②・621）。

256 第4章 配偶者保護制度と特別寄与制度

4 特別受益に関する持戻し免除の推定

> (1) 制度趣旨を確認する
> ↓
> (2) 持戻し免除の推定規定の内容を確認する

(1) 制度趣旨を確認する ■■■■■■■■■■■■■■■■■■■■

　平成30年改正前民法では、被相続人、特に長年婚姻生活を続けてきた高齢者が配偶者に居住用不動産を遺贈または贈与した場合、老後の生活保障として行うことが多いにもかかわらず、遺産分割において特別受益として扱われ、配偶者の取得額が減少し、配偶者の生活に支障を生じることがありました。そこで、平成30年改正民法は、配偶者の生活保障の観点から、婚姻期間が長期に及ぶ夫婦について居住用不動産の遺贈・贈与が行われた場合には、持戻し免除の意思表示を推定するとしました（民903④）。

(2) 持戻し免除の推定規定の内容を確認する ■■■■■■■■■■■

◆要　件

　持戻し免除の意思表示が推定されるためには、①婚姻期間が20年以上の夫婦であること、②居住用不動産の贈与または遺贈であることが必要です。

　①は、婚姻期間が20年以上の夫婦間で、居住用不動産の贈与について贈与税の配偶者控除の特例を定める相続税法21条の6と同様です。

　②は、老後の生活保障の観点から居住用不動産に限られています。また、相続税法21条の6と異なり、贈与のみならず、遺贈も含まれます。

◆効　果

　持戻し免除の意思表示が推定されます。これによって、配偶者は、遺産分割において居住用不動産の持戻しがなくなり、取得額が増えることになります。

第2 特別寄与制度を確認する

<フローチャート～特別寄与制度を確認>

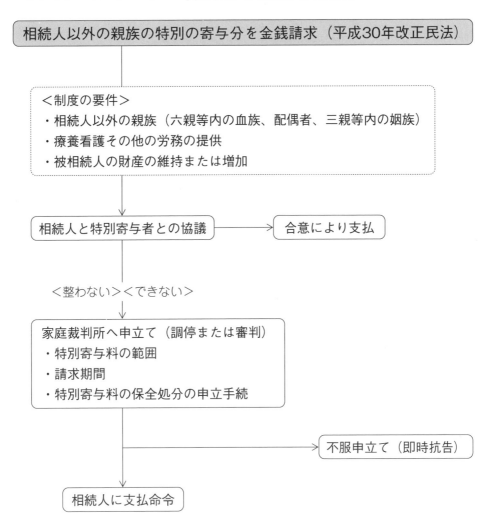

1 特別の寄与

> (1) 制度趣旨を確認する
> ↓
> (2) 要件を確認する

(1) 制度趣旨を確認する ■■■■■■■■■■■■■■■■■■■■

　民法904条の2は、相続人に限り寄与分を認めています。例えば、被相続人の子である夫の妻が被相続人の療養看護に努めた場合、妻に寄与分は認められません。このような場合、相続人である夫の寄与分として妻の寄与行為を評価する審判例もありますが（東京高決平22・9・13家月63・6・82、東京家審平12・3・8家月52・8・35）、法的根拠が明らかではありませんし、仮に夫が先に死亡した場合には妻の寄与行為は評価されないことになります。しかし、まったく療養看護等を行ってこなかった相続人が遺産の分配を受ける一方で、無償で療養看護してきた親族には何の補償もないというのは不公平感が拭えません。

　このような観点から、平成30年民法改正により、民法1050条が新設され、相続人以外の親族の特別の寄与につき、当該親族が相続人に対し金銭請求をすることができるようになりました。

アドバイス

○従前の審判例との関係

　これまで相続人である夫の妻の寄与行為は、いわば夫の補助者として捉え、夫の寄与分として評価する審判例がありました。平成30年民法改正による特別寄与制度は、正面からこのような評価方法（主張方法）を否定しているわけではありません。もちろん二重に評価することは許されませんので、両者の関係については今度の実務の取扱いの集積を待つことになるものと思われます。

---

(2) 要件を確認する ■■■■■■■■■■■■■■■■■■■■

　特別の寄与が認められる親族を「特別寄与者」といい、請求できる金銭を「特別寄

与料」といいます。

◆相続人以外の親族

　親族の範囲は、民法725条により、①六親等内の血族、②配偶者、③三親等内の姻族となります。ただし、相続人のほか、相続を放棄した者、相続欠格者、被廃除者については明文をもって除外されています。

◆療養看護その他の労務の提供

　条文上、「療養看護その他の労務の提供」に限定されている点で、民法904条の2の寄与分と異なります。「財産上の給付」や労務提供以外の「その他の方法」による寄与行為は認められないことになります。

　また、条文上、「無償」という用語が付加されています。寄与行為について被相続人から「実質的な対価」を得ていた場合には寄与分が認められないことが明確になっているといえます。

◆被相続人の財産の維持または増加

　この要件は、民法904条の2と異なりません。特別寄与者は、寄与行為と相続財産の維持・増加との因果関係を明らかにする必要があります。

アドバイス

○遺言で「特別の寄与」を認めない旨の意思表示をしている場合
　「特別の寄与」について、例え被相続人が遺言で反対の意思表示をしていた場合であっても、この意思表示は遺言事項ではありませんので、特別寄与者は特別寄与料の支払を請求できます。ただし、「特別寄与料の額は、被相続人が相続開始の時において有した財産の価額から遺贈の価額を控除した残額を超えることができない。」（民1050④）と規定していますから、被相続人がすべての遺産について遺言をもって遺贈により取得者を定めている場合には、特別寄与料を請求することができません。

260　第4章　配偶者保護制度と特別寄与制度

2　請求手続

> (1)　特別寄与料の請求手続を確認する
>
> ↓
>
> (2)　特別寄与料の保全処分の申立手続を確認する
>
> ↓
>
> (3)　不服申立手続（即時抗告）を確認する

(1)　特別寄与料の請求手続を確認する　■■■■■■■■■■■■■

◆相続人との協議

　条文上、「特別寄与料の支払について、当事者間に協議が調わないとき、又は協議をすることができないとき」（民1050②）とありますので、特別寄与の有無および額は相続人と特別寄与者との間の協議が前提となっています。

◆家庭裁判所に対する申立てと給付命令

　当事者間で協議が整わないとき、または協議をすることができない場合に、特別寄与者は、家庭裁判所に対して、「特別の寄与に関する処分」の調停または審判の申立てを行うことができます（民1050②）。

　管轄は、相続開始地を管轄する家庭裁判所です（家事216の2）。

　家庭裁判所は、「寄与の時期、方法及び程度、相続財産の額その他一切の事情を考慮して、特別寄与料の額を定める。」（民1050③）こととし、相続人に対し、金銭の支払命令をすることができます（家事216の3）。

アドバイス

○申立ての相手方

　相手方は相続人ですが、特別寄与料は被相続人の債務ではなく、相続人固有の債務ですから、共同相続人全員を相手方にする必要はないと解されます。もっとも、民法1050条5項により、相手方とされた当該相続人の相続分に応じた金額の限度で認められることになります。

◆特別寄与料の範囲

　特別寄与料の額は、被相続人が相続開始時において有した財産の価額から遺贈の価額を控除した残額を超えることができない旨の規定があります（民1050④）。

◆請求期間

　特別の寄与に関する処分の申立ては、次の期間内に行わなければなりません（民1050②）。

①　特別寄与者が相続の開始および相続人を知った時から6か月

　または

②　相続開始の時から1年

◆相続人が複数人の場合

　相続人が複数人いるときは、協議により決定する場合を除いて、各共同相続人は、民法900条から同法902条までの規定により算定した相続分に応じて、特別寄与料の額を負担することになっています（民1050⑤）。

【計算式】

　各共同相続人の負担額＝特別寄与料の額×当該共同相続人の相続分

(2)　特別寄与料の保全処分の申立手続を確認する　■■■■■■■■

　特別の寄与に関する処分についての審判または調停の申立てをした場合において、申立人は、家庭裁判所（または高等裁判所）に対し、特別寄与に関する処分の審判を本案として、仮差押えや仮処分その他の必要な保全処分を求めることができます（家事216の5）。

◆保全の必要性

　「強制執行を保全し、又は申立人の急迫の危険を防止するため必要があるとき」に、保全が認められます（家事216の5）。

(3)　不服申立手続（即時抗告）を確認する　■■■■■■■■■■

　特別の寄与に関する処分の審判に対しては申立人および相手方、処分の申立てを却下する審判に対しては申立人が、それぞれ即時抗告できます（家事216の4）。

第 5 章
相続人不存在

264

第1 相続財産管理人の選任申立てを行う

<フローチャート～相続財産管理人選任>

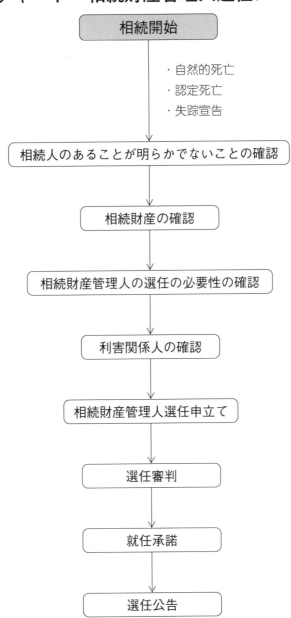

266 第5章 相続人不存在

1 選任の要件

(1) 相続財産管理の開始要件を確認する

↓

(2) 相続の開始を確認する

↓

(3) 「相続人のあることが明らかでないとき」を検討する

↓

(4) 相続財産を確認する

↓

(5) 利害関係人を確認する

↓

(6) 相続財産管理人の選任の必要性を検討する

(1) 相続財産管理の開始要件を確認する ■■■■■■■■■■■

相続人のあることが明らかでない場合には、相続財産が無主物となるのを避けるために相続財産を法人として扱ったうえで（民951）、相続人を捜索し相続財産を管理するため、相続財産管理人を選任する必要があります（民952以下）。

◆相続財産管理の開始要件

相続財産管理人を選任して管理を開始するための要件としては、①相続の開始、②相続人のあることが明らかでないこと、③相続財産の存在、④利害関係人または検察官の申立てのあることです。

(2) 相続の開始を確認する ■■■■■■■■■■■■■■■■■■

相続は、人の死亡によって開始します（民882）。そこで被相続人の死亡日時を確認する必要があります。これは戸（除）籍謄本（全部事項証明書）に記載されているので、戸（除）籍謄本（全部事項証明書）で確認することになります。

この死亡という効果が生ずる原因としては、①自然的死亡、②認定死亡、③失踪宣

告の3つがあります。なお、いわゆる高齢者職権削除に基づく戸籍削除は、死亡の蓋然性が高い者について戸籍の整理のための行政措置で、市町村長から管轄法務局または地方法務局の長に対して許可申請をなし、その許可を得て戸籍を訂正（抹消）する手続です（戸24①②・44③）。死亡の効果が生ずるものではありません。

◆自然的死亡

　人が死亡したとき、同居の親族等の届出義務者は死亡の事実を知った日から7日以内に届出しなければなりませんが（戸86①）、その際、死亡届書には原則として診断書または検案書を添付します。そして、死亡届書には「死亡の年月日時分及び場所」を記載しなければならないとされ（戸86②）、この死亡届書に記載された「死亡の年月日時分」が戸籍謄本（戸籍全部事項証明書）に掲記されるため、死亡者の戸籍謄本（戸籍全部事項証明書）から死亡の有無と時期を特定することができることになります。

◆認定死亡

　戸籍法89条は、「水難、火災その他の事変によって死亡したものがある場合には、その取調をした官庁又は公署は、死亡地の市町村長に死亡の報告をしなければならない。」と規定しています。この場合、戸籍に「推定平成○年○月○日午後○時死亡」と記載され、その日時に死亡したものと取り扱われ、相続も開始します。

◆失踪宣告

　民法30条は、失踪宣告制度を規定しています。「不在者の生死が7年間明らかでないとき」（民30①）、「戦地に臨んだ者、沈没した船舶の中に在った者その他死亡の原因となるべき危難に遭遇した者の生死が、それぞれ、戦争が止んだ後、船舶が沈没した後又はその他の危難が去った後1年間明らかでないとき」（民30②）、家庭裁判所は、利害関係人の請求により、失踪の宣告をすることができます。この場合、1項においては7年間の期間満了時に、2項においては危難が去ったときに、死亡したものとみなされます（民31）。

(3)　「相続人のあることが明らかでないとき」を検討する　■ ■ ■ ■

　まず、相続人の調査を行い、次に、「相続人のあることが明らかでないとき」に該当するかどうか検討します。

268   第5章　相続人不存在

◆相続人の調査

　相続人を調査するためには、まず、依頼者から被相続人の本籍地を確認し、被相続人の戸（除）籍謄本（全部事項証明書）を取得します。本籍地が分からない場合には、住所地を確認し、本籍地が記載された住民票を取得することによって本籍地を確認します。被相続人の戸（除）籍謄本（全部事項証明書）を取得したら、被相続人の出生にさかのぼって除籍謄本（除籍全部事項証明書）や改製原戸籍謄本を取得し、順次相続人を捜索していきます。なお、相続人であっても相続資格を喪失している者については、相続財産管理の開始要件としての相続人には当たりません。

アドバイス

〇相続人の資格

　相続放棄をした者（民938）、相続欠格者（民891）、推定相続人廃除における被廃除者（民892）は相続人とはなりませんので注意が必要です。

　相続放棄については、相続開始地の家庭裁判所に相続放棄の有無を照会し、相続放棄がなされていれば、相続放棄申述受理証明書を交付してもらって確認できます。

　相続欠格については、戸籍等の公の書類には記載されません。そこで、欠格事由は、相談者からの聞取りを行って個別の文書で確認するほかありません。

　推定相続人廃除については、審判が確定している場合には戸籍に記載されますので（戸97・63①）、戸籍で確認することができます。

◆「相続人のあることが明らかでないとき」の意義

　「相続人のあることが明らかでないとき」とは、相続人の存否が不明なことをいいます。相続人が行方不明、生死不明の場合にはこれに該当しません。これらの場合には、相続財産管理人ではなく、不在者財産管理人の選任（民25以下）、あるいは失踪宣告（民30以下）の手続を経て、相続財産管理手続に移ることになります（東京高決昭50・1・30判時778・64）。

◆具体的ケース

①　相続人がいないことが明らかな場合

　例えば、戸籍上相続人がいない場合や、戸籍上相続人はいるが、その者が相続放棄、相続欠格、相続人廃除により相続人とならない場合です。このような場合も「相

続人のあることが明らかでないとき」に当たります。相続人がいないことが明らかな場合であっても、念のため相続人を捜索する必要がありますし、相続財産を管理・清算する必要もあります。

② 相続人が未確定の場合

戸籍上相続人はいないが、相続人となる可能性がある者がいる場合、例えば、被相続人についての父を定める訴え（民773）、認知の訴え（民787）、離婚無効の訴え、離縁無効の訴えなどの訴訟が係属している場合があります。この点、学説は分かれていますが、実務上は、「相続人のあることが明らかでないとき」に当たるとして相続財産管理人を選任した上で、判決確定までは清算手続をしないという取扱いをしているようです。

③ 表見相続人がいる場合

戸籍上の唯一の相続人が表見相続人である場合、例えば、他人の子を実子として届け出ているが、実子でないことを本人も親族も知っている場合があります。この点も学説は分かれています。実務上は、表見相続人であっても、訴訟により相続人でないことが確定するか、戸籍訂正が認められない限り、当然には相続人がいないとはいえないことなどから、一応否定説に立って処理しているようです。

④ 全部包括受遺者がいる場合

戸籍上相続人はいないが、相続財産の全部を遺贈された包括受遺者がいる場合、「相続人のあることが明らかでないとき」に当たるか問題となります。

最高裁平成9年9月12日判決（判時1618・66）は、民法951条以下の規定は相続財産の帰属すべき者が明らかでない場合におけるその管理、清算等の方法を定めたものであるところ、包括受遺者は相続人と同一の権利義務を有し（民990）、遺言者の死亡の時から原則として同人の財産に属した一切の権利義務を承継するのであって、相続財産全部の包括受遺者が存在する場合には前記規定による手続を行わせる必要はないからである、として否定しています。

⑤ 割合的包括受遺者がいる場合

相続財産の全部について、複数の割合的包括受遺者がいる場合は、割合的包括受遺者が複数いても、全体としてみれば相続財産全部について包括受遺者がいる場合と変わらないことから否定されると考えられます。これに対して、相続財産の一部について割合的包括受遺者がいる場合については学説が分かれています。割合的包括受遺者はその割合を超える部分については無権利であり、その部分が包括受遺者に帰属する法律上の根拠がないこと、特別縁故者への分与の可能性を残しておいた方が適切であることなどを理由として肯定説が多数説のようです。

(4) 相続財産を確認する ■■■■■■■■■■■■■■■■■■■■

◆財産の種類

　相続財産管理の対象となる財産としては、不動産、現金、預貯金、有価証券、貸金等の債権、借地権、借家権、保険等が挙げられますが、債務も対象となります。被相続人に債務しかない場合であっても、利害関係人である債権者としては消滅時効の中断等の必要がありますので、相続財産管理人の選任は認められます。

◆財産の調査

　まず、相談者から事情を聴いて資料を収集します。不動産は、登記簿謄本（登記事項証明書）や名寄帳、固定資産税納付通知書などにより確認します。預貯金については、通帳あるいは残高明細書や取引明細書を金融機関から取得して確認します。株式等の有価証券は、配当通知や証券会社からの報告書により確認することができます。貸金等の債権や借地権・借家権は、契約書等により確認します。

(5) 利害関係人を確認する ■■■■■■■■■■■■■■■■■■

　相続財産管理人選任の申立権者は利害関係人または検察官です（民952①）。

　「利害関係人」とは、相続財産の帰属について法律上の利害関係を有する者をいいます。具体的には、相続債権者、受遺者（ただし全部包括受遺者を除きます）、相続債務者、相続財産上の担保権者、特別縁故者、国、都道府県知事などがこれに当たります。

(6) 相続財産管理人の選任の必要性を検討する ■■■■■■■■■■

　相続財産管理制度は、相続人のあることが明らかでない場合に、相続財産を保全するために相続人が現れるまで相続財産を管理し、相続人が現れなかったときは、相続債権者や受遺者に弁済し、特別縁故者に財産分与するなど、利害関係人の利益を図ることを目的としています。

　したがって、相続財産管理人選任申立ても、相続財産の保全の必要性や相続債権者や受遺者、特別縁故者等の利害関係人の利益保護の観点からその必要性を検討しなければなりません。

　また、相続財産管理のための手続費用（印紙、郵券、公告費用、管理行為に必要な

費用）や相続財産管理人への報酬等が発生しますので、これらの費用を捻出することができるか、という観点からの検討も必要となります。特に、特別縁故者への財産分与を目的として相続財産管理人選任申立てを行う場合には、積極・消極財産を含め、相続財産の価値に十分注意する必要があることは言うまでもありません。

　もっとも、消極財産しかない場合であっても、例えば、被相続人に登記義務がある場合には、相続財産法人を相手方として登記請求をなす必要があり、相続財産管理人選任申立ての実益が認められます（ただし、特別代理人の選任によって処理できる場合もあります）。

2 選任の手続

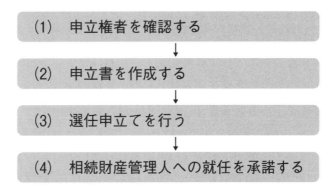

(1) 申立権者を確認する

申立権者は、利害関係人または検察官です。

◆利害関係人

　利害関係人とは、相続財産の帰属について法律上の利害関係を有する者をいいます。
① 特別縁故者
　　特別縁故者への財産分与は、相続財産の管理清算がなされることが前提ですので（民958の3）、特別縁故者は利害関係人に当たります。
② 相続債権者・相続債務者
　　相続債権者は、相続財産から弁済を受け得る地位にありますので、利害関係人で

す。

　また、相続財産を時効取得した者や相続財産の譲受人でありながら対抗要件を得ていない者も、相続財産管理人を相手方として権利主張をする必要がありますので、利害関係人に当たると解されます。

　相続債務者も、債務の履行をするために相続財産管理人を選任する必要が生じますので、利害関係人に当たります。

③　担保権者

　抵当権者などの担保権者は、担保権を実行するため、相続財産管理人の存在を必要としますので、利害関係人に当たります。

④　事務管理者

　現に相続財産を保存、管理していたり、葬儀費用を拠出したりした者などで、相続財産法人との関係で事務管理が成立している場合には、償還請求権（民702）を有しますので、利害関係に当たります。

⑤　成年後見人であった者

　成年被後見人が死亡したときは成年後見人の任務は終了しますが、成年被後見人に相続人がない場合には相続財産法人に財産を引き継がせるために相続財産管理人を選任する必要があり、利害関係人に当たると解されます。

⑥　受遺者

　特定受遺者は、遺贈目的物の引渡請求や登記移転手続請求をなすため、相続財産管理人を選任する必要がありますので、利害関係人に当たります。これに対し、全部包括受遺者は、相続財産管理人の選任の必要性はなく、申立権はありません。なお、割合的包括受遺者については争いがありますが、その割合を超える部分について管理・清算する必要もあることから原則として利害関係人に当たるものと考えられます。

⑦　遺言執行者

　遺言執行者は、遺言内容を実現することを目的としていますので、遺言内容が財産の処分に関する限りは、利害関係人に当たるものと解されます。ただし、相続財産管理人との権限の調整の問題があります。

⑧　相続財産の共有持分権者

　被相続人との間で特定の相続財産を共有していた者は、民法255条に基づく権利の取得を目的として、相続財産管理人を必要とする場合がありますので、利害関係人に当たります。もっとも、相続人の不存在が確定し、相続債権者や受遺者に対す

る清算手続が終了し、かつ、特別縁故者に対し分与されなかった場合にはじめて、同条の適用がなされます（最判平元・11・24判時1332・30）。

⑨　被相続人が相続分を有する遺産の他の共同相続人

遺産分割協議の当事者が相続人なくして死亡した場合に、他の当事者が分割協議をするために相続財産管理人を選任する必要が生ずる場合があります。例えば、被相続人Aの子であるB、C、D3名のうち、BがC、D以外の法定相続人（Bの妻子など）がないまま死亡し、かつ、C、DがBの相続につき相続放棄した場合、C、DはAの未分割の遺産につき遺産分割協議をするため相続財産管理人を選任する必要が生じますので、そのような場合には利害関係人として申立権があります。

⑩　国・地方公共団体

公租公課を徴収する目的で、あるいは、公共事業のための用地買収目的で、相続財産管理人を選任する必要が生ずることがあり、そのような場合には利害関係に当たると解されています。

◆検察官

条文上、検察官に申立権があります。この趣旨は、相続財産が管理されない状態のまま放置されることは国民経済の観点から望ましくなく、また、相続人不存在の財産は最終的には国庫に帰属するため（民959）、国も公益の代表者として利害関係を有するという点にあります。

(2)　申立書を作成する　■■■■■■■■■■■■■■■■■■■■■■■

相続財産管理人選任の審判申立ては、家庭裁判所に対し、申立書、遺産目録、その他の添付資料を提出して行います。

申立書は、裁判所のホームページで書式をダウンロードすることもできます。

申立書には、申立の理由として、申立人に利害関係があること、被相続人が死亡したこと、被相続人に相続人のあることが明らかでないことなどを記載します。添付資料として利害関係を証する書面や戸（除）籍謄本ないし全部事項証明書などが必要となります。

【参考書式27】相続財産管理人選任審判申立書

274   第5章　相続人不存在

```
┌─────────────────────────────────────────────────────────┐
│                      アドバイス                           │
│                                                           │
│  ○相続財産管理人候補者                                     │
│      法律上、相続財産管理人になるための資格や条件はありませんが、不在者財産管理│
│  人が、原則として不在者の財産について保存行為・利用行為・改良行為の権限を有す │
│  るにすぎないのに対し、相続財産管理人は、相続財産を管理するだけでなく清算する │
│  権限も有し、相続債権者、受遺者に対する弁済、財産の換価処分、特別縁故者に対す │
│  る相続財産分与の手続、国庫帰属手続などを職務として行います。そのため、相続財 │
│  産管理人には、高度の法的知識、経験が必要になります。そして、従来は、適任者を │
│  確保することが難しいという問題から申立人に候補者の推薦を求めることが多くあり │
│  ましたが、利害関係人である申立人の推薦する者が相続財産管理人に選任されると、 │
│  公平な財産管理・清算が行われない恐れがあります。相続財産管理人の場合は、当初 │
│  から財産の清算が予定されているため、不在者財産管理人と比較して、公平な立場で │
│  の職務遂行に対する要請はより強いといえます。                    │
│      そこで、実務では、申立人が推薦する者を選任するのではなく、家庭裁判所が選定 │
│  する公正中立な立場の第三者を選任するのが望ましいと考えられています。東京家庭 │
│  裁判所でも、裁判所が保有する管理人候補者リストから選任されます。      │
│                                                           │
└─────────────────────────────────────────────────────────┘
```

(3)　選任申立てを行う ■■■■■■■■■■■■■■■■■■■■■■■■■

◆管　轄

　相続財産管理人選任の申立ての管轄は、「相続が開始した地を管轄する家庭裁判所」
にあります（家事203一）。そして、「相続は、被相続人の住所において開始する」と規定
されていますので（民883）、申立ては、被相続人の住所地を管轄する家庭裁判所に行う
ことになります。

　日本国内に被相続人の住所がないとき、またはその住所が知れないときは、その居
所地を管轄する家庭裁判所の管轄に属し、日本国内に居所がなく、または居所が知れ
ないときはその最後の住所地を管轄する家庭裁判所の管轄に属します（家事4）。

　また、家事事件手続法の規定により、2つ以上の家庭裁判所が管轄権を有するときは、
先に申立てを受け、または職権で手続を開始した家庭裁判所が管轄権を有します（優
先管轄。家事5）。家事事件手続法の規定により管轄が定まらないときは、審判を求める
事項に係る財産の所在地または最高裁判所規則で定める地（東京都千代田区）を管轄

する家庭裁判所の管轄に属します（家事7、家事規6）。

アドバイス

○移送の上申書の提出

　申立人は、相続財産管理人選任後の家庭裁判所の監督やその後の裁判手続等の便宜のため、相続財産管理人選任申立てと同時に、職権による移送審判を求める旨の上申書を提出することができます。裁判所は、上申書に記載された移送事由を考慮して移送の審判をすることができます（家事9②）。

　移送事由としては、次のような場合が考えられます。

① 　相続財産が移送先の家庭裁判所の管轄地にあること

② 　申立人の住所が移送先の家庭裁判所の管轄地であること

③ 　相続財産管理人候補者の住所が上記裁判所の管轄地であること

④ 　移送先の家庭裁判所と同じ管轄地の地方裁判所、簡易裁判所などに相続財産に関する訴訟が継続していること

---

(4)　相続財産管理人への就任を承諾する ■■■■■■■■■■■■■

◆審　判

　家庭裁判所は、相続財産管理人選任申立てについて、管轄、申立人の利害関係、相続の開始、相続人不存在の事実、相続財産の存在などを審理し、適法な申立てがあり、相続財産管理開始の要件が満たされると認められれば、相続財産管理人を選任する審判をなします。なお、選任の審判、却下の審判とも即時抗告はできないと解されています（札幌高決昭34・9・21家月12・7・107）。

◆就任承諾

　前記のとおり、家庭裁判所は、裁判所が保有する管理人候補者リストから相続財産管理人を選任する取扱いをしていますが、裁判所によっては、相続財産管理人候補者へ就任意思を確認するため、同人に選任審判書謄本等を送付する前に意思確認をした上、就任に関する承諾書の提出を求めることが多いようです。

◆選任公告

　相続財産管理人が選任されると、家庭裁判所は、遅滞なく相続財産管理人の選任公

276 第5章 相続人不存在

告をしなければなりません（民952②）。公告は、原則として家庭裁判所の掲示板その他裁判所内の公衆の見やすい場所に掲示し、かつ官報に掲載するという方法で行っています（家事規4）。

　この選任公告は、相続財産管理人が選任されたことを公示して利害関係人に対し権利主張等の機会を付与するとともに、相続人の出現を促す意味もあります。

　公告には、家事事件手続規則109条1項により、①申立人の氏名または名称および住所、②被相続人の氏名、職業および最後の住所、③被相続人の出生および死亡の場所および年月日、④相続財産の管理人の氏名または名称および住所が記載されるほか、実務上被相続人の本籍も記載されます。なお、弁護士が相続財産管理人に就任する際は実務上事務所の所在地をその住所として記載することも行われています。

第1　相続財産管理人の選任申立てを行う　277

【参考書式27】相続財産管理人選任審判申立書

相続財産管理人選任審判申立書

令和○年○月○日

○○家庭裁判所　御　中

申立人代理人弁護士　乙　川　次　郎　㊞

（当事者の表示　　略）

（被相続人の表示　略）

申立ての趣旨

被相続人の相続財産の管理人を選任する審判を求める

申立ての理由

1　被相続人は令和○年○月○日死亡したが、相続人のあることが明らかでない。

2　申立人は、被相続人の古くからの友人として付き合いがあり、被相続人の死亡に至るまで生活上の世話をしてきた者であるが、別紙のとおり医療費の立替費用などの相続債権を有している。

3　よって、被相続人にかかる相続財産管理人を選任してもらうべく、本申立てに及んだ。

4　なお、相続財産管理人には家庭裁判所で適当な人を選任してください。

添付書類（略）

第2　相続財産管理人の業務を確認する

＜フローチャート〜相続財産管理人の業務＞

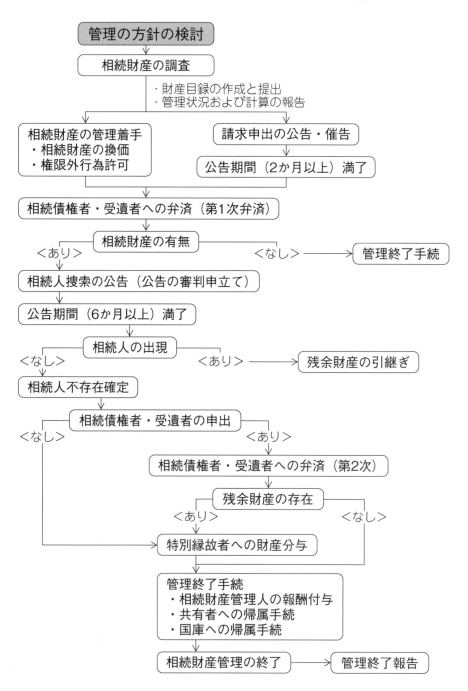

1 相続財産管理人の地位・権限・職務

> ### (1) 相続財産管理人の地位を確認する
>
> ↓
>
> ### (2) 相続財産管理人の権限を確認する
>
> ↓
>
> ### (3) 相続財産管理人の職務を確認する

　相続財産管理人は、法の規定および家庭裁判所の監督の下に、相続人の捜索をなすとともに、相続財産を管理し、相続債権者・受遺者に弁済するなどの清算を行い、最終的に相続財産を国庫に帰属させることを職務としています。

(1) 相続財産管理人の地位を確認する ■■■■■■■■■■■■■■

　相続財産管理人は、一般的に、相続財産法人の代表者であると解されています。したがって、相続財産管理人は、相続財産法人の事務を執行するのに必要な範囲において、相続財産法人を代表する権限を有します。そのため、相続財産管理人について、家事事件手続法146条6項によって民法の委任の規定が準用されています。なお、相続財産管理人の権限、職務に関しては代理人の規定が準用されていますので、適宜、法定代理人という表現を用いることがあります。

アドバイス

○相続財産管理人の訴訟上の地位

　相続財産管理人は、上記のとおり、相続財産法人を代表する機関であり、財産を管理する主体ではありません。そこで、相続財産管理人には当事者適格はなく、相続財産法人が当事者適格を有することになります。したがって、訴訟等においては、「原告　亡○○○○相続財産　同代表者相続財産管理人△△△△」などと表記することになります。

（2）　相続財産管理人の権限を確認する　■■■■■■■■■■■■■■■

相続財産管理人の権限は、大きく管理権限と清算権限に分けることができます。また、それらの権限に関する費用を支出する権限があります。一方、相続財産管理人の権限外行為として、家庭裁判所の許可が必要な行為があります。

◆相続財産の管理権限

相続財産管理人は、いわば権限の定めのない法定代理人として、民法103条所定の保存行為・利用行為・改良行為の権限を有しますが、それを超える行為をする場合には、家庭裁判所の許可が必要になります（民953・28）。

① 保存行為

管理すべき財産の現状を維持するために必要な一切の行為です。

例えば、建物などの修繕行為、被相続人が賃借していた不必要な建物賃貸借契約や生活必需品契約の解除、変質や腐敗を予防する行為、変質や腐敗のおそれのある物の処分、権利の消滅時効の中断、期限の到来した債務の弁済、被告としての応訴、未登記不動産の登記、侵害された権利の回復としての返還請求や登記請求などが保存行為に当たります。

② 利用行為

物や権利からの収益を図る行為です。

例えば、金銭を利息付で貸し付けたり、不動産を賃貸する等が利用行為に当たり、物または権利の性質を変じない範囲内でのみすることができます。

③ 改良行為

物や権利の価値を増加させる行為です。

例えば、無利息債権を利息付にすること、建物に造作を施す行為、所有権から抵当権等の担保権の制限を除くこと等が改良行為に当たり、物または権利の性質を変えない範囲内でのみすることができます。

┌─────────── アドバイス ───────────┐

○相続財産管理人の善管注意義務

相続財産管理人は、相続財産を「善良な管理者の注意をもって」管理する義務を負います。したがって、相続財産が毀損、減少しないよう、保存、利用、改良行為などの管理権限の行使に努めなければなりません。

└──────────────────────────────┘

したがって、金銭の貸付や不動産の賃貸、建物への造作など当該行為が相続財産管理人の管理権限内に含まれる場合であっても相続財産が毀損、減少しないよう十分に注意する必要があります。

◆相続財産の清算権限

　相続財産を清算するという目的に照らし（民957）、相続財産管理人は、清算手続として必要な管理行為についても権限を有し、家庭裁判所の許可を得る必要はないと解されています。

　例えば、相続債権者および受遺者に対する弁済（民957②・929〜931）、弁済のための相続財産の競売による換価（形式競売。民957②・932、民執195）は、相続財産管理人の権限の範囲内といえます。

◆管理費用の支弁

　相続財産管理人が支弁する管理費用ないし清算に必要な費用は相続財産から支弁することができます（民953・27①後段）。主な費用としては次のとおりです。

　官報公告費・相続財産の調査費用・相続財産の保存費用・相続財産の評価費用・相続財産の廃棄費用・財産目録作成費用・管理計算費用・相続財産状況報告費用・相続債権者・受遺者に対する催告に要する費用・弁済に要する費用

(3)　相続財産管理人の職務を確認する ■■■■■■■■■■■■■■

　相続財産管理人は、その職務を遂行するうえで、各種の義務を負っていますので、以下、整理します。

◆受任者としての義務および権利

　相続財産管理人は、相続財産法人の法定代理人として受任者の立場にありますから、民法の定める受任者としての義務を負うとされています（家事208・125⑥、民644・646・647・650）。

① 善管注意義務

　相続財産管理人は、相続財産を「善良な管理者の注意をもって」管理する義務を負います（民644）。したがって、相続財産が毀損、減少しないよう、保存、利用、改良行為などの管理権限の行使に努め、権限外行為についてもすみやかに家庭裁判所

の許可を得て職務を遂行しなければなりません。

② 受取物引渡義務

相続財産管理人は、相続財産の管理に当たって「受け取った金銭その他の物」および「その収取した果実」を相続財産法人に引き渡す義務を負い、自己の名で取得した権利も相続財産法人に移転しなければなりません（民646）。

③ 金銭消費の責任

相続財産管理人が、相続財産法人に「引き渡すべき金額又はその利益のために用いるべき金額を自己のために消費したときは、その消費した日以後の利息」を支払い、「なお損害があるときは、その賠償の責任を負う」としています（民647）。この場合、相続財産管理人の故意・過失の有無ならびに損害の証明の有無を問わず、当然に法定利息を負担し、なお損害の立証があれば法定利息以上の損害も賠償しなければならないことになります。

④ 費用償還請求等

相続財産管理人の権利として、相続財産法人のために支出した費用の償還請求や負担した債務の弁済請求、被った損害の賠償請求が認められています（民650）。

◆財産目録作成義務

相続財産管理人は、相続財産の内容を把握するため、選任後、すみやかに、財産調査をして、財産目録を2通作成し、うち1通を家庭裁判所に対し提出しなければなりません。なお、家庭裁判所は、相続財産管理人の作成した財産目録が不十分であると認めたときは、相続財産管理人に対して、公証人に相続財産目録を作成させることを命ずることができます（民953・27、家事規112・82②）。

◆担保提供命令に対する担保の供与

相続財産管理人は、家庭裁判所から財産の管理および返還について相当の担保を供与するよう命じられたときはこれに従う義務を負います（民953・29①）。ただ、家庭裁判所が担保提供命令をなした実例はほとんどないようです。

◆財産保存の処分命令に服する義務

相続財産管理人は、家庭裁判所が相続財産の保存に必要と認める処分を命じたときは、これを速やかに実行する義務を負います（民953・27③）。もともと相続財産の保存に関する行為は相続財産管理人の権限の範囲内ですが、家庭裁判所の命令により積極的に保存すべきこととなります。

◆相続財産の状況報告および管理計算義務

相続財産管理人は、家庭裁判所、相続債権者・受遺者、相続人に対し、以下のような場合に相続財産の状況や管理の計算の報告をする義務を負います。

① 家庭裁判所に対する状況報告および管理計算

法律上期限は定められていませんが、実務上、次の場合などに家庭裁判所に報告をすべきとされています（家事208・125②）。

ア 重要な財産の換価を行ったとき

イ 訴訟が終結したとき

ウ 相続債権者・受遺者への弁済が終了したとき

エ 残余財産が国庫に帰属することとなったとき

オ 管理が終了したとき（管理終了報告書。民959・956②）

カ 以上のほか、定期的に1年に1回程度

② 相続債権者・受遺者に対する状況報告

相続債権者・受遺者の請求があったときに相続財産の状況を報告する義務が課されています（民954）。

③ 相続人に対する管理計算義務

相続人が出現し、相続を承認すると、相続財産管理人の代理権が消滅するとともに（民956①）、相続人に対し管理の計算報告をする義務を負います（民956②）。

◆相続債権者・受遺者に対する申出の催告

相続財産管理人は、相続財産管理人選任の公告があった後、2か月以内に相続人のあることが明らかにならなかったときは、遅滞なく、すべての相続債権者および受遺者に対して、2か月を下らない期間を定めて、その期間内に請求の申出をするよう公告するとともに（民957・927④）、その期間内に申出をしないときは弁済から除斥されるべき旨を付記し（民957②・927②）、また、知れている相続債権者および受遺者に対しては各別にその旨を催告しなければなりません（民957②・927③）。

◆相続債権者・受遺者への弁済

相続財産管理人は、請求申出の公告期間が満了した後、期間内に申出をした相続債権者および受遺者その他知れたる債権者および受遺者に対し、弁済をしなければなりません（民957②・929～931）。

◆相続人捜索の公告の請求

相続財産管理人は、相続債権者および受遺者に対する請求の申出期間満了後、なお

相続人のあることが明らかにならなかったときは、家庭裁判所に対し、相続人捜索の公告をなすよう請求しなければなりません（民958。なお、法文上は検察官も請求することができますが、実例はほとんどないようです）。

◆特別縁故者への財産分与申立事件における意見の表明

家庭裁判所は、特別縁故者に対する相続財産分与申立事件において、相続財産管理人の意見を聴かなければならない（家事205）とされていますので、相続財産管理人は、それに対して意見を表明すべき義務を負っています。

2 相続財産の管理

(1) 管理の方針を検討する
↓
(2) 管理に着手する
↓
(3) 相続財産を管理する

(1) 管理の方針を検討する ■■■■■■■■■■■■■■■■■

相続財産管理人選任申立ての理由や相続財産の内容によって、相続財産管理人の処理の仕方は大きく異なってきます。

◆申立人等からの事情聴取

選任後、相続財産管理人は、まず、記録を謄写したうえで、申立人や事実上相続財産を管理している者などから、申立ての理由や経緯、相続財産の状況について事情聴取して、相続財産の管理の方針を立てる上での参考とします。

◆管理の方針

① 債務超過型

相続財産より相続債務の方が上回ると予想される類型で、相続人全員が相続放棄をした場合などが想定されます。この類型は、相続債権者、事務管理者、担保権利者、受遺者などが自己の権利を実現するために申立てをするケースが多いといえま

第2 相続財産管理人の業務を確認する 285

す。そして、配当弁済により管理業務が終結することが予想されます。したがって、相続財産管理人としては、迅速かつ高額での相続財産の換価に重点を置くべきこととなります。

② 特別縁故者型

特別縁故者への財産分与申立てが予想される類型で、特別縁故者であると主張する者が申し立てた場合などが想定されます。相続財産管理人選任の申立てから、特別縁故者への財産分与の申立期間満了までおよそ1年程度を要しますし、相続財産管理人は、財産分与の審判に当たって家庭裁判所から意見を求められる立場にもありますので、その間、申立人等から事情聴取をして、特別縁故関係について把握しておくことが大事です。また、特別縁故者に対して不動産などの相続財産をそのまま分与する場合も少なくありませんので、不動産等を換価するか否かを判断することも必要です。

③ 国庫帰属型

国庫への帰属が予想される類型で、申立人の利害関係や申立ての経緯としては様々なケースが想定されます。国庫への財産の帰属は、不動産等の流動資産以外の相続財産を残さないことが望まれますので、相続財産の換価に積極的に取り組む必要があります。

(2) 管理に着手する ■■■■■■■■■■■■■■■■■■■■■■■■

◆相続財産の調査

相続財産管理人は、選任と同時に、相続財産（民951）につき、相続財産法人の法定代理人として、相続財産の善管注意義務（家事208・125⑥、民644）を負うとともに、これを管理・清算する義務（民953・28・957②・929〜931・932）を負います。

したがって、相続財産管理人は、自ら管理すべき相続財産の範囲を把握するために、速やかに相続財産の調査を行う必要があります。

管理の対象となる相続財産は、相続開始時に被相続人に帰属していた積極・消極財産の総体で、祭祀財産は含まれません（民896・897）。具体的には、不動産、動産、預貯金、有価証券、保険、知的財産権、債権、債務などです。

① 事件記録の調査

選任審判書謄本を受領後、速やかに、事件の記録を閲覧謄写し、相続財産の概要を把握します。もっとも、申立書には当該申立てに必要な財産のみがあげられ、必ずしもすべての財産が記載されているとは限りません。例えば、債務超過型の債権

者による申立ての場合など、申立書には、申立人の担保権の対象となっている不動産のみが掲載されていることがあります。

② 面接調査

　申立人や相続財産の事実上の管理者などの関係者に積極的に面接し事情を聴取し、必要に応じて事情聴取書を作成して、管理状況報告書に添付します。事情聴取の際には、今後の相続財産管理業務を円滑に進行させるために、①相続財産の内容、管理状況のほか、②申立ての経緯、③申立人や事実上の管理者の被相続人との関係、④申立人や事実上の管理者の生活歴・生活状況、⑤被相続人の死亡原因、入院経過、看護の状況、⑥葬儀・祭祀の状況などをもあわせて確認するとよいでしょう。

③ 現地調査

　被相続人の最後の住所や相続財産の所在地等について、現地調査を行い、不動産の現況を確認するともに（占有状況の確認を含みます）、現金、有価証券、貴金属、権利証、預貯金通帳、契約書、請求書、領収書、確定申告書の控え、財産発見の手がかりとなるような資料（預金通知書、株式配当通知書、生命保険通知書等）等の発見に努めます。被相続人の住居に金庫があった場合には、開扉して内容物の確認を行わなければなりません。

④ 金融機関等に対する調査

　相続財産管理人は、被相続人の預貯金通帳等を発見した場合、取引関係のあった金融機関や証券会社を把握した場合には、取引先に対し照会を行って、被相続人名義の取引口座の有無、相続開始時の残高および現在残高、取引内容、貸金庫契約の有無等の内容を確認すべきです。また、被相続人の取引先が判明しなかった場合であっても、被相続人の最後の住所地周辺の主要な金融機関に対しては被相続人名義の取引口座の有無を照会すべきです。

　なお、相続財産管理人としては、財産目録の作成をするためにも、貸金庫の開扉をすることは重要な職責といえます。したがって、貸金庫の開扉は相続財産管理人の権限内の行為とされています（堀越みき子「財産管理人関係事件と書記官の役割」書研所報No47号30頁）。

◆財産目録の作成

　相続財産管理人は、財産目録を作成する義務を有するので（民953・27）、相続財産の調査の結果に基づき、財産目録を作成して家庭裁判所に提出します。この目録によって管理する財産の範囲が明確になり、この目録が相続財産管理業務の基準となります。

① 財産目録の作成方法

　財産目録は、2通作成し、1通を家庭裁判所に提出し（家事規112・82①）、1通を相続財産管理人において保管します。目録の書式に定めはありませんが、財産の特定を行うに足りる事項を記載する必要があります。裁判所によっては、書式例を配布している場合もあります。なお、家庭裁判所は、相続財産の内容の実質的記載事項の記載が不十分であると認めるときは、相続財産管理人に対して、公証人に財産目録を作らせることを命ずることができます（家事規112・82②）。

② 提出時期

　財産目録の提出時期に関する定めはありません。しかし、目録作成の趣旨に照らして選任後速やかにこれを行う必要があります。なお、後見事件の場合には後見人は1か月以内に財産目録を作成する義務を負うことになっており、これが1つの目安となります（民853①）。

③ 目録の修正

　財産目録の作成提出後、新たに財産が発見されたり、目録に誤りが見つかった場合には、裁判所に、修正した目録を提出する必要があります。

④ 目録作成費用

　財産目録作成のための費用（登記簿謄本（登記事項証明書）取得費用など）は、相続財産の中から支弁することになりますが（民953・27①・650、家事208・125③）、管理財産の中に現金がない場合には、相続財産管理人において立替えして、清算時に清算することになります。

◆管理状況および計算の報告

① 家庭裁判所に対する報告

　家庭裁判所は、相続財産管理人に対し、監督処分命令として、相続財産の状況あるいは管理の計算を命じることができ、相続財産管理人はこれを命じられた場合には、財産の状況・管理の計算の報告をしなければなりません（家事208・125②）。ただし、家庭裁判所の監督処分としての報告命令がなかったとしても、相続財産管理人は、その職務として、家庭裁判所に対して、財産の状況・管理の計算の報告をするのが実務上の慣例となっています（裁判所の交付する相続財産管理人の職務内容の説明書に、逐次の管理状況の報告書および計算書の提出が含まれている場合があります）。

　報告の時期については、管理方法を変更したとき、清算手続をしたとき、相続財産の処分を受けた者へ財産を引き渡したとき、残存財産を国庫に引き継いだときな

ど、相続財産の管理状況や管理計算に何らかの変更が生じ報告事項が発生した場合に、その都度、管理状況報告書や計算書を提出するのが原則です。なお、裁判所によっては、最初の提出期限を選任後2か月と定めたり（東京家庭裁判所）、定期的な報告を求める場合もあるようです。

報告の内容ですが、管理状況報告書については、財産目録に基づき現時点での財産の管理状況について記載をし、計算書については、相続財産管理口座を中心に、管理事務の経過とともに、収支・残高を記載します。管理状況報告と計算報告を1つの報告として行うことも可能です。裁判所によっては、書式例を配布している場合もあります。

② 相続債権者・受遺者に対する報告

相続財産管理人は、相続債権者または受遺者（包括・特定のいずれも含みます）から請求があった場合には、相続財産の状況を報告しなければなりません（民954）。

報告は請求内容に応じて行うことになりますが、家庭裁判所に提出したものを適宜修正した報告書を提出すれば足ります。

③ 相続人に対する報告

相続財産管理人は、相続人が現れて相続を承認した場合には、その相続人に対して管理の計算をしなければなりません（民956②）。

相続人不存在のまま相続財産管理業務が進行している間に、相続人が出現した場合には、本来、出現と同時に相続財産法人がなかったことになるはずですが（民955）、相続放棄による混乱を避けるために、当該相続人が相続を承認したときに、相続財産管理人の代理権が消滅するとされています（民956①）。したがって、相続人が現れて、その相続人が承認した時点で、相続財産管理人は管理について生じた一切の収支を計算して相続人に報告する義務を負うことになります。

(3) 相続財産を管理する ■■■■■■■■■■■■■■■■■■■■

◆預貯金

被相続人名義の預貯金は、被相続人名義の預貯金を一旦解約し、払戻しを受けた上、「亡○○○○○相続財産管理人○○○○」名義の口座を開設して、ここに一本化して管理を行うのが通常です。被相続人名義の預貯金の解約は、管理人の権限内の行為であり、家庭裁判所の許可は必要ではありません。

解約払戻しをするには、通常、①管理人選任書謄本、②身分証明書、③実印、④印鑑登録証明書が必要となりますが（弁護士会の証明書と職印でできるか否かについて

は要確認です）、金融機関の担当者が相続財産管理人による預貯金解約手続に慣れていない可能性もあるので、事前に必要書類等の確認は済ませておいた方がよいです。

なお、預貯金が数百円しかない場合、金融機関に赴く交通費や必要書類の準備等で費用倒れになります。その処理の方法については、裁判所に相談します。

◆不動産

① 相続財産法人名義への変更登記

相続財産管理人は、選任後速やかに、被相続人が権利を有する不動産について、相続財産法人名義へ変更登記をしなければなりません。選任後速やかに変更登記がなされていないと、相続財産法人の成立を知らない債権者などの利害関係人が、相続放棄をした相続人名義で相続登記をしてしまい、相続財産法人名義への変更登記をするために無駄な時間と費用がかかったり、相続債権者による担保権実行の際、登記簿謄本（登記事項証明書）等の添付書類が整わないことから、競売開始決定がされても差押えすることができないなど、相続債権者の権利を害する場合もあります。

相続財産法人名義への変更登記は、相続財産管理人の権限内の行為であって、家庭裁判所の許可は不要です。なお、相続財産法人名義への登記は附記登記によりなされます。また、未登記不動産の場合は、被相続人名義の保存登記（必要に応じて表示登記）をしたうえで、相続財産法人への名義変更を行います。この場合も、相続財産管理人の権限内の行為ですから、家庭裁判所の許可は不要です。

② 被相続人生前の売買契約に基づく登記移転義務の履行

被相続人が生前に被相続人を売主とする不動産の売買契約を締結し、当該不動産の所有権移転登記未了のまま相続が開始した場合には、被相続人の売主としての所有権移転登記義務は、相続財産法人に帰属することになります。したがって、相続財産管理人は、登記権利者たる買主とともに、所有権移転登記の共同申請を行わなければならず、この登記義務者としての登記申請は、期限の到来した債務の弁済に準じて、相続財産管理人の権限内の行為として家庭裁判所の許可は不要とされています。ただし、相続財産管理人は、相続財産管理人として善管注意義務を負う以上、売買契約の存在を裏付ける明白な資料が存在するか等確認し、さらに、家庭裁判所と協議したうえで、登記移転を行うべきです。また、売買契約の存否が不明な場合には、訴訟手続による確定を待つことも必要です。

③ 時効取得に基づく登記移転義務の履行

被相続人の死亡前後を問わず、取得時効が完成する場合があります。この場合、

所有権移転登記義務の履行は、義務の履行にすぎないので、相続財産管理人の権限内の行為と解する余地があります。しかしながら、時効取得は重大な効果をもたらしますし、本来、時効完成の成否は裁判所の判断があってはじめて明らかになるといえることからすれば、判決の確定を待ち、時効取得者による単独登記がなされることが望ましいといえ、実務上も、そのような事例が多いとされています。

④　不動産の占有・管理

　相続財産である不動産に占有者がいない場合には、建物を施錠して鍵を預かるなど、現況を維持するための措置を施す必要があります。占有権原があると判断できる占有者がいる場合には、当該不動産に滅失・毀損のおそれがあるといった特段の事情がない限り、一般的な管理上の注意をし、異常が生じた場合には連絡をするよう指示をしたうえで、その者にそのまま占有を委ねることになると思われます。これに対し、無権限者が占有している場合には、その者から不動産の明渡しを受け、以降、当該不動産が相続財産管理人の管理・占有にかかるものであることを示すために、立札を立てたり、表札を掲げたり、柵をつける等の対応をとります。

　なお、固定資産税の支払、修繕、必要に応じた適当な保険金額の火災保険契約の締結も相続財産管理人の管理事項です。

┌─────── アドバイス ───────┐

〇不動産賃借人がいる場合の管理

　相続財産である所有不動産に賃借人がいる場合は、契約関係を確認したうえで、賃料や滞納賃料の取り立てを行ったり、賃料不払等を理由に賃貸借契約を解除するなどの対応を行いますが、これらはいずれも、相続財産管理人の権限内の行為であり、裁判所の許可は必要ありません。一方、相続財産が借地権付建物の場合には、相続財産管理人は、地主に対し地代の支払をしなければなりません。

〇賃料不払いによる土地賃貸借契約の解除

　被相続人に同居者や相続人がいない場合、被相続人の死亡の前後から借地料の支払が滞ることがあります。賃貸人側からみれば、契約を解除して借地権の負担をなくしたいところですが、相続財産法人からみても、借地権の喪失は大きな経済的損失となりますし、建物の収去費用の負担も余儀なくされる可能性があります。

　このような場合、相続財産管理人は、善管注意義務に照らし、家庭裁判所と十分な協議をしたうえで、慎重に対応すべきです。

└──────────────────────┘

◆動 産

貴金属や美術品など、交換価値が期待でき、なおかつ、移動可能なものについては、相続財産管理人の管理下に移し、事務所内の金庫や温度調節のきく貸倉庫などで、その物の性質に応じた適切な方法で、管理することになります。

これに対し、家財道具などの移動困難なものについては写真撮影等の方法により記録化したうえで、建物内に残置して保管し、後日権限外行為許可の審判を得て売却したり、価値のないもの・腐敗しやすいもの等については廃棄処分を行います。価値のないものなどの廃棄処分は、相続財産管理人の権限内の行為といえますが、明らかに交換価値のないもの（下着や雑誌等）を除いては、価値の有無については判断が難しいため、許可申立てを行うのが通例です。

なお、被相続人が所持していた日記帳、書簡、写真等は、後日、特別縁故者からの財産分与の申立ての当否を審理する際の重要な資料となることがありますので、審判の確定まで、相続財産管理人において保管しておくべきです。

◆有価証券

有価証券は、その性質上、所持者に権利推定が及びます。したがって、相続財産管理人は、選任と同時に直ちに、事実上の保管者から株券等の所在、銘柄、数量、金額等を聴取し、証券証書を預かる必要があります。そして、発行会社や証券会社に、有価証券が相続財産管理人の管理下におかれたことを通知します。なお、有価証券の換価のための競売手続によらない売却には、家庭裁判所の許可（権限外行為許可）が必要です。

◆保 険

保険証書を相続財産管理人の管理下に置くとともに、保険契約者について、相続財産管理が開始されたことを保険会社に告知することが必要です。

◆債権債務

相続財産管理人としては、郵便物や通帳をチェックして、債権債務の存在を調査します。

債権については、調査の上、回収可能なものについては、速やかに回収を図る必要があります。

債務については、一般的な貸金債権等の債務の調査のほか、税務署、社会保険事務所、電力会社、ガス会社、水道局、電話会社、病院の診療料など、日常生活を営む上

で債務関係を生じる蓋然性のある機関に対し、債務の有無を照会します。また、被相続人が生前利用していた新聞、電気、水道、ガス、電話等の供給契約について解約の手続がとられているかどうかを確認し、とられていない場合には速やかに解約を行う必要があります。

3 相続財産の清算・分与

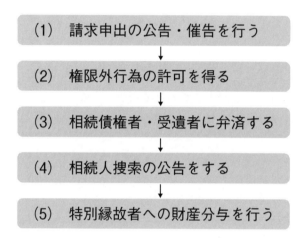

(1) 請求申出の公告・催告を行う

相続財産管理人は、家庭裁判所による管理人選任の公告後2か月が経過し、この間に相続人が現れなかった場合には、①遅滞なく一切の相続債権者および受遺者に対し、2か月以上の期間を定めて、この期間内に請求の申出をすべきこと（民957①）、この期間内に請求申出がなければ清算から除斥されることを公告し（民957②・927②）、これと同時に、②知れている相続債権者および受遺者に対しては各別に請求申出すべきことを催告しなければならない（民957②・927③）とされます。

①を請求申出の公告手続、②を請求申出の催告手続といいます。

この手続には、相続債権者と受遺者に対して、相続財産の清算手続に着手したことを公知するとともに、相続人に対する2回目の相続人捜索の公告としての意味（1回目は家庭裁判所のなした相続財産管理人選任の公告です）があります。

◆請求申出の公告・催告をなすべき時期

請求申出の公告・催告は、管理人選任公告の官報掲載日の翌日から2か月が経過して

相続人が現れなかった場合に、遅滞なく行わなければなりません。相続財産管理人が
この公告・催告を怠ったことによって、相続債権者または受遺者に損害を与えた場合
には、この損害を賠償する責任を負うことになります（民957②・934）。なお、2か月が経
過する前に相続人が現れた場合には、公告・催告は不要です。

◆請求申出の公告手続の方法

　請求申出の公告は、原則として裁判所の掲示場その他裁判所内の公衆の見やすい場
所に掲示し、かつ官報に掲載するという方法で行います（家事規4）。この公告には、①
本公告掲載の翌日から2か月を下らない一定期間を請求申出期間として定め、②すべ
ての相続債権者と受遺者に対して請求申出期間内に請求の申出をすべきこと、③請求
申出期間内に請求の申出がなければ清算から除斥されることを明記します。

◆請求申出の催告手続の方法

　知れている相続債権者および受遺者に対する各別の請求申出の催告手続は、一般に、
催告書を書留郵便で送付して行う方法によって行います。催告書には、①知れている
相続債権者または受遺者に対し、請求申出期間内に請求の申出をなすべきこと、②請
求の申出をする債権の種類、数額等の権利内容を明らかにし、これらを裏付ける資料
を添付することなどを記載します。この請求申出期間内に申出がなくとも、清算から
排斥されることはありません（民957②・927②ただし書）。なお、相続財産管理人が知れ
たる債権者になした請求申出の催告は、債務の承認（民147③）としての時効中断の効
果が生じます。

ケーススタディ

Q　相続財産管理人が相続債権者または受遺者として認めていない者についても、
「知れている債権者及び受遺者」に含まれるのでしょうか。

A　相続債権者に対する催告は前記のとおり債務の承認の効果（民147③）を生ずる
可能性があることなどを考慮すると、相続財産管理人において、相続債権者また
は受遺者であると認めている者に限られると解されています（横浜地判昭40・3・29
判時409・41）。もっとも、清算手続の遅延防止の観点からすれば、相続財産管理人
は、相続債権者または受遺者と主張する者に対して厳格な立証を求めるべきでは

なく、帳簿や契約書等のある程度客観的な資料によって確認できる場合には、相続債権者または受遺者と認めてよいと思われます。

(2) 権限外行為の許可を得る ■■■■■■■■■■■■■■■■■■■

◆相続財産管理人の権限

前記のとおり、相続財産管理人は、権限の定めのない法定代理人として、民法103条所定の保存行為・利用行為・改良行為の権限を有しますが、それを超える行為をする場合には、家庭裁判所の許可が必要になり（民953・28）、許可なくしてなした行為は、無権代理と解されます（名古屋高判昭35・8・10判時241・28）。

◆申立手続

家庭裁判所に対する権限外許可は、別表第1審判事項（家事39・別表第1⑨）です。申立人は相続財産管理人です（民953・28前段）。

① 管 轄

相続開始地の家庭裁判所（家事203一）ですが、実務上は、相続財産管理人選任申立事件が係属している家庭裁判所に申し立てます。

② 申立費用

ア 収入印紙800円分（民訴費3①・別表第1⑮）

イ 予納郵券

各家庭裁判所によって異なります。

③ 審 理

申立てた事項が、権限外行為として家庭裁判所の許可を必要とするものかどうか、許可を必要とするとして、許可することが相当であるかどうかが審理されます。審理は、通常、書面で行われますので、申立書には、許可を求める行為の内容を特定し、その行為を必要とする理由や経緯を詳しく記載するとともに、疎明資料も準備する必要があります。

④ 審 判

審判の告知は、申立人（相続財産管理人）に普通郵便にて送付されます。

⑤ 不服申立て

権限外行為の許可申立てに対する審判については、許否いずれの場合も、処分の内容の不当を理由とする不服申立ては、通常抗告だけでなく、即時抗告もすることができません。

第2 相続財産管理人の業務を確認する 295

◆権限外行為

① 売却処分（換価）

　相続財産の売却処分は、①管理手続費用の捻出、②債務の弁済などの清算、③管理保管の方法、あるいは④公共用地または公共的事業の買収のためなどの場合に行います。

　このうち、債務の弁済のために相続財産を売却（換価）することに関して、民法957条2項の準用する同法932条は、「前三条の規定に従って弁済をするにつき相続財産を売却する必要があるときは、限定承認者は、これを競売に付さなければならない。」と定めていますから、条文上は、競売手続によることになります。しかし、当事者の不利にならない任意売却は許容されていると考えるべきです。そこで、実務上は、権限外行為の許可手続を経て、任意売却するのが通例です。実際上、競売よりも任意売却の方がより高価に売却することができますし、家庭裁判所の監督の下に売却しますので公正性も担保されるからです。

<許可審判の主文例>

「相続財産管理人である申立人が、被相続人甲の相続財産である別紙売買契約書（案）「物件の表示」記載の不動産について、株式会社○○○○との間で、上記売買契約書（案）のとおり売買契約を締結し、同社に、これを合計金○○○○万円で売却することを許可する。」

<許可審判の主文例>

「相続財産管理人である申立人が、被相続人甲の相続財産である別紙財産目録記載1の株式を時価相当額で売却することおよび同財産目録記載2の株式を時価相当額で買取請求することを許可する。」

アドバイス

○売買契約書の特約事項

　相続財産管理手続は、いわば相続財産法人の清算手続ですから、破産手続と類似する面があります。そこで、売買契約条項には、後日の紛争を防止するために、現状有姿の引渡し条項や瑕疵担保責任の免責条項、また、解約手付の排除条項などを設けることが望ましいといえます。

---

② 無償譲渡

　無償譲渡は、特に動産類において問題となります。取引上の価値があるかどうか、

当該動産等の交換価値と、保管・管理のために要する費用とを対比して、売却処分で現金化するのか、無償譲渡して費用負担を免れるのかを検討します。

③ 廃棄処分

　財産的価値のある財産の廃棄処分の場合は、権限外行為として許可を受ける必要があります。一方、無価値の財産の廃棄については、許可を受けるまでもなく、管理人の判断により廃棄処分をすることができるというのが多くの実務の扱いです。相続財産の管理に着手した段階で廃棄できるものは廃棄して、保管費用や保管場所などの問題を回避するためです。

<許可審判の主文例>

　「相続財産管理人である申立人が、被相続人甲の相続財産である別紙自動車検査証記載の自動車について、株式会社○○○○に対し、永久抹消登録申請手続を委任し、廃車手続を行うことを許可する。」

④ 寄　附

　遺言がない場合であっても、被相続人の生前の意向が明らかなような場合、あるいは、換価困難な動産類を被相続人と一定の関係がある施設などで有効活用が期待できるような場合に、権限外行為の許可を受けて寄附することができます。

<許可審判の主文例>

　「相続財産管理人である申立人が、被相続人甲の相続財産の中から、学校法人○○（○○県○○市）に対し、金1,000万円を寄附することを許可する。」

⑤ 訴訟行為

　相続財産管理人が具体的な訴訟行為をなすに当たり家庭裁判所の許可を要するか否かについては、当該訴訟行為が民法103条所定の権限内行為に属するか否かによって決まります。

ア　訴えの提起

　訴えを提起することは、敗訴によって相続財産法人の権利が否定される可能性があることから、一種の処分行為であり、家庭裁判所の許可が必要となります。

　なお、時効中断のためにする訴えの提起は保存行為となり、家庭裁判所の許可は不要と考えられています。

<許可審判の主文例>

　「相続財産管理人である申立人が、○○○○に対する別紙訴状案記載の訴状をもって訴訟提起を行うことを許可する。」

イ　応　訴

　相続財産法人を被告として訴えを提起された場合に、相続財産管理人がこれに

応訴することは、保存行為と認められるため、家庭裁判所の許可は不要です。ここでいう応訴とは、第一審における被告としての訴訟行為だけでなく、相手方が敗訴し、控訴、上告した場合に、これに応じて控訴審において被控訴人、上告審において被上告人として訴訟行為をなす場合も含みます。

ウ　訴えの取下げ

訴えの取下げは、法律関係の現状を維持するのとは大きく異なり、訴訟代理制度の活用による訴訟手続の円滑な進行ないしは訴訟手続による権利または法律関係の確定を阻止する重大な効果をもたらすものですので、家庭裁判所の許可を要すると解されます（東京高判昭57・10・25判時1059・66）。

エ　民事保全、執行停止

民事保全の申立ては、財産保全のためのものであって性質上処分性を有するものではないとの考え方もありえますが、保全の申立ては、訴えの提起と同様、関係者の権利関係等に重大な影響を与えることが多く、また、保全命令が発せられるためには、通常、担保を立てることが命じられることなどに照らせば、訴えの提起に準じて、家庭裁判所の許可が必要というべきです。これに対し、上訴に伴う執行停止の申立て（民訴403）については、相当額の担保を求められるのが通常ですが、上訴が保存行為であって家庭裁判所の許可が不要と解される以上、これに伴う執行停止の申立ても処分性を有せず、許可は不要と考えられます。

オ　上訴、上訴の取下げ

相続財産法人を原告として訴えを提起し、または相続財産法人を被告とする訴えを提起されて敗訴判決を受けた場合に、上訴することは、財産の現状を維持する行為であり、保存行為と認められるので、家庭裁判所の許可は不要です。一方、上訴を取り下げることは、処分性を有するので、家庭裁判所の許可が必要です。

カ　和解、請求の放棄・認諾

和解（民訴267）、請求の放棄・認諾（民訴266）は、調書に記載されることによって確定判決と同一の効力を生じ（民訴267）、訴訟物たる権利関係を実体上処分したのと同一の結果を生じさせるものですので、家庭裁判所の許可が必要です。

＜許可審判の主文例＞

「相続財産管理人である申立人が、○○地方裁判所平成○○年（ワ）第○○号○○事件につき、別紙和解条項をもって和解することを許可する。」

キ　調　停

民事調停や家事調停を申し立てる行為自体は処分行為とはいえないため、家庭

裁判所の許可は不要です。しかし、財産の全部または一部を処分する内容の調停を成立させることは、調書への記載によって確定判決または確定した審判と同一の効力を生じさせるので（民調16、家事268①）、処分性を有するものとして家庭裁判所の許可が必要となります。

　ク　訴訟代理人の選任、解任

　　　相続財産管理人が訴訟代理人を選任することは、保存行為といえるため、家庭裁判所の許可は不要です。一方、訴訟代理人を解任することは、処分行為として家庭裁判所の許可が必要です（東京高判昭57・10・25判時1059・66）。訴訟代理人は、本人との強い信頼関係を基礎として委任の目的達成のため尽くしており、かつ、訴訟代理人は原則として弁護士であるため、訴訟代理権の範囲は包括的に法定され（民訴55）、本人の死亡その他民法上の代理権消滅事由が生じても、一定の限度において訴訟代理権は消滅しないものと定められています（民訴58）。このような訴訟代理制度の特徴にかんがみると、訴訟代理人を解任することは、法律関係の現状を維持するのとは異なり、訴訟代理制度の活用による訴訟手続の円滑な進行を阻止する重大な効果をもたらすものといえます。

⑥　義務の履行（登記手続）

　　相続財産管理人が登記手続の履行を求められる場合があります。

　ア　被相続人生前の売買契約に基づく登記移転義務の履行

　　　相続財産管理人が期限の到来した債務の弁済をすることはその権限の範囲内であり、かかる登記移転義務もそれに準じて権限内の行為として家庭裁判所の許可を要しないと解されています。もっとも、本来処分行為に属する事柄ですし、売買契約の効力を確認する意味でも、家庭裁判所の許可を求めた方が無難と思われます。

　イ　時効取得に基づく登記移転義務の履行

　　　理論上は、上記アの場合と同様に、権限内の行為と解し得る余地もありますが、時効完成の成否などは不明確であり、むしろ家庭裁判所の許可を要すると解すべきでしょう。もっとも、登記義務を認める給付判決が確定した場合には、登記権利者（時効取得者）は単独で登記申請をなし得ますし、登記申請に協力することは権限内の行為というべきですから、判決の確定を待った方が無難と思われます。

＜許可審判の主文例＞

　　「相続財産管理人である申立人が、別紙相続財産目録記載の不動産について、○○○○に対し、平成○○年○○月○○日時効取得を原因とする所有権移転登記

手続をすることを許可する。」

⑦　祭祀法事費用の支出

　法要費用、墓地の取得費用、墓碑の建立費用、納骨費用、永代供養料、各回忌費用などの支出です。被相続人とこれら祭祀法事を執り行いまたは執り行おうとしている者との関係、被相続人の生前の意思、被相続人の社会的地位、相続財産の額、祭祀法事の内容、そのために必要とされる費用の額、近隣地域の社会通念等を考慮して、これらの費用の支出を認める場合があります。このような費用の支出は処分行為になるので、家庭裁判所の許可が必要です。また、相続財産からの支出が認められるといっても、諸般の事情を考慮した上で社会的に認められる額に限定されます。

アドバイス

○特別縁故者に対する財産分与の申立てとの関係

　祭祀法事を執り行いまたは執り行おうとしている者が、特別縁故者として財産分与の申立てをし、あるいはこれを予定しているという場合が少なくありません。特別縁故者として相続財産全部の分与が認められる可能性が高い場合は、あえて権限外行為許可の手続により費用の清算をしておく必要はないとも考えられますが、必ずしも分与が認められるとは限りません。したがって、相続財産管理人の立場からしても、祭祀法事等の費用清算は、財産分与の段階において考慮しないでよいように権限外行為の許可問題として処理した方が得策と思われます。実務でも、家庭裁判所は相続財産管理人に対し、権限外行為の許可の申立てを積極的に促しているようです。

---

(3)　相続債権者・受遺者に弁済する

◆弁済の順序

　相続財産管理人は、請求申出期間満了後、相続債権者および受遺者に対し以下の順序で弁済を行います（民957②・929・931・935）。この弁済は相続財産管理人の権限の範囲内の行為ですので、家庭裁判所の許可を得る必要はありません。

　第1順位　優先権を有する債権者

　第2順位　請求申出期間内に請求申出をした相続債権者その他知れている相続債権者

　第3順位　請求申出期間内に請求申出をした受遺者その他知れている受遺者

第4順位　請求申出期間内に請求申出がなく、かつ知れなかったが、相続人捜索の公
　　　　告期間内に請求申出をした相続債権者・受遺者

◆請求申出期間満了前の相続債権者・受遺者への弁済（弁済拒絶権）

　相続財産管理人は、請求申出期間の満了前には、弁済期の到来した相続債権者・受
遺者から弁済の請求があっても、原則として拒絶することができます（民957②・928）。
これは、すべての請求申出がなされるまで相続財産を維持し、相続債権者・受遺者に
対する公平な弁済を確保するため、相続財産管理人に認められた権利です。

アドバイス

○期間満了前の弁済

　相続財産管理人は弁済を拒絶する権利を有しますが、義務を負うものではありませ
ん。そこで、相続財産で相続債権者・受遺者に対する債務を完済できる見込みのとき
には、請求申出期間中であっても弁済できるという考え方もあります。もっとも、も
し不足が生じ他の相続債権者らに対する弁済が不可能になったときは、損害賠償責任
を負うことになりますので（民957②・934①）、期間満了前の弁済は取りあえず拒絶して
おくのが穏当でしょう。

○優先権を有する債権者の権利行使

　相続財産に対して優先権を有する債権者は、請求申出期間満了前であっても、その
権利を実行して弁済を受けることができ、相続財産管理人はこれを拒むことができま
せん（民957②・929ただし書）。

　この「優先権を有する債権者」とは相続財産上に留置権、特別の先取特権、質権、
抵当権を有する債権者のことをいいます。特別の先取特権、質権、抵当権を有する債
権者は、目的物の価値を物権的に支配しており（民303・342・369）、その価値から優先弁
済を受けられるのは当然ですし、権利行使を認めても相続債権者・受遺者に対する公
平な弁済を害することにはならないからです。また、留置権には優先弁済効力はあり
ませんが、債務の弁済を受けるまで目的物を留置することができ（民295）、また、担保
権実行の例により競売を申し立てることもできることから（民執195）、優先権を有する
債権者に当たると考えられています。

　なお、権利を実行しても全額の弁済を受けられなかったときは、残余債権について
一般の相続債権者として弁済を受けることができます。

第2 相続財産管理人の業務を確認する 301

○対抗要件の具備

　優先権を有する債権者が優先的な取扱いを受けるためには、その担保権について相続開始時までに対抗要件を具備している必要があります。例えば、被相続人から抵当権の設定を受けていた相続債権者は、相続開始時に設定登記を有していないときには、相続開始前に仮登記が設定されていた場合を除き、他の相続債権者および受遺者に対して抵当権に基づく優先権を主張することはできませんし、相続財産法人に対し抵当権設定登記を請求することもできません（最判平11・1・21判時1665・58）。

ケーススタディ

【ケース1】

Q　相続債権者が、請求申出期間満了前に、執行力ある債務名義に基づき相続財産に対して強制執行をしてきたときはどうするべきですか。また相続財産に対する反対債務との相殺を主張してきたときはどうなりますか。

A　相続財産管理人は、弁済拒絶権を有しますので、請求申出期間中であることを証する書面を執行裁判所に提出することにより、その期間中は強制執行を停止することができます（民執39①八類推適用。東京高判平7・10・30判タ920・246）。ただし、期間満了後、強制執行手続は続行されますので、破産申立てをしない限り、その後の執行手続を止めることはできません。また、相殺については民法に優先的地位を認める特別の規定がありませんので、少なくとも請求申出期間中は否定すべきものと考えられます。

【ケース2】

Q　請求申出期間満了前に、マンションの管理組合が滞納管理費および修繕積立金の請求申出をしてきた場合、優先的に扱うべきでしょうか。

A　建物の区分所有等に関する法律7条1項・2項は、マンションの管理組合が区分所有者に対して有する債権（管理費、修繕積立金の支払請求権など）について先取特権を認め、その優先権の順位および効力は共益費用の先取特権（民306一）とみ

なすとしています。このような一般の先取特権は相続財産全体の上に行使する権利ですので、特別の先取特権のような申出期間中の権利行使を認めることはできません。もっとも、請求申出期間満了後に一般債権者より優先的な弁済を行うことになります。

◆優先権を有する債権者への弁済（第1順位）

優先権を有する債権者は、請求申出期間の前後を問わず担保権を実行して被担保債権の満足を受けることができますが、相続財産管理人は、請求申出期間が満了した後には、優先権を有する債権者に対し、先取特権、留置権の目的物または質権、抵当権の価額の限度で、優先して弁済をします（民957②・929ただし書）。優先権を有する債権者が複数いる場合は、一般規定に従ってその優劣を決めます。

◆請求申出期間内に請求申出をした相続債権者その他知れている相続債権者への弁済（第2順位）

優先権を有する相続債権者がいないか、またはそれらの者に対して弁済を行い、なお残余財産がある場合には、相続財産管理人は、請求申出期間内に請求申出をした相続債権者その他知れている債権者に対して弁済をします。

ケーススタディ

Q 　請求申出期間が満了しても、相続財産の額や相続債務の額が確定しない場合はどのように対処すればよいでしょうか。

A 　例えば、請求申出期間満了直前に予期せぬ相続財産が発見されたり、相続債権の存否・額が資料などから明確でないときは、公平な弁済の見地から、直ちに弁済をすることができません。このような場合、学説の多数は、請求申出期間満了後も弁済額を計算するのに相当な期間は信義則上弁済を拒絶することができると考えています。ただし、相続債権の存否・額に争いがある場合は、最終的には民事訴訟によって解決することとなり、確定するまでに相当の時間が見込まれますので、争いのある者への弁済額を留保した上で他の相続債権者に弁済をするしかないと考えられます。

第2　相続財産管理人の業務を確認する　303

┌─────────── アドバイス ───────────┐

〇供　託

　相続債権者が弁済を受けるときになって所在不明となった場合、供託原因である「債権者が受領することができないとき」（民494）には、持参債務で債権者が不在（一時不在であると否とを問いません）のときも含むと解されていますので、債務履行地の供託所に弁済供託をすることができます。

└──────────────────────────┘

◆配当弁済

　残余財産の額が総債務額を上回っている場合は各債権者に債権全額を弁済しますが、債務総額を下回っている場合は各債権者に各債権額の割合に応じた弁済をすることになります（配当弁済。民957②・929本文）。

　配当弁済の基準となる債権額については、元本、利息、遅延損害金のいずれまで含むのか、またその金額確定の基準時をいつにするのかという問題点がありますが、これに関する規定はありません。実務上の取扱いも明確に固まっていないようですが、元本額を按分比例して配当することが多いようです（司法研修所編『財産管理人選任等事件の実務上の諸問題』司法研究報告書第55輯第1号68頁（司法研修所、2003））。

┌─────────── アドバイス ───────────┐

〇公租公課の取扱い

　民法上取扱いを定めた規定はなく、実務では、国税徴収法や地方税法の規定に従い公租公課と担保権・一般債権の優劣を処理するのが通常のようです。ただし、債務超過事案においては、相続財産管理人が行う配当は強制換価手続ではないので、国税と地方税の優劣を調整する国税徴収法12条から14条の適用はなく、原則に従って国税と地方税を同順位と考え、本税額を基準に按分比例した金額で配当することが多いようです。

〇配当弁済の手順

　配当弁済の具体的な手順としては、まず、報酬付与審判を申立て、管理人報酬と管理費用を精算し、配当に回すべき財産を確定します。その上で、各債権額に応じた配当表の原案を作成し、各債権者に提案をして同意を得ます。ちなみに、相続債務の弁済については限定承認者が行う相続債務の弁済の規定が準用されていますが、債権者

└──────────────────────────┘

全員の合意を要する旨の定めはありません。しかし、相続債権者は全相続債権者の弁済に利害関係を有すること、相続財産管理人は不当弁済等の責任を負っていることから、紛争を回避するために配当弁済には、債権者全員が合意することを要するとされています（司法研修所編『財産管理人選任等事件の実務上の諸問題』司法研究報告書第55輯第1号70頁（司法研修所、2003）。したがって、相続財産管理人の配当計画に債権者の同意を得られないことも考えられます。この場合、相続債務の存否・額などに争いがあれば民事訴訟によって解決するしかないと考えられますが、裁判所と十分に協議して進めていくべきです。

相続財産管理人としては、配当表および配当金受領に関する回答書を添えて配当通知書を送付し、全員の回答書を待ち、すべての同意を確認したうえで、配当すべきです。

○債務超過と破産申立て

相続財産が債務超過にある場合には、相続債権者・受遺者のほか、相続人・相続財産管理人・遺言執行者は破産手続開始決定の申立てをすることができます（破224①）。かつては、相続財産管理人に破産申立ての義務を課していましたが（旧破136②）、現行破産法では任意的なものとしました。ところで、旧法下でも、実務上の運用としては、①手続費用がさらにかかり申立人・債権者に経済的負担をかけること、②相続財産管理人による清算手続でも実質的に破産手続と同様の結果をもたらすことから、破産申立ては行わず、管理清算手続を進める場合が圧倒的に多かったようです。したがって、現行法下においても特別の事情がない限り破産申立てをする必要はないと考えられます。

◆弁済期未到来の債権、条件付債権、存続期間の不確定な債権の弁済

弁済期未到来の債権（民957②・930①）、条件付債権、存続期間の不確定な債権（民957②・930②）についても、清算手続の早期終了のため、直ちに弁済をすべきです。

問題は弁済をする額です。まず、弁済期未到来の債権については、評価を定める特段の規定がありません。理論的には弁済時から弁済期までの中間利息を控除して弁済すべきですが、そのような計算は煩瑣ですし、他の債権者を害する程度もそれほど大きいとは思われませんから、債権全額を弁済して構わないといえます。ただし、債権全額を弁済するとはいっても、これにより弁済期が到来したことになるわけではありませんので、弁済期未到来の債務を人的または物的に担保している第三者に対して直ちにその責任を追及することはできません。

これに対し、条件付債権および存続期間の不確定な債権については、公平な弁済を確保するため、家庭裁判所が選任した鑑定人の評価に従って弁済をします（民957②・930②）。なお、鑑定人の報酬は国庫立替払いが原則となっていますが、実務上は相続財産管理人が予納しているようです。鑑定に要した費用は相続財産の管理費用として相続財産の中から支出できますし、相続財産管理人が立替払いをしたときは相続財産の中から償還を受けることができます（家事208・125⑥、民650）。

◆請求申出期間内に請求申出をした受遺者その他知れている受遺者への弁済
　（第3順位）

　請求申出期間内に請求申出をした相続債権者らに弁済を行い、なお残余財産がある場合には、相続財産管理人は、請求申出期間内に請求申出をした受遺者その他知れたる受遺者に対して弁済をします（民957②・931）。

　このように受遺者への弁済を一般の相続債権者への弁済より後順位にしたのは、相続債権者の権利は相続開始前に既に確定し、かつ通常は対価を払って取得しているのに対し、受遺者の権利は相続開始後に初めて確定し、かつ通常は無償で取得しているため、両者を同順位とすれば相続債権者の地位を不当に害するおそれがあるからです。

　なお、遺贈の目的物が特定物または特定債権である場合、遺言の効力発生と同時に特定物の所有権または特定債権が当然に受遺者に移転しますが、受遺者が他の相続債権者や受遺者に対しこの遺贈による権利取得を主張するには対抗要件を具備しなければなりませんので（最判昭39・3・6判時369・20）、結局これらの特定物等は相続財産の一部を構成し、まずは相続債権者への弁済に充てられ、弁済資金が不足していれば換価されることになります。

　残余財産をもってすべての受遺者に対する弁済ができない場合、まずは遺言の趣旨によって弁済順位の優劣やその割合を定めますが、遺言に別段の意思表示がない場合は、各遺贈額の割合に応じて配当弁済を行うべきものと解されます（民929類推）。

◆請求申出期間内に請求申出がなく、かつ知れなかったが、相続人捜索の公告
　期間内に請求申出をした相続債権者・受遺者への弁済（第4順位）

　請求申出期間内に請求申出をせず、かつ相続財産管理人に知れなかった相続債権者および受遺者は、請求申出期間内の弁済を受けることができません。ただ、同期間内の弁済が完了した後なお残余財産がある場合で、相続人捜索の公告期間内に請求申出

306 第5章 相続人不存在

をしてきたときには、相続財産管理人は、この相続債権者らに対して弁済をします（民957②・935）。この場合も請求申出期間内の弁済と同様、相続債権者が受遺者に優先します。

◆不当弁済の責任

相続財産管理人は、法律の定め（民957②・927・929・930）に反して弁済を行い、他の相続債権者・受遺者に弁済をすることができなくなったときには、それによって生じた損害を賠償する責任を負います（民957②・934①）。また他の相続債権者・受遺者は、不当弁済の情を知って弁済を受けた相続債権者・受遺者に対して求償することもできます（民957②・934②）。この損害賠償請求権と求償権には、不法行為に基づく損害賠償請求権の消滅時効の規定が準用されます（民957②・934③・724）。

(4) 相続人捜索の公告をする ■■■■■■■■■■■■■■■■■■■

◆公告申立手続

相続債権者・受遺者に対する請求申出の公告期間満了後、なお相続人のあることが明らかでない場合には、相続財産管理人は、家庭裁判所に対し相続人捜索の公告を請求します（民958）。

この公告は、最後の相続人捜索と相続債権者・受遺者に対する届出催促の手続であり、特別縁故者への財産分与（民958の3）や国庫帰属（民959）の対象となるべき残余財産の確定を目的として行われるものです。

① 申立て

相続人捜索公告申立事件（家事39・別表第1㊾）の申立人は相続財産管理人です（条文上は検察官も含まれています）。

② 添付資料

申立書には、相続債権者・受遺者に対する請求申出の公告期間が満了しているかどうかを確認するため、請求申出公告掲載の官報写しを添付します。

③ 管　轄

相続が開始した地を管轄する家庭裁判所（家事203一）です。なお、実務上は、相続財産管理人を選任した家庭裁判所に申し立てるのが一般的です。

④ 申立費用

ア　収入印紙800円（民訴費3①・別表第1⑮）

イ　予納郵券　各裁判所によって異なります。

ウ　予納金（官報公告費用）

```
┌─────────────── アドバイス ───────────────┐
│                                              │
│  ○公告請求が不要な場合                        │
│    相続人捜索の公告の主たる目的は、特別縁故者への財産分与（民958の3）や国庫帰属  │
│  （民959）の前提として残余財産を確定することにありますので、①債務超過が明らか  │
│  になった場合や、②相続債権者らに対して弁済をした結果、相続財産管理人の報酬・  │
│  管理費用を超える財産がない場合には、解釈上公告請求をする必要はありません。こ  │
│  の場合、相続財産管理人は、管理終了報告書を家庭裁判所に提出して、その任務を終  │
│  了します。                                    │
│                                              │
└──────────────────────────────────────────┘
```

◆公告手続

　家庭裁判所は適法な申立であることを確認し公告を相当であると認めたときは、公告手続を行います。実務上、審判書は作成されず、公告の官報原稿用紙に裁判官が認印をするという処理がされています。

　公告は、原則として裁判所の掲示板その他裁判所内の公衆の見やすい場所に掲示し、かつ官報に掲載するという方法で行われます（家事規4）。家庭裁判所は、公告後、相続財産管理人に対し官報掲載日時等を書面で通知します。

　公告には、①申立人（相続財産管理人）の氏名または名称および住所、②被相続人の氏名、職業および最後の住所、③被相続人の出生および死亡の場所および年月日、④相続人は一定の期間内にその権利を申し出るべきこと（家事規109）のほか、実務上被相続人を特定するため⑤被相続人の本籍が記載されます。

　公告の期間は6か月を下ることができません（民958）。公告期間の起算点については、実務では、公告において指定があればその指定された日、指定がなければ公告をした日とされています。

◆公告期間内における措置

①　請求申出期間内に請求申出がなく、かつ知れなかった相続債権者・受遺者が請求申出をした場合

　　相続財産管理人は、相続人捜索の公告期間内に請求申出をした相続債権者・受遺者に対し、残余財産の範囲で弁済をします（民957②・935）。

② 相続権を主張する者が相続の申出をした場合

相続権を主張する者が官報を掲載した家庭裁判所に対し相続人であることの申出を行った場合、家庭裁判所は明白に不適法な主張でない限りこれを受理し、相続財産管理人に通知します。

相続財産管理人は、必要な調査を行い、申出人が相続人であるか否かを判断し、相続人であると認めるときは遅滞なく管理の計算をして（民956②）、現存する相続財産を相続人に引き渡さなければなりません。相続人が出現し相続を承認することにより、相続財産法人は初めから存在しなかったものとみなされ、相続財産管理人の代理権は消滅します（民956①）。ただし、法的安定性・取引安全のため、相続財産管理人が権限内でした行為の効力は失われません（民955）。

他方、相続財産管理人が相続権を主張する者を相続人と認めない場合、相続権の存否は訴訟で確定することになります。この訴訟の被告は、検察官とする見解と相続財産管理人とする見解があります。

◆公告期間経過による効果

① 相続人の不存在の確定

相続人捜索の公告期間内に相続人であることの申出がない場合、相続人の相続権は消滅し（民958の2）、相続人の不存在が確定します。

ただし、戸籍の記載により相続人の存在が当初から明らかであるにもかかわらず、相続財産管理人が選任され相続人捜索の公告期間が満了した場合は、相続権消滅の効果は生じないと解されます（長崎家上県出審昭57・1・6家月35・6・117）。

② 相続債権者・受遺者の権利の消滅

請求申出期間内に請求申出をせず、かつ相続財産管理人に知れなかった相続債権者および受遺者が相続人捜索の公告期間内に請求申出をしない場合、それらの者の権利は消滅します（民958の2）。

相続人捜索の公告は、相続財産清算手続の一環であり、公告期間経過によって失権するのは、その性質上弁済によって消滅する権利に限られ、相続財産上の賃借権や用益物権（地上権、永小作権、地役権）のような管理人によって清算することのできない権利は消滅せず、対抗要件（民177・605、借地借家10・31）を具備している限り、特別縁故者や国庫に承継されることになります（大判昭13・10・12民集17・2132）。

また、相続財産である不動産の占有者の時効取得を原因とする所有権移転登記請求権は、相続債権者・受遺者の権利ではないので、消滅しません（仙台高判昭33・3・15下民8・3・478）。

相続財産を目的とする担保権は、公告期間経過により被担保債権が消滅すれば附従性により同時に消滅することになりますが、通常は登記がされており相続財産管理人が被担保債権の存在を知ることになるので、担保権が消滅することはほとんど考えられないといえます。

③　知的財産権の消滅

特許権、実用新案権および意匠権は、相続人捜索の公告期間内に相続人であることの申出がない場合、消滅します（特許76、実26、意36）。商標権も同様ですが（商標35）、専用使用権者、通常使用権者がいるときは、その利益を考慮し、公告期間の経過により消滅しないと考えられています。また、著作権は、公告期間満了では消滅せず、国庫帰属時に消滅するとされています（著作62①一）。

アドバイス

○相続申出をした者の相続権

公告期間内に相続人であることの申出をした者は、相続権の存否について相続財産管理人や訴訟の結論が出ないまま公告期間が経過したとしても相続権を失いません。

○相続申出をしなかった者の相続権

公告期間内に相続申出をしなかった相続人は、同期間内に他に相続権を主張する者が訴訟で争っていたとしても、当該訴訟が確定されるまで公告期間が延長されるわけではなく、公告期間の満了により相続権を失います（最判昭56・10・30判時1022・52）。また、相続人捜索の公告期間内に相続申出をしなかった者は、特別縁故者に対する分与後の残余財産に対しても相続権を主張することはできません（前掲最判昭56・10・30）。

---

(5)　特別縁故者への財産分与を行う　■■■■■■■■■■■■■■■

◆制度趣旨と法的性格

相続人不存在が確定した場合において（民958の2）、民法は、「相当と認めるときは、家庭裁判所は、被相続人と生計を同じくしていた者、被相続人の療養看護に努めた者その他被相続人と特別の縁故があった者の請求によって、これらの者に、清算後残存すべき相続財産の全部又は一部を与えることができる。」（民958の3①）と規定しています。この制度は、遺言制度が必ずしも浸透していない状況を背景として、被相続人の財産を国庫に帰属させるよりも、特別の縁故があった者に分与することが被相続人の

意思に適することから、遺言の補完的な役割を果たすものとして定められたと考えられています。

特別縁故者への財産分与は、条文上、「相当と認めるときは、家庭裁判所は、・・・与えることができる。」と規定され、また、特別縁故者に該当する者としては、「生計を同じくしていた者」と「療養看護に努めた者」を例示として掲げ、広く「その他被相続人と特別の縁故のあった者」としていますから、家庭裁判所の裁量が大きいといえます。したがって、特別縁故者の財産分与を求める地位は、法によって保護されるべき法的な利益ないし権利であるとする見解もありますが、国家による恩恵であると捉える見解が多数説のようです（最判平6・10・13判時1558・27）。

◆申立ての手続

① 申立権者

申立権者は、自ら特別縁故者であると主張する者です。なお、家庭裁判所が調査の結果、職権で申立人でない者を特別縁故者であるとして財産分与をすることは許されないというのが多数説です。以下、問題となるケースを挙げます。

ア 相続放棄をした相続人

相続放棄をした者であっても、特別縁故者としての要件を満たす限り申立てをすることはできると解されます（広島高岡山支決平18・7・20家月59・2・132）。

イ 相続権主張催告期間（民958）を徒過した相続人

基本的に相続放棄をした相続人の場合と同様に考えられます。そして、催告期間を徒過した事情も特別の縁故の有無、程度の判断に影響を与えるものと思われます。

ウ 相続財産管理人

相続財産管理人と特別縁故者は法律上別個の存在ですから、相続財産管理人自身が財産分与の申立てをすることは不適法ではないと考えられます。しかし、相続財産管理人が財産分与の申立てをすることは公正性、中立性を害する恐れがありますので、その場合には、相続財産管理人の職を辞することが望ましいといえますし、家庭裁判所も積極的に辞任を促すか、改任すべきであると考えられます（家事208・125）。

アドバイス

〇利益相反が生ずる可能性のある者による複数の財産分与申立て

親権者とその子（民826）、後見人と被後見人（民860）などのように利益相反が生ずる

第2　相続財産管理人の業務を確認する　311

可能性がある場合、特別代理人の選任が必要となります。例えば遺産分割においては特別代理人を家庭裁判所に選任してもらわなければなりません。しかし、親権者とその子、あるいは後見人と被後見人がともに特別縁故者に対する財産分与の申立てを行う場合においては、特別代理人の選任は必要ないと解されています（ただし反対説もあります）。したがって、双方の申立権者から同一の弁護士が委任を受けて手続を遂行することも許されると解されます。

ケーススタディ

【ケース1】

Q 特別縁故者への財産分与を受けることを目的として相続財産管理人選任申立てを行った者が、権利主張催告期間満了前に死亡し、その後、所定の期間内にその者の相続人が財産分与の申立てを行った場合、財産分与が認められるでしょうか。

A 認められないとするのが審判例です（東京高決平16・3・1家月56・12・110）。その理由は、相続財産の分与を受ける権利は家庭裁判所における審判によって形成されるにすぎず、被相続人の特別縁故者として相続財産の分与を受ける可能性のある者も審判前に相続財産に対し私法上の権利を有するものではないこと（最判平6・10・13判時1558・27）、特別縁故者として相続財産分与の申立てをするかどうかは一身専属的な地位に基づくものであることなどです。

【ケース2】

Q 財産分与の申立てを行った者が死亡した場合、その相続人は特別縁故者の地位を承継するか。

A 原則として、相続人は特別縁故者の地位を承継し、財産分与を受けることができると考えられます。否定する審判例もありますが（福島家郡山支審昭43・2・26判タ234・252）、多くの審判例は肯定しています（大阪高決昭44・12・24判タ255・317、仙台家古川支審昭47・3・23家月25・4・76、神戸家審昭51・4・24判時822・17、大阪高決平4・6・5家月45・3・49）。その主な理由は、特別縁故者としての財産分与の申立ては一身専

312　第5章　相続人不存在

属性の強い地位であるから、特別縁故者であったと考えられる者が分与の申立て
をすることなく死亡したときと異なり、その者がいったん分与の申立てをすれば、
相続財産の分与を受けることが現実的に期待できる地位を得ることになり、その
地位は財産的性格を持つから、その後その者が死亡した場合、分与の申立人たる
地位は相続性を帯びるという点にあります。

アドバイス

○公告期間満了前（財産分与の申立期間開始前）の申立て

　前記のとおり、特別縁故者であると主張する者が財産分与の申立てをする前に死亡
すると相続人も財産分与を受けることができなくなります。そこで、特別縁故者であ
ることを主張する者の死期が迫っているときは、相続人捜索の公告期間満了を待たず
に財産分与の申立てを行うという方法が考えられます。後記のとおり、財産分与の申
立期間の開始前の申立てであっても相続人不存在が確定すれば申立ての瑕疵が治癒さ
れると解するのが実務および審判例だからです。

---

② 申立期間

　申立権者は、民法958条で定める公告期間満了後、3か月以内に、家庭裁判所に対
し「相続財産の処分」の申立て（相続財産分与の申立て）をしなければなりません
（民958の3②、家事39・別表第1）。なお、相続人捜索の公告期間満了前（財産分与の申立
期間の開始前）に財産分与の申立てがあった場合、形式的には不適法ですが、相続
権を主張する者がいないまま相続人不存在が確定すれば、瑕疵が治癒されて適法な
申立てとして受理するのが実務および審判例です。

ケーススタディ

【ケース1】

Q　相続権主張催告期間（相続人捜索の公告期間）内に相続人である旨の申出をし
た者について、その相続権の有無が争われた場合、相続財産分与の申立期間はど
うなるのでしょうか。

A　財産分与の申立期間は、相続権の存否が争われている場合には、その相続権の

第2　相続財産管理人の業務を確認する　313

不存在が確定してから進行するというのが審判例です。そして、訴訟当事者以外
の者についても同じく相続権の不存在が確定してから進行することになります
（大阪高決平9・5・6判時1616・73、神戸家審昭51・4・24判時822・17）。

【ケース2】

Q　複数の者から特別縁故者に対する相続財産分与の申立てがなされ、一方の申立
てが申立期間内になされたが、他の申立ては申立期間経過後になされた場合、か
かる申立期間経過後の申立ては適法ですか。

A　不適法とするのが審判例です（大阪高決平5・2・9家月46・7・47）。その理由は、申
立人が複数の場合には申立ての適法要件を申立人ごとに個別に判断すべきであ
り、一部の申立人の申立てが申立期間内の適法なものであっても、他の申立人の
申立てが申立期間経過後のものであれば、その申立人の申立ては不適法であると
解されるという点にあります。

【ケース3】

Q　申立期間内の財産分与の申立てに対し、分与する旨の審判がなされた後、申立
期間経過後に新たに相続財産が発見されて、改めて財産分与の申立てがなされた
場合、この申立ては適法でしょうか。

A　事情によっては適法とするのが審判例です（福岡家行橋支審昭48・4・9家月25・12・
55）。その理由は、期間内にされた前件申立ての趣旨が相続財産全部の分与にあっ
たと認められるときには、今回の申立ては前件申立ての対象物件に新たに発見さ
れた物件を追加する趣旨でされたもので前件申立てと一体をなすものと認める
のが相当であるとして、本申立ては法定期間内にされたものと解されるという点に
あります。

【ケース4】

Q　特別縁故者の資格でなされた相続財産管理人の選任申立てを、相続財産分与の
申立てと評価することはできるでしょうか。

A 　特別縁故者の資格でなされ、財産分与を求める意思が認められるとしても、相続財産管理人選任の申立てと相続財産分与の申立ては別個の手続であるので、選任の申立てをもって、分与の申立てと評価することはできないとするのが審判例です（福岡高決平16・12・28家月57・11・49）。

③　申立費用
　　ア　収入印紙　申立人1人につき800円
　　イ　予納郵券　各裁判所によって異なります。
④　管轄
　　相続が開始した地を管轄する家庭裁判所です（家事203三）。実務上は、相続財産管理人選任事件が係属している家庭裁判所に申立てます。

【参考書式28】特別縁故者に対する相続財産の分与審判申立書

◆審理の手続
①　申立通知
　　特別縁故者に対する財産分与の申立てがあったときは、裁判所書記官は、遅滞なく相続財産の管理人に対しその旨を通知しなければならない（家事規110②）と規定されています。
②　手続および審判の併合
　　特別縁故者に対する相続財産の分与の申立てに関する審判は、民法958条の3第2項の期間が経過した後にしなければならないとされ（家事204①）、また、同一の相続財産に関し特別縁故者に対する相続財産の分与の審判事件が数個同時に係属するときは、これらの審判手続および審判は併合してしなければならないとされています（家事204②）。この結果、複数人から財産分与の申立てがあった場合には、各申立人に対する審判が矛盾なくなされ、かつ、各申立人に応じた財産分与を統一的に行うことができることになります。そして、併合してなされた審判に対し、申立人の1人または相続財産管理人がした即時抗告は申立人全員に効力を生ずることになりますので（家事206②）、抗告審においても統一的に判断することができます。
③　事実調査
　　審理の対象となる事項について事実調査が必要となりますが、家庭裁判所は、職権で、事実の調査および必要があると認める証拠調べをしなければならないとされ

ています（家事56①）。事実調査の方法としては、申立人に陳述書を提出させるほか、家庭裁判所調査官による調査（家事58）が重要です。実体上の要件である特別縁故の有無や程度、分与の相当性などを基礎づける資料等を収集することになります。また、必要により、裁判官による審問や裁判所書記官による関係各所に対する嘱託（家事62）なども行われます。

④　管理人の意見聴取

　家庭裁判所は、特別縁故者に対する相続財産の分与の申立てについての審判をするには、相続財産管理人の意見を聴かなければならないとされています（家事205）。相続財産管理人は相続財産を把握し、また、特別縁故関係の有無や程度について知っていることも少なくないので、その意見を参考にして適正な審判をするためです。なお、この関係で、審判に対し相続財産管理人にも即時抗告権も認められています。意見聴取の方法には規定はありませんが、相続財産管理人の立場の重要性からしますと、相続財産管理人が把握している事実関係はもとより、特別縁故の有無や程度、分与の相当性、分与の対象財産など広く相続財産管理人の意見を参考資料とするために、書面によって提出させるのが妥当と思われます。

◆審理の対象

　裁判所は、申立ての実体上および手続上の要件について審理しますが、前者については、「特別縁故関係」の有無や程度、「分与の相当性」や「分与すべき財産」などを総合的に審理することになります。

①　特別縁故者

　特別縁故者には、「被相続人と生計を同じくしていた者」「被相続人の療養看護に努めた者」「その他被相続人と特別の縁故のあった者」の3つの類型がありますが、前二者は例示と解されています。特別縁故者に該当するかどうかについては、具体的基準を設定することは困難ですから、申立人代理人としては審判例を参照しながら、財産分与の可能性を検討するしかありません。

ア　被相続人と生計を同じくしていた者

　この類型に該当する事案は親族ないしそれと同視し得る者といえます。

イ　被相続人の療養看護に努めた者

　この類型は、「被相続人と生計を同じくしていた者」は、「療養看護に努めていた者」にも該当することが多いと思われますので、被相続人と生計を同じくしていなかった親族や知人などが該当することになりますが、他に、被相続人に生活保護を施していた地方公共団体が該当するとされた事例もあります。

ウ　その他被相続人と特別の縁故があった者

　　この類型においては様々な形態が考えられますが、該当するかどうかの基準について、大阪高裁昭和46年5月18日決定（判夕278・404）は、「『その他被相続人と特別縁故があつた者』に該当するかどうかについては、特別縁故者の具体的例を挙げることは困難であるが、同法の立言の趣旨からみて同法条に例示する二つの場合に該当する者に準ずる程度に被相続人との間に具体的且つ現実的な精神的・物質的に密接的な交渉のあつた者で、相続財産をその者に分与することが被相続人の意思に合致するであろうとみられる程度に特別の関係にあつた者というものと解するのが相当である」と判示しています。

アドバイス

○過去一時期の縁故

　　特別縁故の関係が、被相続人の死亡時期には存せず、過去の一時期に認められるにすぎない場合にも特別縁故者となり得るかという問題があります。東京家裁昭和41年5月13日審判（判夕209・266）はこれを肯定した事例ですが、縁故関係があった時期以降、被相続人は日々の生活を続けていくわけですから、過去の縁故関係が被相続人の財産や心情に与える影響は次第に薄れていくことになります。したがって、過去の縁故関係により特別縁故者であると認められるケースは稀であると思われますので、申立てに当たって留意が必要です。

○死後縁故

　　主として、あるいは専ら、特別縁故の関係が被相続人死亡後に認められる場合にも、特別縁故者となり得るかという問題があります。

　　肯定した審判例（横浜家審昭37・10・29判夕151・97、大阪高決昭45・6・17判時601・61、東京高決昭51・7・8判時832・58、岡山家備前出審昭55・1・29家月32・8・103、大阪家審昭54・4・10家月34・3・30）と否定した審判例（松山家審昭41・5・30判夕209・266、鹿児島家審昭45・1・20判夕256・292、横浜家小田原支審昭55・12・26家月33・6・43、東京高決昭53・8・22判時909・54）があります。

　　死後の縁故ですから、生前における縁故関係ではなく、死後において、葬儀、納骨、法要など遺族同様の世話をしたり、被相続人の祭祀回向に努めたりした場合に、特別縁故者といえるかという事例判断になります。学説上は、被相続人と申立人の同時存在の問題と同様、否定的ですが、実務上は、永代供養、墓地購入費、墓石建立費、法要費用などの祭祀法事費用については、相続財産管理人の権限外行為の許可申立てに基づいて支払を受け得る可能性があります。したがって、被相続人死亡後の祭祀法

事費用などについては特別縁故者への財産分与の申立てをするよりも、上記許可申立てについて相続財産管理人と協議した方がよいと思われます。あるいは、財産分与の申立てをした後においても上記許可申立てについて相続財産管理人ないし家庭裁判所と協議し、財産分与の申立ての取下げと引き換えに、上記許可を得ることも方法として考えられます。

〇被相続人と申立人の同時存在

死後縁故の一態様ですが、被相続人の死亡後に出生した者でも特別縁故者となり得るかという問題があります（同時存在の原則）。

学説上は否定説が大勢ですが、肯定した審判例（大阪家審昭39・7・22判タ179・179、熊本家天草支審昭42・8・11判タ230・316、熊本家審昭47・10・27家月25・7・70、東京高決昭51・7・8判時832・58、岡山家備前出審昭55・1・29家月32・8・103）と否定した審判例（横浜家小田原支審昭55・12・26家月33・6・43）がありますので、申立人としては検討の余地があります。

② 分与の相当性

特別縁故者への財産分与は、申立人が特別縁故者に該当するというだけでなく、条文上も「相当と認めるときは、」（民958条の3①）とあるように、「分与の相当性」が認められる場合になされます。もともと、申立人が特別縁故者に該当するか否かについては家庭裁判所に広汎な裁量権があるといえますから、その該当性の判断に際して、分与の相当性も考慮されているとみることができます。

そこで、特別縁故者に該当すると判断したうえで、さらに分与の相当性の観点から問題となるのは、分与するとしても相続財産の全部か一部か、複数の者に対する分与の額をどう決定するのか、どのような場合に財産分与を否定すべきか、という点です。

一部分与や複数の者に対する分与の額などについて、高松高裁昭48年12月18日決定（家月26・5・88）は、「民法958条の3の規定に基づき相続財産を特別縁故者に分与するに当っては、被相続人と特別縁故者との縁故関係の厚薄、度合、特別縁故者の年令、職業等や、相続財産の種類、数額、状況、所在等一切の事情を考慮して、右分与すべき財産の種類、数額等を決定すべき」であると判示しています。

特別縁故者であっても分与を否定すべき場合として、従前より、被相続人死亡後、長期間経過してなされた相続財産管理事件における財産分与申立て、また、重婚的内縁関係者による財産分与申立てが挙げられています。

前者については、多くの審判例が財産分与を肯定しておりますが、後者については公序良俗違反として否定した審判例があります。

アドバイス

○重婚的内縁関係者に対する財産分与

　重婚的内縁関係者に対して財産分与を認めることが公序良俗に反しないかという問題があります。

　公序良俗違反（民法90条違反）および家事審判法1条に反するとして否定した審判例として、東京高裁昭和56年4月28日決定（東高民時報32・4・103）や水戸家裁土浦支部昭和53年2月13日審判（家月30・8・69）があります。したがって、重婚的内縁関係者による財産分与の申立ては却下される可能性が高いものといえますが、審判例には重婚的内縁関係者に対し相続財産の一部を分与した例もあるようですので、却下の可能性を前提としながら申立てを行うことも考えられます。

---

③　分与の対象財産

　相続財産管理人は、相続財産である現金や預貯金をもって相続債権者および受遺者に対して全額弁済できない場合には、不動産や動産などを換価して弁済に充てなければなりません。また、国庫に帰属させる場合にも通常はすべての残余財産の換価を求められることになります。

　もっとも、相続財産管理人選任の申立てが特別縁故者の立場でなされた場合や、相続債権者あるいは事務管理者の資格で申立てがあったときでも特別縁故者としての財産分与の申立てがなされることが予想される場合には、必ずしもすべての相続財産を換価する必要はなく、事案によっては不動産や動産などを換価せずに特別縁故者に分与すべきことも少なくありません。

以下、相続財産のうち、分与の対象財産として問題となる財産について述べます。

ア　共有持分

　民法255条は、共有者の1人が死亡して相続人がいないときはその持分は他の共有者に帰属すると規定していますが、この規定と民法958条の3の規定の優先関係について、最高裁平成元年11月24日（判時1332・30）が民法958条の3優先説を採ったことから、特別縁故者に対し不動産の共有持分を分与する旨の審判がなされた場合、相続財産法人名義から特別縁故者名義への持分移転登記手続がなされることになりました。

イ　賃借権

　　賃借権の分与の場合、賃貸人の承諾の要否が問題となります。賃借権の分与を相続財産法人から特別縁故者への無償譲渡とみれば、賃貸借契約の解除事由となる可能性があります。学説上、相続に準ずるものとして、賃貸人の承諾を要しないとする見解もありますが、形式的には解除事由となるため、賃貸人の承諾を得られる見込みがある場合に分与をすべきとする見解もあります。借地権に関する審判例として、岡山家裁昭和46年12月1日審判（判タ291・378）は、被相続人の内縁配偶者に対し、同人らが居住してきた建物および敷地借地権を分与した事案がありますが、実務としては、相続財産管理人が賃貸人の意向を確認し、承諾を取るよう務め、あるいは借地借家法19条の手続により承諾に代わる許可を得たうえで分与するべきと思われます。

ウ　農地、採草放牧地

　　農地または採草放牧地の所有権の移転には、かつて、農業委員会または都道府県知事の許可が必要であり、審判例の主文も、「被相続人○○○○の相続財産である別紙目録記載の物件全部を大阪府知事の許可あることを条件として、申立人に分与する。」とされていましたが（大阪家審昭42・11・21判タ232・249など）、昭和45年の農地法一部改正により、特別縁故者に対する財産分与に伴う移転については許可を要しないとされましたので（農地3①十二）、格別問題はありません。

エ　墓　地

　　墓地を特別縁故者たる申立人に分与した審判例もありますが（長野家伊那支審昭38・7・20家月15・10・146）、現在では墓地は祭祀承継の問題として処理されるべきものと解されており、分与の対象財産とはならないと思われます。

オ　国庫債券

　　国庫債券のうちでも、法律上譲渡が禁止されている引揚者国庫債券や戦没者等の遺族に対する特別弔慰金国庫債券などが分与の対象財産となるかどうかが問題となります。審判例では肯定したものと否定したものとがあります。ただし、実務では譲渡が禁止されていても分与の対象とされた場合には名義の変更に応じているようですので、分与の対象財産とされる余地はあります。

カ　知的財産権

　　知的財産権も財産権として相続の対象となる権利ですが、特許権、実用新案権、意匠権、商標権は、「民法第958条の期間内に相続人である権利を主張する者がいないときは、消滅する。」（特許76条、実26、意匠36、商標35）ので、財産分与の対象とはなりません。これに対し、著作権法62条1項1号は、「著作権者が死亡した場合に

320 第5章 相続人不存在

おいて、その著作権が民法959条（残余財産の国庫への帰属）の規定により国庫に
帰属すべきこととなるとき。」は、著作権は消滅すると規定していますから、原則
どおり財産権として財産分与の対象となります。
　キ　債　務
　　特別縁故者への相続財産分与の制度は、相続財産管理人による清算後の残余財
産を特別縁故者に分与するものですから、債務を分与することは通常あり得ませ
ん。抵当債務付で不動産を分与した審判例がありますが（山口家審昭49・12・27家月
27・12・61）、この審判は特殊な事案に対するものというべきですから、一般的には
債務が分与の対象となることはないといってよいと思われます。

◆審　判
　審判の種類は、分与の審判と却下の審判にされます。
　分与の審判には、相続財産の全部分与と一部分与があります。
　却下の審判は、申立期間徒過による不適法却下の場合や、特別縁故者に該当しない、
あるいは分与することが相当でない場合になされます。
　以下、問題となる分与の審判について説明します。
①　不請求不分与
　　審理の過程で、裁判所が申立人でない者につき特別縁故者であると認識したとし
　ても、職権で財産分与をすることはできません（大阪家審昭43・11・18判タ246・337）。
　したがって、家庭裁判所も申立人以外に特別縁故者がいないかどうかを調べる必要
　はないことになります。
②　清算前の分与
　　相続財産管理人による相続財産の清算が完了する前に財産分与ができるかという
　問題があります。これは相続財産の一部について訴訟が継続しその確定を待ってい
　ては特別縁故者の生活に困窮するような場合に想定される問題です。条文上、特別
　縁故者への財産分与は、「清算後残存すべき相続財産の全部又は一部を与えること
　ができる。」（民958の3①）とされ、財産分与制度の趣旨からしても相続債務が清算さ
　れていない段階で分与することは原則として許されないと考えるべきですが、明ら
　かに債務超過にならないような場合においては、民事訴訟法243条2項を準用して、
　中間処分としての財産分与の審判をすることも許されると考えられています。
③　条件付き分与
　　分与の審判をするに当たって、条件を付した分与の審判をなし得るかという問題
　があります。条件を付した分与の審判をなした審判例も散見されますが（大阪家堺支

審昭43・3・17判タ235・296、神戸家審昭43・9・2判タ240・317、横浜家審昭46・10・25判タ288・414、山口家萩支審昭41・6・22判タ194・193)、不請求不分与の原則に反するという批判などもあり、法的安定性を害することも考え合わせると、一般的に条件付き分与というのは否定的に考えるべきです。

◆審判の告知

　審判は、これを受ける者に告知することによってその効力を生じます（家事74①②）。分与の審判は申立人および相続財産管理人に対して、却下の審判は申立人に告知することによって効力を生じます（家事74③）。通常、審判書の謄本（不動産を分与する場合には正本）を告知すべき者に送達する方法によって告知をします。

◆不服申立て

　申立人または相続財産の管理人は、相続財産の分与をする審判に対し即時抗告をすることができます（家事206①一）。

　また、却下の審判に対しては、申立人が即時抗告をすることができます（家事206①二）。

　そして、家事事件手続法204条2項に基づき、同一の相続財産に関し特別縁故者に対する相続財産の分与の審判事件が数個同時に係属して併合してなされた審判の場合においては、申立人の1人または相続財産管理人がした即時抗告は、申立人の全員についてその効力を生じます（家事206②）。

　即時抗告は、審判の告知を受けた日から、2週間以内にしなければなりません（初日不算入。家事86②）。即時抗告は、抗告状を原裁判所に提出して行います（家事87①）。

アドバイス

○即時抗告権放棄書

　実務上、審判の内容が全部分与の場合のように、不服がない場合を想定して、即時抗告権放棄書の提出がよく行われています（家庭裁判所が書式を交付しています）。これにより審判の確定が早まることになります。

◆抗告審の審理

　即時抗告については、特別の定めのある場合を除き、家事審判の手続の規定を準用

することとされています（家事93）。

抗告裁判所は、即時抗告について決定で裁判をします（家事91①）。

そして、抗告裁判所は、即時抗告を理由があると認める場合には、家事審判事件について自ら審判に代わる裁判をします。ただし、民事訴訟法307条または308条1項の規定により、訴えを不適法として却下した第一審判決を取り消す場合および第一審判決を取り消す場合において、事件について更に弁論をする必要があるときは事件を第一審裁判所に差し戻します（家事91②）。また、抗告裁判所は、原審判を相当とするときは、即時抗告を棄却します（家事92①、民訴302）。

┌─────────── アドバイス ───────────┐

○抗告審における審理

　家事事件手続法206条2項により、申立人の1人が即時抗告をした場合であっても、申立人全員について審判の確定が遮断され、原審判の全体が抗告審の審理の対象となりますから、抗告審において、即時抗告をした申立人に不利益な審判がなされる（逆に即時抗告をしなかった原審申立人に有利な審判がなされる）可能性がありますので注意が必要です。

└──────────────────────────────┘

◆審判の確定通知

審判が確定した場合には、財産分与の処分の申立てがあったときと同様、裁判所書記官は遅滞なく相続財産管理人に対しその旨を通知しなければなりません（家事規110）。

◆分与審判の効果

分与の審判があった場合、分与の対象財産は、相続財産法人から被分与者（申立人）に無償譲渡されたものと解されています。権利の移転時期については、原則として審判確定の時ですが、分与の対象財産が金銭であるときはそれを引き渡した時、不特定物であるときは特定した時に、それぞれ移転するものと解されます。

なお、この分与による財産権の移転は、税法上、分与時の時価において、被相続人から遺贈により当該財産を取得したものとして、課税がなされます（相税4）。

第2　相続財産管理人の業務を確認する　323

◆分与審判の実行

相続財産管理人は、分与の審判が確定したときは、遅滞なく特別縁故者に分与の対象財産を引き渡さなければなりません。なお、不動産の場合、相続による権利移転の登記（不登63②）に準じて、被分与者は単独で登記申請をすることができます（昭37・6・15民事甲1606民事局長通達）。

もっとも、分与の審判において相続財産管理人は直接の当事者ではありませんので、相続財産管理人に対する関係では当該審判書に強制力がありません。したがって、相続財産管理人が任意に引き渡さないときは、特別縁故者は別途訴訟を提起して引渡しを求めることになります。しかしながら、被分与者としては、家庭裁判所に対し、相続財産管理人の改任を促し、新しい相続財産管理人に対して引渡しを求めた方が簡便と思われます。

ケーススタディ

Q　分与の審判がなされた後に新たに相続財産が発見された場合、どのようにするべきでしょうか。

A　審判後に新たに相続財産が発見されたときは既に財産分与の申立期間を徒過しているのが通常ですから、検討が必要です。学説上は、分与の審判後に新たに相続財産が発見された場合、家庭裁判所は、民事訴訟法258条1項（裁判の脱漏）を準用して、追加で分与の審判をすることができるという考え方が有力です（福島家審昭44・12・22判タ254・319）。なお、福岡家裁昭和46年5月24日審判（判タ278・405）や福岡家裁行橋支部昭和48年4月9日審判（家月25・12・55）は、いずれも、審判後に新たに発見された相続財産の分与の申立てについて、先になされた財産分与申立てと一体をなすべきものと評価して、申立の法定期間内に申立てがあったものとみなして追加で分与した事例です。

◆渉外事件

相続財産分与事件について、被相続人が外国人の場合、準拠法が問題となります。

相続の問題と捉えて法の適用に関する通則法36条により被相続人の本国法を適用すべきであるとする見解と、相続財産の処分の問題と捉えて財産所在地法を適用すべきであるとする見解がありますが、後者が多数説のようです。

324　第5章　相続人不存在

　多数説によれば、日本に在住していた外国人が日本に財産を残して死亡した場合には、財産所在地である日本法により、特別縁故者が財産分与の申立てをすることができます。

　審判例も財産所在地法を適用すべきであるとしています（大阪家審昭52・8・12家月30・11・67、名古屋家審平6・3・25家月47・3・79など）。

　実際問題として、特別縁故者制度を設けている国は稀であるため、被相続人の本国法を適用すると、被相続人と特別縁故関係にあった者が相続財産を取得できないことになって不合理であるといわれています。

4　相続財産管理人の報酬

> **(1)　報酬付与の申立てを行う**
> ↓
> **(2)　報酬付与の審判を受ける**

(1)　報酬付与の申立てを行う ■■■■■■■■■■■■■■■■■■■

◆報酬の根拠

　民法953条によって準用される民法29条2項に相続財産管理人の報酬の根拠があります。文言上は、相続財産管理人の業務について当然に報酬が認められるものではありませんが、不在者財産管理人と異なり、相続財産管理人の場合には専門家等の第三者が選任されることが通常であり、しかも相続財産管理終了まで多大な労力を要するという実情を踏まえ、実際には報酬が付与される扱いが多いといえます。

◆報酬を確保するための措置

　条文上、相続財産管理人の報酬は、相続財産の中から支払われるべきとされているため、相続財産が報酬額に不足する場合にどのような措置を執り得るかが問題となります。まず、相続財産管理人選任前の段階で相続財産から報酬額を賄えないことが明らかである場合には、明文規定はありませんが、家庭裁判所の実務としては、申立人に報酬相当額の予納を求めることが多いと思われます。次に、相続財産管理人選任後に相続財産から報酬額を賄えなくなった場合において、配当弁済を受けた債権者に対

する報酬額返還請求をなし得るか、あるいは財産分与を受けた特別縁故者に報酬の負担を命じ得るかという点が問題となります。もっとも、実務としては、後記の通り、報酬付与審判申立ての時期を工夫することで、そもそも相続財産から報酬額を賄えなくなる事態に陥ること自体を回避する対応が求められています。

(2) 報酬付与の審判を受ける ■■■■■■■■■■■■■■■■■■

◆申立権者

相続財産管理人が申立権者となります。

◆管　轄

相続が開始した地を管轄する家庭裁判所です（家事203一）。

◆報酬額の決定基準

管理財産の種類・額、管理期間、管理の難易度、管理技術の巧拙、訴訟・調停・示談の有無・成果、残存財産の多寡、相続財産管理人の職業などが考慮事情となります。

◆報酬付与審判後の報酬受領方法

報酬付与審判では報酬額が定められるのみですので、相続財産管理人は、定められた金額を管理財産（あるいは報酬予定額として相続財産選任申立時に予納された金員）の中から差し引く形で自ら受領するのが通常です。

◆不服申立て

この審判については不服申立ての方法はありません。

アドバイス

○報酬付与審判申立てを行うべき時期

申立時期について定めはありませんが、例えば、配当弁済をする場合、あるいは、特別縁故者に分与する場合、あるいは国庫に帰属させる場合、それらの前に報酬付与の審判がなされないと、報酬に充てられるべき相続財産がなくなってしまうので、報酬の受領が事実上困難となります。そこで、相続財産管理人としては、事案に応じて、配当弁済をする直前、特別縁故者への財産分与の審判がなされる直前、国庫への帰属手続をなす直前など、管理終了の直前の段階で報酬付与審判の申立てをなすべきです。

326　第5章　相続人不存在

5 相続財産管理の終了

```
(1)  相続財産管理の終了手続を確認する
              ↓
(2)  共有者への帰属手続をする
              ↓
(3)  残余財産の国庫への帰属手続をする
              ↓
(4)  管理終了報告をする
```

（1）　相続財産管理の終了手続を確認する　■■■■■■■■■■■■

◆管理終了事由

① 相続人の出現

　　相続財産管理人制度は、相続人のあることが明らかでない相続財産について、相続人を捜索しつつ、相続財産の管理と清算を行うための制度です。したがって、相続人が現れて相続を承認した場合には、当該相続人に相続財産の管理を委ねればよく、国家が財産管理に干渉する必要はないので、相続財産法人は成立しなかったものとみなされ（民955）、相続財産管理人による管理も終了となります（民956①）。なお、全部包括受遺者が現れて遺贈を承認した場合も同様ですし、限定承認も「承認」に含まれます。

② 相続財産の喪失

　　相続財産の清算の過程において、具体的には相続債権者・受遺者への弁済（民957）、相続財産分与（民958の3①）、共有者への帰属（民255）、国庫帰属（民959）のいずれかの段階で相続財産が皆無になった場合にも清算の目的を達成するので、相続財産管理人による管理は終了となります。なお、相続財産について破産手続開始決定があった場合、相続財産管理人は相続財産を破産管財人に引き渡すことになりますので、これにより相続財産の管理業務としては終了しますが、破産法上、破産に関して必要な説明をする義務を負っていますので（破230①三）、相続財産管理人の任務がすべて終了するわけではありません。

第2　相続財産管理人の業務を確認する　327

アドバイス

〇相続人の出現による管理終了の時期

　相続人が現れたものの、相続を承認するか否か未定の段階では、相続人が相続を放棄することにより相続人不存在の状態に戻る可能性があるので、未だ相続財産管理人の地位は存続します（民956①）。なお、相続財産の帰属主体としての相続財産法人が遡及消滅する時期については「相続人のあることが明らかになったとき」と定められているのみですが（民955）、この時期についても、発見された相続人が相続放棄した場合に法律関係が複雑化することを避ける趣旨で、相続人が相続を承認した段階で初めて相続財産法人も遡及消滅するものと解されます。

◆管理終了手続

①　相続人の出現

　相続人が現れて相続を承認した場合（民956①）、相続財産管理人の権限は当然消滅するとの見解もありますが（大阪高決昭44・2・7判時557・244）、相続財産管理人の選任処分取消の審判を経ることが通常です（家事208・125⑦、大阪高決昭40・11・30判タ204・196）。

②　相続財産の喪失

　相続債権者・受遺者への弁済（民957）、相続財産分与（民958の3①）、共有者への帰属（民255）、国庫帰属（民959）のいずれかの段階で相続財産が皆無になった場合には、その旨を家庭裁判所に報告することで、相続財産管理人の任務は終了となります。

◆選任処分取消審判

①　申立権者

　財産管理人本人または利害関係人が申立権者です（家事208・125⑦）。

②　管　轄

　相続が開始した地を管轄する家庭裁判所です（家事203一）。実務上は、相続財産管理人選任申立事件が係属している家庭裁判所に申し立てます。

③　不服申立て

　この審判については不服申立ての方法はありません。非訟事件の裁判のうち即時抗告をなし得ないものについては裁判の取消・変更を求めることができますので（家事78）、これにより取消命令の取消・変更を求めることは考えられますが、家庭裁判所に職権発動を促すに止まります（不在者財産管理人選任審判の取消・変更に関する参考判例：東京高決昭60・3・25判時1150・187）。

328　第5章　相続人不存在

④　選任処分取消審判の効果

　財産管理行為に対する法的安定性の見地より、将来に向かってのみその効果が生じます（民955ただし書）。なお、管理終了後も、緊急の必要性がある場合には、管理財産を引き継ぐべき者に対して管理財産を引き継ぐまでの間、必要な管理行為をなすべき義務があると考えられています（民654）。

（2）　共有者への帰属手続をする　■■■■■■■■■■■■■■■■

◆共有財産の他の共有者への帰属

　相続債権者・受遺者への弁済（民957）、特別縁故者への相続財産分与（民958の3①）の各段階を経てなおも残る相続財産中に共有財産がある場合には、その共有持分は他の共有者に帰属します（民255）。

　なお、他の共有者への帰属手続と特別縁故者への相続財産分与の先後については、最高裁平成元年11月24日判決（判時1332・30）により、上記のとおり、特別縁故者への財産分与を優先させることとなりました。

　ただし、その例外として、区分所有建物の敷地利用権が数人で有する所有権や借地権である場合には、その区分所有建物および敷地利用権の共有持分（ないし準共有持分）について相続人がいない場合にも、敷地利用権の共有持分（ないし準共有持分）が他の共有権者（ないし準共有権者）に帰属することはなく、国庫に帰属することになります（建物区分24・22①）。

　これは、区分所有建物が国庫に帰属しつつ敷地利用権が他共有者に帰属する事態を防ぎ、敷地利用権と建物の分離処分禁止原則（建物区分22）を維持しようとしたものです。

◆帰属時期

　共有財産が他の共有者に帰属する時期は、特別縁故者への財産分与がなされなかった時（財産分与の申立てなされないまま民法958条の3第2項所定の期間が満了したとき、または、同申立ての却下の審判が確定したとき、あるいは、同申立ての一部分与の審判がなされたが当該共有財産が分与されなかったとき）と同時期となります。

◆他の共有者への帰属手続

　民法255条の適用がある場合には、当然に共有持分が他共有者に移転することになりますので、実体法上の権利移転について特別の手続は不要です。ただし、不動産に

ついては権利移転を公示するために持分全部移転登記を行う必要があります。

この登記手続については、他の共有者を登記権利者、相続財産管理人を登記義務者とする共同申請が必要となります（不登60）。また、登記原因証明情報として、特別縁故者が存在しないことを証明する特別縁故者不存在確定証明書が必要となります。

(3) 残余財産の国庫への帰属手続をする ■■■■■■■■■■■■

◆相続財産の国庫への帰属

相続債権者・受遺者への弁済（民957）、特別縁故者への相続財産分与（民958の3①）、共有者への帰属（民255）の各段階を経て、なおも残る相続財産は国庫に帰属することになります（民959）。なお、相続財産管理人に報酬が付与される見通しの場合にはその報酬額も勘案する必要があり、報酬を相続財産から差し引くことで相続財産がなくなる場合には、国庫帰属手続は不要となります。

◆国庫への帰属時期

相続財産の国庫への帰属時期については、相続財産管理人によって国庫への引継が完了した時点が当該財産の国庫への帰属時期であると解されています（最判昭50・10・24判時798・29）。特別縁故者から財産分与の申立てがないまま民法958条の3第2項所定の期間が経過した時や、財産分与の申立てがされその却下ないし一部分与の審判が確定した時ではありません。

◆相続財産の引渡先

① 次の財産は、財務大臣（具体的には、関東財務局を始めとする全国の財務局等）に引き渡すことになります（国財2①・6。なお、国有財産法2条1項5号所定の知的財産権は、相続人不存在により消滅するため、国庫帰属の対象とはなりません）。

　ア　不動産

　イ　船舶、浮標、浮桟橋および浮ドックならびに航空機

　ウ　ア・イに掲げる不動産および動産の従物

　エ　地上権、地役権、鉱業権その他これらに準ずる権利

　オ　株式、新株予約権、社債（特別の法律により法人の発行する債券に表示されるべき権利を含み、短期社債等を除きます）、地方債、信託の受益権およびこれらに準ずるものならびに出資による権利（国が資金または積立金の運用およびこれに準ずる目的のために臨時に所有するものを除きます）

② 動産のうち、現金、日本銀行に寄託すべき有価証券、上記①イ・ウに掲げる動産以外の動産については、物品管理官に引き渡すことになります（物品管理2①・7・8）。

なお、物品管理官への通知は、相続財産管理人より報告を受けた家庭裁判所を通じて行われます。

③ 現金については、歳入徴収官より送付を受ける納入告知書に基づいて納付する方法により引き渡すことになります。また、預貯金その他の金銭債権についても、その債務者に納入告知書が送付されることになります（債権管理12、会計6、歳入徴収官事務規程9①）。

なお、歳入徴収官への通知は、相続財産管理人より報告を受けた家庭裁判所を通じて行われます。

アドバイス

○相続財産の換価・廃棄

相続財産をすべて原状のまま国庫帰属させなければならないわけではなく、権限外行為許可審判を経て換価ないし廃棄することは可能ですので、これを活用することにより相続財産引渡手続を容易に進めることができます。

---

(4) 管理終了報告をする

◆相続人が出現して相続を承認した場合

相続財産管理人は、相続人が出現して相続を承認した場合には、同相続人に対して管理財産の引継ぎを行います（民956②）。また、相続財産管理人を当事者とする訴訟が継続している場合には、その訴訟当事者の地位も引き継ぐことになります。

その後、管理の経過・現在の財産状況・引継ぎ内容などを記載した管理終了報告書を家庭裁判所に提出して（家事208・125②）、相続財産管理人の財産管理は終了となります。

なお、この場合には相続財産管理人の選任処分取消審判申立ても行う必要がありますが、管理終了報告書の提出と選任処分取消審判との先後関係については、裁判所との協議の下、ケースバイケースで行われているようです。

◆国庫帰属に至るまでの手続過程で相続財産が皆無になる場合

相続債権者・受遺者への弁済（民957）、相続財産分与（民958の3①）、共有者への帰属

（民255）のいずれかの段階で相続財産が皆無になった場合には、管理の経過を記載した管理終了報告書を家庭裁判所に提出して（家事208・125②）、相続財産管理人の財産管理は終了となります。

◆国庫帰属により相続財産が皆無になる場合

国庫帰属により相続財産が皆無になる場合には、同管理財産が帰属することになる国に対して管理財産の引継ぎを行います（民959後段・956②）。

その後、管理の経過・現在の財産状況・引継ぎ内容などを記載した管理終了報告書を家庭裁判所に提出して（家事208・125②）、相続財産管理人の財産管理は終了となります。

なお、複数の管理財産がある場合、各管理財産の引継ぎ時期は別々となることが通常ですが、相続財産全部の引継ぎが完了するまでは相続財産法人は消滅せず、相続財産管理人の代理権も引継未了の相続財産につき存続すると解されています（最判昭50・10・24判時798・29）。

332 第5章 相続人不存在

【参考書式28】特別縁故者に対する相続財産の分与審判申立書

特別縁故者に対する相続財産の分与審判申立書

令和○年○月○日
○○家庭裁判所　御　中

申立人代理人弁護士　乙　川　次　郎　㊞

（申立人の表示　　略）

（被相続人の表示　　略）

申立ての趣旨
申立人に対し、被相続人の相続財産を分与するとの審判を求める

申立ての理由
1　申立人は昭和○年○月ころから、被相続人の内縁の妻として同居し、平成○年
　ころから被相続人の療養看護にも務めてきた。
2　被相続人は、令和○年○月○日死亡したが、相続人がないので、申立人の申立
　てにより令和○年○月○日○○家庭裁判所において相続財産管理人として甲川太
　郎氏が選任され、同裁判所は相続財産管理人の申立てに基づき相続人捜索の公告
　をなし、令和○年○月○日に公告期間は満了したが、権利の申出はなかった。
3　被相続人には別紙遺産目録のとおり財産があるが、これらの財産は申立人の協
　力により形成されたものである。
4　よって、相続債務清算後の残余財産は、被相続人と特別縁故関係にある申立人
　に分与されたく、本申立てに及んだ。

添付書類（略）

第 6 章

税金処理

334

第1 相続税申告の準備をする

＜フローチャート～相続税の申告準備＞

```
相続税申告 ─────────────────────────────→ 相続放棄手続

  ├─→ 単純承認（基礎控除を超える場合、特例の適用によって
  │      基礎控除以下になる場合は相続税申告が必要）
  │
  └─→ 限定承認（有限責任の相続）
        ・相続時を資産の移転としてみなし譲渡所得課税
        ・資産の値上がり益を被相続人の譲渡所得として所得税
         の準確定申告（売却しなくても譲渡所得課税）

              ↓
        納税義務者の確認
              ↓
        課税物件の確認
        相続財産、みなし相続財産、特別の寄与、
        特別縁故者、相続開始前3年以内の贈与財産、
        相続時精算課税財産
              ↓
        課税物件の評価額の確認
        土地、建物、株式等
              ↓
        評価額の特例の確認
        配偶者居住権の評価、小規模宅地等の特例等
              ↓
        相続税額の計算（加算と控除の確認）
        被相続人の一親等の血族及び配偶者以外の加算、
        相続開始前3年以内の贈与分の贈与税額控除、配
        偶者に対する軽減、未成年者控除、障害者控除、相
        次相続控除、在外財産控除、相続時精算課税分の
        贈与税額控除
```

1 申告の要否

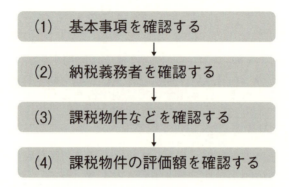

(1) 基本事項を確認する

　相続は人の死亡により開始し、相続人は、相続によって被相続人に属していた一身専属権を除く一切の権利義務を包括的に承継します。相続人は、自己のために相続の開始があったことを知った日から3か月以内に単純もしくは限定の承認、または放棄をしなければなりません。相続人等は、被相続人から財産を取得した各人の課税価格の合計額が遺産に係る基礎控除を超える場合には、相続の開始があったことを知った日の翌日から10か月以内に、相続税法にしたがって相続税申告を行う必要があります。なお、課税価格の合計額が基礎控除額以下になる場合でも、相続税の各種特例を適用することによって課税価格の合計額が基礎控除額以下になる場合には、相続税の申告をする必要があります。

◆限定承認の場合の特殊性
　限定承認は、被相続人の債務を相続によって得た財産の限度まで支払うことを条件とした相続で、相続財産を超える債務は切り捨てられ、相続人の固有の財産を取り崩してまで支払う必要のない有限責任の相続です。もちろん、残余財産があれば相続することはできます。相続人が数人いるときは、全員の共同であることが必要です。
　限定承認では、みなし譲渡所得税課税という特徴的な課税がなされます。すなわち、所得税法では、譲渡所得の基因となる資産の移転があった場合には、譲渡所得課税が行われますが、限定承認の場合には、相続時を譲渡所得の基因となる資産の移転として、その時の時価で被相続人が譲渡したものとみなし、被相続人に対し、譲渡所得課

税が行われます（所税59①一）。これは被相続人の生存中に生じた資産の値上がり益に対し、相続時に課税するという考え方で、この規定により、被相続人の生存中の値上げ利益への課税は終了します。一方、単純承認の場合にはこのような取扱いはなく、相続人が被相続人の取得価額を引き継ぐことにより将来相続人が譲渡したときに相続人に対して課税されます。限定承認の場合には、最終的には相続財産すべてが換価され、相続債務の弁済にあてられると予定されているため、このような取扱いの違いが生じています。

　限定承認をした場合には、相続人らは、資産の値上がり益を被相続人の譲渡所得として所得税の準確定申告をする必要がありますが、この所得税額も被相続人の債務であり、相続財産を超える部分は切り捨てられます。

　限定承認をした場合には、相続した遺産を売却しなくて済んだ場合にも、その資産は譲渡したものとみなして譲渡所得課税が行われますので、注意が必要です。なお、プラス財産からマイナス財産を控除した残額が相続税の基礎控除額より大きい場合は、限定承認の場合でも相続税の申告が必要となります。

◆遺産の一部分割の取扱い

　平成30年民法改正により遺産の一部分割が民法上認められました（民907）。相続税の申告では分割済みの遺産として扱われます。また、遺産分割前においても、預貯金の3分の1に自己の法定相続分を乗じた金額の払戻しができることになりました（民909の2）。この払戻しを受けた預貯金は、「共同相続人が遺産の一部の分割よりこれを取得したものとみなす」とされているので、同様に分割済みの遺産として扱います。

アドバイス

〇代償分割と換価分割

　遺産分割は、現物分割、代償分割、換価分割あるいはこれらの組み合わせによって行われます。遺産を換価し、その代金を相続人に配分する場合には、相続税課税のほかに譲渡所得税にも注意する必要があります。相続人が換価代金を取得する場合には、相続人が遺産を相続し、その遺産を譲渡し、遺産譲渡について譲渡所得税課税を受けます。しかし、例えば換価する遺産が居宅の場合、居住者が売却すれば、居住用資産を譲渡した場合の特別控除や軽減税率の適用も受けられます。そのため、換価分割により相続人全員が法定相続分により取得して譲渡するという処理よりも、居住者が取得して、売却代金を代償金として他の相続人に交付するという代償分割の方が有

338　第6章　税金処理

利になる場合があります。

○遺産分割のやり直し

　遺産分割は遺産分割協議の成立とともに終了し、相続人間の債権債務関係が残るだけなので、遺産分割協議をもって合意された事項に債務不履行があっても債務不履行を理由とする解除はできません。相続人全員の合意がある場合でも、遺産分割のやり直しとして再分割した場合には、その際分割により取得した財産は、贈与または譲渡により取得したものとして、相続税（贈与の場合）または所得税（譲渡所得の場合）が課税されます。なお、遺産分割の当事者の意思表示に瑕疵があるなどして遺産分割が無効ないし取消の対象となった場合には、相続税の減額を求める者は、それら事実が確定した日から2か月以内に更正の請求を行う必要があります（税通23②）。

$$\boxed{\text{ケーススタディ}}$$

Ⓠ　遺産に賃貸物件がある場合、遺産分割未了の間に発生する賃料はどのように扱われるのでしょうか。

Ⓐ　賃貸不動産の賃料収入のように、遺産から生じる果実は、遺産分割の影響を受けず、賃料を取得した時点での所有者がその収益を取得するとされます。したがって、未分割の段階で生じた果実については、各人が法定相続分に応じて所得を申告し、その後遺産分割が成立しても、さかのぼって所得の修正は行いません。ただし、相続人のだれか1人が賃料収入の全額を所得として申告している場合には、実務上、その処理が認められています。

（2）　納税義務者を確認する　■■■■■■■■■■■■■■■■■■■

◆相続人等

　相続人は、相続開始の時から、被相続人の財産に属した一切の権利義務を承継します。相続税の納税義務者には、その者が本国内に住所を有するかなどの基準により、無制限納税義務者（居住無制限納税義務者と非居住無制限納税義務者を含みます）と、制限納税義務者（居住制限納税義務者と非居住制限納税義務者を含みます）があり、贈与（死因贈与を除きます）により相続時精算課税の適用を受ける財産を取得した個

人も、相続税の納税義務者（特定納税義務者）とされます。

　無制限納税義務者は、相続または遺贈によりその者が取得した財産が日本国内にあるか外国にあるかを問わず、すべての財産に対し相続税が課税され、制限納税義務者は、相続または遺贈により取得した財産のうち日本国内にある財産のみ相続税が課税されます。

　国内に住所を有する相続人が、相続または遺贈により、国内に住所を有する被相続人の財産を取得した場合には、その者が取得したすべての財産について課税される無制限納税義務者になります。

(3)　課税物件などを確認する　■■■■■■■■■■■■■■■■■■

◆相続財産

　相続税法では、相続または遺贈により取得した財産について、相続税を課税するとしています（相税2）。相続税の課税対象となるのは、金銭的に見積もることができる経済的価値のあるものすべてです。墓所霊廟や祭具等祭祀に関する権利は民法上一般の相続財産と区別されていますが、相続税法上も非課税とされています（相税12①）。

┌─────────── アドバイス ───────────┐

○配偶者の居住の権利

　平成30年民法改正では、配偶者居住権を保護するための方策として、配偶者に、配偶者居住権（改正民1028ないし1036）、配偶者短期居住権（改正民1037ないし1041）が認められました。

　配偶者居住権とは、配偶者が相続開始の時に遺産である自宅建物に居住していた場合には、遺産分割、遺贈、死因贈与契約のいずれかにより、終身または一定の期間、配偶者は無償で使用する権利を取得するというものです。配偶者短期居住権とは、配偶者が相続開始時に遺産である自宅建物に居住していた場合には、遺産分割により自宅建物の承継者が確定した日または相続開始の時から6か月を経過する日のいずれか遅い日まで、無償でその自宅建物を使用する権利を有するというものです。配偶者短期居住権、配偶者居住権は譲渡できません。

　配偶者短期居住権は、相続前から有していた権利が承継されているものであり、相続税の課税対象となりません。また、短期間無償で建物を利用する権利のため、相続分においても考慮されません。配偶者短期居住権は配偶者居住権に至るまでのつなぎの役割であり、配偶者居住権が認められれば消滅します。これに対し、配偶者居住権

340　第6章　税金処理

は、賃借権類似の法定の債権で、財産性が認められ、相続財産となります。配偶者が
配偶者居住権を取得し、子が土地と建物を相続した場合には、配偶者居住権について
相続税法上の評価額を算定し、これを土地建物の相続税評価額から控除し、子の相続
財産を計算する必要があります。

〇抵当権が設定された不動産の相続税評価額

　　抵当権が設定された不動産の相続税評価においては、抵当権の負担は考慮されず、
抵当権が設定されていないとした場合の評価額と同じ価額で評価されます。不動産の
使用収益が制限されるわけではなく、抵当権が実行されるか否かは不確実であり、仮
に抵当権が実行されても債務者に求償することが可能だからです。なお、抵当権が設
定された不動産の遺贈を受けた受遺者は、当然に被担保債務を相続するものではあり
ません。

◆みなし相続財産

　被保険者たる被相続人の死亡によって相続人が生命保険金を取得した場合、生命保
険金は保険契約によって支払われるものであることから、被相続人の遺産を取得した
とはいえません。受け取った相続人個人の原始取得といえます。したがって、遺産分
割の対象とはなりません。また、死亡退職金は、従業員の死亡に際し、雇用主から遺
族に支払われるものであり、相続により取得するものではありません。

　しかし、これらは、被相続人の死亡によって取得したものであることから、これら
の財産は民法上の相続または遺贈により取得した財産には該当しなくても、それと同
様の経済的効果があるといえます。そのため、相続税法では、これらをみなし相続財
産として相続税の課税対象としています（相税3）。生命保険金については、その生命保
険金のうち、被相続人が負担した保険料の金額が、払い込まれた保険料の総額に占め
る割合に相当する金額が課税対象とされます。被相続人が保険料全額を支払っていた
場合には全額が課税対象です。

　なお、相続人（相続放棄者を除きます）が取得した生命保険金や退職手当金などに
は、非課税限度額が定められています（相税12①五・六）。それぞれ500万円に法定相続
人（ただし、養子の場合には、原則として他に実子がいるときは1人分、いないときは
2人分に限って加算が認められます）の数を乗じた金額が非課税限度額になり、課税価
格は、非課税限度額を控除した残額となります。弔慰金等は、被相続人が業務上死亡
したときは賞与以外の普通給与の3年分、業務外で死亡したときは同じく半年分は課

税物件に含まれませんが、それらを超える範囲が退職手当金等として取り扱われます（相基通3−20）。

◆特別の寄与

　共同相続人の中に被相続人の事業について労務の提供または財産の供与をしたこと、被相続人の療養看護に尽くしたこと等で被相続人の財産の維持または増加について特別の寄与をした者には寄与分が認められていますが、平成30年民法改正により、相続人以外の者（特別寄与者）についても、相続開始後、相続人に対し、特別寄与者の寄与に応じた特別の寄与料として支払を請求することができることになりました（民1050）。特別寄与者が特別寄与料の支払を受けた場合には、遺贈により遺産を取得したのと同様の課税関係になります。特別寄与者は被相続人の一親等の血族および配偶者ではないので、相続税額は2割加算されます（相税18）。

◆特別縁故者（相続人不存在）

　被相続人に相続人のあることが明らかでない場合、相続人の不存在の制度が設けられています。精算後の相続財産は国庫に帰属しますが、被相続人と特別の縁故のあった者に対し、例外的に相続財産の分与が認められます。

　特別縁故者が財産の分与を受けた場合には、分与を受けた財産は、被相続人から遺贈によって遺産を取得したものとみなされ相続税の課税対象となります（相税4）。基礎控除額は、相続人がいないのであれば3,000万円、相続人全員が相続放棄をした場合には、その放棄がなかったものとして計算されます（相税15）。特別縁故者は一親等の血族ではないため、相続税額は2割加算されます（相税18）。

◆相続開始前3年以内の贈与財産

　相続または遺贈により財産を取得した者が、その相続開始前3年以内にその相続に係る被相続人から贈与を受けた財産（特定贈与財産および相続時精算課税財産を除きます）を取得した場合には、その者については、贈与により取得した財産を加算した価額を相続税の課税価格とみなし、その課税価格に基づき算出した相続税額から、その贈与により取得した財産につき課せられた贈与税額を控除した金額をもって相続税額とします（相税19）。贈与税は相続税の補完税としての意味を持つもので、できるだけ贈与税の負担は相続税の負担と等しくあるべきであるという意味から、税務執行上可能な範囲で、相続税の課税価格に加算するという趣旨の規定です。

342　第6章　税金処理

アドバイス

○特定贈与財産

　婚姻期間が20年以上の配偶者から居住用不動産、または居住用不動産を取得するために金銭の生前贈与を受けた場合には、贈与税の計算上、基礎控除の他、配偶者控除として2,000万円まで課税価格から控除を受けることができます（相税21の6①）。

　相続税の計算においては、相続または遺贈により財産を取得した者は、相続の開始前3年以内に贈与により取得した財産の価額を相続税課税価格に算入されることが原則ですが、贈与税の配偶者控除に該当するもののうち一定の要件を満たすものを特定贈与財産とし、相続税の課税価格に算入しないこととしました。この扱いを受けるためには、相続開始の年の前年以前の贈与については、あらかじめ贈与税の申告をしている必要があり、相続開始の年の贈与についても別途贈与税の申告をする必要があります（相税19）。

◆相続時精算課税財産

　相続時精算課税制度の適用を選択している場合には、同制度の適用を受ける贈与財産も課税価格に加算されます（相税21の15）。

① 贈与への課税

　贈与税の課税には暦年課税と相続時精算課税という制度があります。暦年課税では年ごとに贈与税が課税されますが、相続時精算課税は、贈与時に贈与財産に対する贈与税を納付し、その贈与者が亡くなった時に、その贈与財産の贈与時の価格と相続財産の価額とを合計した金額を基にして相続税額を計算し、その相続税額から既に納付した贈与税相当額を控除することによって、贈与税と相続税を通じた納税を行います。

　暦年贈与の贈与税の基礎控除額は110万円であるのに対し、相続時精算課税の特別控除額の限度額は2,500万円（前年以前に特別控除額を一部控除している場合には、残額が限度額）とされています。相続時精算課税の特別控除額を超える贈与に対しては、超過額に対し一律20％の税率で贈与税が課税されますが、贈与者が死亡して相続税を納付するに際し、相続税額から控除しきれない相続時精算課税に係る贈与税相当額が生じた場合には、相続税の申告をすることにより還付を受けることができます。

　相続時精算課税については、受贈者は、贈与者ごとにこの制度の適用について選択できますが、いったん選択すると、選択した年以後、贈与者が亡くなる時まで継

第1 相続税申告の準備をする 343

続して適用され、暦年課税の適用に変更することはできません。なお、相続時精算課税を選択するには、贈与者と受贈者の年齢や両者の親等について一定の要件が求められています。

② 相続税と相続時精算課税

相続時精算課税の制度を利用した贈与については、期間に関係なく、無制限に相続財産に取り込まれます（相税21の15）。相続時精算課税の適用を受けた者が、相続放棄したり、相続財産を全く取得しない場合でも、相続税の納税義務者として、相続時精算課税によって取得した財産について相続税の課税を受けます（相税21の16）。なお、相続時精算課税の適用を受ける年以前にも贈与を受けていた場合、それが相続開始前3年以内の贈与である場合には、その贈与は相続開始前3年以内の贈与として加算の対象となります。

アドバイス

○特別受益の取扱い

特別受益者の相続分とは、遺贈や生前贈与により取得した財産を相続財産の前渡しと考え、それを相続財産に加えて相続分を計算することによって相続人間の公平を図ろうとする制度です。被相続人が相続開始時に有していた財産の価額に特別受益者が贈与を受けた財産の価額を加えたもの（持戻し）を相続財産とみなし、それに法定相続分を乗じ、その金額から特別受益財産の価額を控除して計算します（民903）。

特別受益財産については年数も対象も制限なく、生前に贈与されたものであれば、特別受益として持戻しの対象となるとされていましたが、改正民法では、配偶者の居住の保護の観点から、婚姻期間が20年以上の夫婦の一方である被相続人が、他の一方に対し、その自宅を遺贈または贈与したときには、被相続人は特別受益の計算において、持戻しを免除したものと推定されることになりました（民903④）。

相続税額の計算でも生前贈与財産は相続財産に加算されますが、民法上は特別受益財産については年数制限がなく、原則として生前に贈与されたものであれば特別受益として持戻しの対象となるのに対し、相続税の生前贈与加算で加算対象となるのは、一定の相続開始前3年以内の贈与財産（相税19①）、相続時精算課税（相税21の9）の適用を受けた財産とされているので、両者の計算の間には違いが生じます。

344　第6章　税金処理

（4）　課税物件の評価額を確認する　■■■■■■■■■■■■■■■

課税物件の評価は、相続税法で特別の定めのあるものを除くほか、相続または遺贈により取得した財産の価額は、その財産を取得したときの時価によるとされています。そして、その時価とは、相続開始時におけるその財産の客観的な交換価値をいうものと解されています。しかし、客観的な交換価値は必ずしも一義的に確定されるものではないことから、課税実務上は、相続財産の評価についての一般的基準が財産評価基本通達等によって定められています。

◆配偶者居住権の評価

配偶者居住権は、配偶者に無償で長期の使用収益権を認める権利であり、相続財産の一部とされます。配偶者居住権の評価については、配偶者居住権、配偶者居住権が設定された建物（居住建物）の所有権、配偶者居住権に基づく居住建物の敷地の利用に関する権利、居住建物の敷地の所有権に区分して次の財産評価方法によることとされています。この財産評価方法は、配偶者居住権に係る部分と配偶者居住権に制約された部分を区分する考え方であり、全体として、建物の時価、土地等の時価と一致します。

配偶者居住権の評価額

$$= 建物時価 - 建物時価 \times \left(\frac{残存耐用年数 - 存続年数}{残存耐用年数} \times \begin{matrix} 残存年数に応じた民法の \\ 法定利率による複利原価 \\ 率 \end{matrix} \right)$$

居住建物の所有権の評価額

　　＝建物時価－配偶者居住権の価額

配偶者居住権に基づく居住建物の敷地利用に関する権利の評価額

　　＝土地等の時価－土地等の時価×残存年数に応じた民法の法定利率による複利原価率

居住建物の敷地の所有権等の評価額

　　＝土地等の時価－敷地の利用に関する権利の価額

◆小規模宅地等の特例

被相続人等の事業または居住の用に供されていた宅地等については、課税価格の計算について特例の適用を受ける場合があります。ただし、遺産分割が完了している宅地等に限られます。原則として申告期限まで、申請によって申告期限後3年以内までに遺産分割を完了している必要があります。要件等は、租税特別措置法69条の4に詳

しく規定されています。配偶者居住権の適用がある場合には、取得者ごとに、小規模宅地等の特例の適用要件が検討されます。

アドバイス

○その他の課税価格の計算の特例

　小規模宅地等の特例以外にも、株式等について課税価格の特例があり（特定事業用資産の特例）、また農地等についても納税猶予の特例があり一定の条件を満たせば免除を受けることができますので、注意が必要です。

---

2 相続税額の計算

（1）　相続税額の計算方法を確認する
↓
（2）　相続税額の加算と控除を確認する

（1）　相続税額の計算方法を確認する ■■■■■■■■■■■■■■■

　相続税額の計算においては、まず、被相続人から相続または遺贈により取得した財産（みなし相続または遺贈財産を含みます）の課税価格の合計額から、遺産に係る基礎控除額を控除して、課税遺産総額を計算します。基礎控除額は、3,000万円＋（600万円×法定相続人の数）です。

　次に、その課税遺産総額を相続人がその法定相続分に応じて取得したと仮定した場合におけるその各取得金額を計算し、その取得金額に相続税の税率を乗じて各人の算出税額を計算し、各人の算出税額を合計して相続税の総額を計算します。

　さらに、この相続税の合計額に、各相続人の実際の取得の割合（各相続人が実際に相続または遺贈により取得した財産額を、各相続人の相続または遺贈により取得した財産の合計額で除した割合）を乗じて、各人の相続税額を計算し、そこから税額控除分を控除して、各人が納付すべき税額を算出します。

346   第6章　税金処理

◆嫡出子、非嫡出子、養子の取扱い

　婚姻関係にある男女間に生まれた子である嫡出子も、婚姻関係にない男女間に生まれた子である非嫡出子も、養子も、法定相続分は変わりません。養子縁組が有効に成立していれば、養子が何人でも、全員が相続人になります。

　しかし、相続税法では、遺産に係る基礎控除額、相続税の総額の計算、生命保険金・退職手当金等の非課税限度額の計算において相続人の数が関係してきます。そこで、相続税の負担を回避するという目的だけで養子縁組をすることを防止する趣旨で、法定相続人の数に算入する養子の数に制限が加えられています。実子がいる場合は1人、実子がいない場合には2人までを法定相続人の数に含めることができます。

ケーススタディ

Q　相続放棄者がいる場合には、基礎控除額はどのように計算されますか。

A　相続税の総額の計算においては、基礎控除額は3,000万円に法定相続人1人当たり600万円を加えた額を基礎控除額として遺産総額から控除し、その控除後の額を法定相続分に応じて法定相続人に按分し、その按分額に応じた相続税率を乗じて各人の税額を計算し、それを合計して相続税総額を計算するという手続をとります。

　この計算における法定相続人は、相続放棄前の相続人を指しているので（相税15③）、相続放棄の有無で相続税総額は変わりません。

(2)　相続税額の加算と控除を確認する　■■■■■■■■■■■■■■

◆相続税額の加算

　相続または遺贈により財産を取得した者が、その相続または遺贈にかかる被相続人の一親等の血族および配偶者以外の者である場合には、その者に係る相続税額は、各相続人等の相続税額の計算により算出された相続税額にその2割に相当する金額を加算した金額とされます（相税18①）。

　その被相続人の直系卑属が相続開始前に死亡等したため、代襲して相続人となった被相続人の直系卑属は一親等の血族に含まれます。

◆相続開始前3年以内に贈与があった場合の相続税額

　相続開始前3年以内に贈与があった場合、贈与財産の価額を相続税の課税価格に加算した価額を相続税の課税価格とみなして相続税額を計算しますが、課された贈与税を税額から控除して実際の納付税額を計算します（相税19①）。

◆配偶者に対する相続税額の軽減

　配偶者に対する相続税額については軽減制度があります（相税19の2）。一世代間における財産移転であり、相続人の遺産の形成・維持に対する配偶者の貢献への配慮、相続人の死亡後における生存配偶者の生活保障を考慮する必要があることなどから、この制度が設けられました。具体的には、配偶者が相続または遺贈により取得した財産の価額が法定相続分相当額または1億6,000万円のいずれか多い金額以内であれば相続税はかかりません。

　この特例を受けるためには、納付すべき税額の有無にかかわらず、相続税の申告書を提出する必要があります。また、この制度の適用を受けるためには、遺言あるいは遺産相続によって配偶者の相続分が確定している必要があり、未分割の場合には適用できません。

◆未成年者控除

　未成年については、20歳に達するまでの年数（1年未満の端数は繰り上げます）に10万円を乗じた金額を税額から控除して実際の納付税額を計算します（相税19の3①）。ただし、未成年者が制限納税義務者であるときは、この特例は適用されません。

◆障害者控除

　障害者については、70歳に達するまでの年数（1年未満の端数は繰り上げます）に10万円（特別障害者については20万円）を乗じた金額を税額から控除して実際の納付税額を計算します（相税19の4①）。ただし、障害者が制限納税義務者であるときは、この特例は適用されません。

◆相次相続控除

　第1次相続の開始と第2次相続の開始の間が10年以内であるときは、第1次相続の際に課せられた相続税額のうち一定割合の控除を受けることができます（相税20）。

348　　第6章　税金処理

◆**在外財産に対する相続税額の控除**

　日本国外にある財産を取得し、その財産について外国でも相続税またはそれに類する税を課せられた場合は、原則として、その課せられた税額を控除することができます（相税20の2）。

◆**相続時精算課税制度の適用による贈与税額控除**

　相続時精算課税制度の適用を受ける贈与に贈与税が課せられていた場合には、その贈与税額を控除します（相税21の15③・21の16④）。控除しきれない残額があるときは還付を受けることができます。なお、日本国外にある財産を取得し、その財産について外国でも贈与税またはそれに類する税を課せられていた場合には、原則としてその課せられていた税額も上記の贈与税額に含めて控除しますが、還付の対象とはなりません。

第2 相続税の申告と納付をする

＜フローチャート〜相続税の申告と納付＞

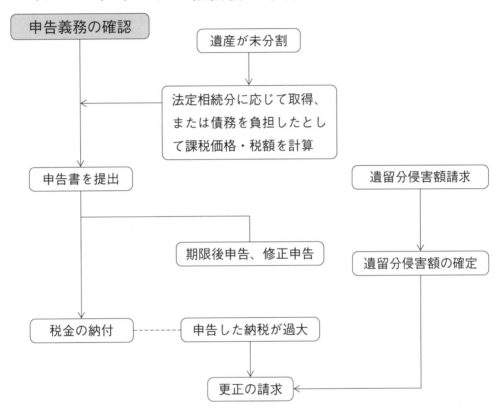

350　第6章　税金処理

1 相続税の申告手続

```
(1)  申告義務を確認する
         ↓
(2)  申告書を提出する
         ↓
(3)  期限後申告、修正申告、更正の請求を行う
```

(1)　申告義務を確認する ■■■■■■■■■■■■■■■■■■■■

　相続税の申告は、被相続人から相続、遺贈や相続時精算課税に係る贈与によって財産を取得した各人の課税価格の合計額が、遺産に係る基礎控除額を超える場合に行う必要があります。課税価格の合計額が遺産に係る基礎控除額以下である場合には、原則として、相続税の申告をする必要はありませんが、配偶者に対する相続税額の軽減の適用を受けることによって納付すべき税額がなくなる場合や、租税特別措置法に定める特例の適用を受ける場合など、相続税の各種特例を適用することによって課税価額の合計額が遺産に係る基礎控除額以下となる場合には相続税の申告をする必要があります。

(2)　申告書を提出する ■■■■■■■■■■■■■■■■■■■■

　相続税の申告書は、その相続の開始があったことを知った日の翌日から10か月以内に提出しなければならないとされています（相税27）が、相続開始があったことを知った日は相続人により異なる場合があり、その場合は申告書の提出期限も異なります。相続税の申告書の提出先は、被相続人の死亡時における被相続人の住所地の所轄税務署長です。

(3)　期限後申告、修正申告、更正の請求を行う ■■■■■■■■■

◆期限後申告

　申告書の提出期限の経過後も、税務署長の決定処分があるまでは、相続税の申告をすることができます（期限後申告（税通18①②））。ただし、期限内に提出できなかった

ことについて正当な理由が認められない場合には、無申告加算税が課され（税通66）、重加算税（税通68②）や刑罰が科されることもあるなど（相税69）注意が必要です。

　無申告加算税が課される場合、その額は、具体的事情により、納付すべき相続税額に一定割合を乗じて計算されますが（税通66①②）、国税調査が入ったため決定処分を予知してなされた申告でない場合で調査通知の前に期限後申告がなされたときには納付すべき相続税額の5％が課されます（税通66⑥）。

◆修正申告

　申告書に記載しなかった財産や、課税価格、税額等を誤った財産があり、申告した税額に不足があるなどの場合には、税務署長の更正決定があるまでは、修正の申告をすることができます（修正申告（税通19①③））。ただし、修正申告についても、過少申告加算税（追納すべき相続税額の10％以上）を課される場合があるなど（税通65）注意が必要です。

◆更正の請求など

　課税価格、税額等を誤るなどの理由により、申告した納税が過大である場合には、税務署長に対して更正の請求をすることができます（税通23）。

　更正の請求は、原則として相続税の申告期限から5年以内に限られますが（税通23①）、税額の計算の基礎となった事実と異なる事実を認める確定判決等が言い渡された場合などやむを得ない後発的な理由があるときは、その理由の生じた日の翌日から2か月以内に更正の請求をすることができます（税通23②）。

　この国税通則法の規定による更正の請求の他、相続税法では相続税固有の後発的事由に基づく更正の請求の特則が認められています。後発的事由とは、相続税の申告書を提出した後等に、遺産分割が行われたこと、認知等の裁判が確定したこと、遺留分による減殺請求に基づき返済あるいは弁償すべき額が確定したこと、遺言書が発見されたことなどで、これらの事由により課税価格や税額が過大になった時には、その事由が生じたことを知った日の翌日から4か月以内に更正の請求ができます（相税32）。

　なお、更正自体は、相続税の申告期限から5年以内までは可能ですので（税通70①一）、更正の職権発動を求めることも考えられます。更正されれば、過大に納付した税金の還付を受けることができます。

352 第6章 税金処理

アドバイス

○遺産分割が遅れている場合の申告

　相続税の申告期限までに遺産の全部または一部が分割されていない場合には、各相続人が、その分割されていない財産を法定相続分に応じて取得し、または債務を負担したものとして、課税価格および税額を計算し、申告期限までに申告します（相税55）。

　申告書を提出した後に遺産分割が確定して、共同相続人または包括受遺者がその分割により取得した財産に係る課税価格が、申告した内容と異なることとなった場合には、その分割により確定した財産の価額を基として課税価格を計算しなおし、更正の請求または修正申告等により税額を精算することができます。

　相続税の申告期限までに配偶者の相続分が確定しない場合には、配偶者の相続税額の軽減の規定の適用は受けられないので、この規定の適用を受けないまま相続税額をいったん納付し（相税19の2②）、配偶者の相続分が確定した時点で、相続税法32条に挙げる事由が生じたことを知った日の翌日から4か月以内の更正の請求を行うことになります（相税32①八）。

◆遺留分侵害額の請求

① 遺留分侵害額

　遺留分とは、被相続人によって遺贈等がされた場合における被相続人の一定の近親者のために法律上留保しなければならない相続財産内の一定の割合をいいます。

　遺留分権利者は、受遺者または受贈者に対し、遺留分侵害額に相当する金額の支払を請求できることとされました（民1046）。

　遺留分侵害額は、遺留分を算定するための財産の価額に遺留分の割合を乗じ、遺留分権利者が相続財産あるいは特別受益として取得した財産額を控除し、遺留分権利者が負担した債務額を加算して計算されます。

　遺留分を算定するための財産の価額は、相続開始の時に有した財産に贈与財産を加算し、債務を控除することによって算定します。相続人に対する贈与は、永久に遡るのではなく、相続開始前10年間になされた贈与および当事者双方が遺留分権利者に損害を加えることを知ってなされた贈与について遡るにとどまりますので、加算されるのは、相続開始前1年間にされた贈与の価額、遺留分権利者に損害を加えることを知ってなされた贈与の価額、相続開始前10年間にされた相続人に対する婚姻もしくは養子縁組のためまたは生計の資本として受けた贈与の価額となります（民1044）。

② 税務の対応

遺留分減殺請求に基づいて遺留分侵害額が確定した場合には、遺留分減殺請求を受けた者は、既に申告した相続税または贈与税について、その確定の日の翌日から4か月以内の更正の請求をすることができます（相税32①三）。

遺留分権利者は、遺留分権利者に支払われる額が確定すると相続税の申告義務を負うこととなり、期限後申告あるいは修正申告が必要になりますが、この場合は無申告加算税や過少申告加算税、延滞税は課税されません。遺留分が存在しても、それを行使するか、また、実現できるかは未確定であり、相続時点では、相続税の納税義務者（相続または遺贈により財産を取得した個人）（相税1の3）に該当するとはいえないからです。

遺留分減殺請求を受けた者が更正の請求を行った場合に、遺留分権利者が期限後申告あるいは修正申告を行わない場合には、税務署による更正決定処分がなされます（相税35③）。通常は遺留分権利者に対する支払がなされても遺産に異動はなく相続税の総額に変動はないので、当事者間で、修正される相続税について相互にやり取りし精算する方法も実務上認められています。

2 税金の納付

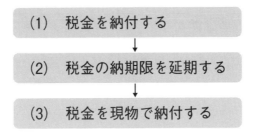

(1) 税金を納付する

◆納期限

申告期限までに申告書を提出した場合には、相続税の申告期限までに納付しなければなりません（税通35①、相税33）。

期限後申告や修正申告をした場合には、その申告書を提出した日までに納付しなければなりません（税通35②一）。

354　第6章　税金処理

　課税価格、税額等を誤った申告のときには更正がなされ（税通24）、申告義務がある
にもかかわらず申告を怠っていたときには、税額等の決定がなされますが（税通25）、
この更正・決定による場合には、更正・決定通知書が発せられた日の翌日から1か月を
経過するまでに納付しなければなりません（税通35②二）。

　これらの期限までに相続税を納付しなかった場合には、未納額に対する相続税の申
告期限の翌日から完納するまで、延滞金を併せて納付しなければなりません（税通60）。

　ただし、相続税法上認められている期限後申告、修正申告などの場合には、申告ま
での間の延滞金は発生しません（相税51②一）。

┌─────────────────── アドバイス ───────────────────┐

○連帯納付義務

　同一の被相続人から相続や遺贈により財産を取得したすべての者は、当該相続税に
ついて、相続や遺贈により受けた利益の価額を限度として、互いに連帯して納付しな
ければならない義務を負っています（相税34①）。

　また、相続税の課税価格計算の基礎となった財産を贈与、遺贈により取得した者等
も、課税価格に算入された財産に占める割合に応じて相続税の連帯納付義務を負いま
す（相税34③）。

└──┘

(2)　税金の納期限を延期する　■■■■■■■■■■■■■■■■■■

　相続税は、納期限までに現金で一括納付することが原則ですが、一定の要件を満た
している場合には年賦払いによる延納が認められます（相税38）。ただし、利子税を併
せて納付しなければなりません（相税52）。延納が認められるのは、現金で納付するこ
とが困難な範囲内に限られますし、延納許可限度額があります（相基通38−2）。

(3)　税金を現物で納付する　■■■■■■■■■■■■■■■■■■■

　一定の要件を満たしている場合には、物納が認められます（相税41①）。ただし、利子
税を併せて納付する必要があります（相税53）。物納についても物納許可限度額があり
ます（相基通41−1）。